THE AWAKENED FAMILY

A Revolution in Parenting

覺醒家庭

讓孩子成為父母的喚醒者，
以覺知走出傳統教養困境

喜法莉・薩貝瑞博士
Shefali Tsabary PhD——著
謝宜暉——譯

謹以本書獻給

那些因恩典而來到我們身邊的孩子。

對於他們的愛，啟發了我們，

並提供了我們寶貴的機會，

來喚醒自己，從而解放人性。

本書的願景是：

每個孩子都能堅守他們真實的自我，

因為這是他們與生俱來的權利。

目次

前言……覺醒家庭的任務／012

第一部　新的覺醒

孩子最想要從我們這裡得到什麼？最新款的iPhone？新鞋或名牌服飾？一趟迪士尼樂園之旅？所有孩子真正嚮往的，比這些都深刻得多。大部分的教養之所以會失敗，都是因為不了解孩子真正想從我們這裡得到什麼，好讓他們成長茁壯。事實上，每個孩子都想知道並被滿足這三件事：我有被看見嗎？我有價值嗎？我很重要嗎？

第一章……學習新的教養方式／016

小我的怒吼／在恐懼操縱下，孩子的焦慮與憤怒／過去的經驗，如影隨形／是孩子惹到你，還是你在跟自己生氣？／孩子如何成為我們的喚醒者？／學會焦點轉移，避開無意識的言行

第二部 我們的教養迷思

越來越多人相信，我們必須把孩子養育成出類拔萃的人。但事實上，我們的孩子已具備了種種優秀的特質。我們的任務不是創造，不是為孩子擬定未來計畫，把他們塑造成我們心中的樣子，這樣的親子互動只會產生各種不可避免的緊張狀態。相反的，只有當我們能夠與孩子當下的真實狀態連結，用這一刻他們需要成為的樣子來看待他們，才能為孩子提供他們所需要的教養方式。

第三部　了解我們的反應

我們不易看出恐懼是自己情緒化反應的肇因，因為它擅長偽裝。恐懼戴著許多面具，包括憤怒、沮喪、虛偽、控制和悲傷。即使在某些情況下，我們覺得自己有正當理由做出這樣那樣的反應，但我們必須了解，這些表達的背後，都是恐懼在作祟。有時候，恐懼可以保護我們不受到更嚴重的衝擊，但有時候，恐懼卻會讓我們一而再地陷入負面情境。

第四部 轉型的教養技巧

我們忘記了，一切都是無常的。所有的事物都有一個開端，經歷一種演變，最終轉化成新的樣貌。這時時刻刻都在發生，無論是在我們身邊，或者在我們心裡。沒有什麼是保持不變的。變化發生得很快，甚至今天上午的我們也和現在的我們不一樣。不僅我們的細胞經歷了轉變，我們的意識也變得不同，即使我們沒有察覺。因此，執著於孩子在單一時刻的行為，就是忽視了他們改變和成長的潛力。

前言……

覺醒家庭的任務

迎接一個全新的開始，正是時候。
讓家庭不再是綑綁我們的鎖鏈，
而是孕育我們枝繁葉茂的土地，
以及允許我們學飛的天空。

不論家庭的形式看起來有多麼不同，
都是從親子關係開始的。
這種關係，充滿了太陽般的能量，
能夠打破窠臼，讓靈魂重生。

覺醒家庭不需等待任何人的救贖，
它就在此時此刻，療癒傷痕。

它知道，這種神聖的結合
能夠徹底改變整個世界。

當我們察覺到**真實**的自我，就會覺醒。這種覺醒所帶來的，不是我們認為自己應該成為什麼樣子，或者別人想要我們成為什麼樣子，而是意識到應該成為真正**如實**的自己，放自己自由。一旦我們與自己獨立自主的靈魂建立起連結之後，為孩子創造出一個與靈魂相連的空間，就成了為人父母的首要目標。覺醒家庭的宗旨，是讓家中每個成員都能找到真實的自我，為我們的孩子開闢出一條路，讓他們能發掘自我、擁有自我，以及自由表達心聲。孩子憑藉著內在的聲音，就能培養出與自己及他人建立連結的能力。不管是現在或是未來，認清他們擁有**表達真實自我的權利**，是孩子擁有韌性和力量的關鍵因素，也讓他們能成為全球進化的一部分——這是一個以悲憫、同理心、非暴力和富足繁榮打造成的世界。

覺知父母已經意識到，父母凌駕於孩子之上的傳統教養方式，會導致家庭功能失調，阻斷親子連結，在現代社會中已經過時。相反的，覺知父母都樂意成為新教養模式的建築師，打造出一個父母和孩子都被平等看待的世界，讓親子在提高意識的成長之路上成為互相扶持的夥伴。

在一個覺醒家庭中，父母明白家庭中的每種關係之所以存在，都是為了幫助每個家人成長。孩子是父母的一面鏡子，透過孩子，他們能看到自己哪裡還需要成長並變得更成熟。這些父母會反求諸己，提高自己的成熟度、專注於當下，而不是執著於修正他們眼中孩子的缺點。教養的重點永遠都是父母的覺知能力，而不是孩子的行為。這就是本書的核心觀念。

當父母能夠在每個當下都保持覺知，與孩子一起學習成長，整個家庭就會一起茁壯。每個家庭成員都能自由實現個人的命運，心無罣礙，無所畏懼地生活。自我覺察的力量、不自我設限的自信以及自我表達的自由，讓每個家庭成員都能自由去探索、發掘和體現他們的真實存在。這就是覺醒家庭的任務。

第一部

新的覺醒

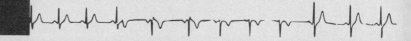

孩子最想要從我們這裡得到什麼？最新款的iPhone？新鞋或名牌服飾？一趟迪士尼樂園之旅？所有孩子真正嚮往的，比這些都深刻得多。大部分的教養之所以會失敗，都是因為不了解孩子真正想從我們這裡得到什麼，好讓他們成長茁壯。事實上，每個孩子都想知道並被滿足這三件事：我有被看見嗎？我有價值嗎？我很重要嗎？

學習新的教養方式

重寫舊劇本需要極大的勇氣，但這是我們可以喚醒自己，與孩子產生有意識連結的唯一方法。只有從這種一心一意的正念出發，我們才能幫助孩子長成最真實的自己。

「媽媽，我不要去，我就是不想去！」我那個有主見的女兒麥亞抗議著。「我才不要去參加你朋友辦的無聊活動呢！」我知道麥亞對我下午安排的活動不感興趣，但我希望無論如何她都能陪我一起去。此外，我也認為參加這樣的活動是「為她好」。

她的反應正如所有前青春期的孩子一樣，混和了恰到好處的憤慨、固執和沒禮貌。她轉過身去不理我，逕自走進她的房間，然後關上了門。

我張大著嘴，驚呆在原地。我把她教得很獨立，部分的我不得不佩服她的魄力；但是另一部分的我，卻對她無禮的說話方式感到不滿。我能聽到腦袋裡有個聲音對我說：「偶爾她也應該聽我的！」

你應該能猜到，哪部分的我贏了。在我還沒來得及辨識之前，就衝進了她的房間。「你不可以用這種口氣跟我說話，」我大聲宣布：「你不可以對我這麼沒禮貌。你應該跟我道歉，而且也會參加這個活動。」說完後，我轉過身不理她，就像她在幾分鐘前對我做的一樣，然後快步走出她的房間，甩上了門。

「哈！」我驕傲地告訴自己：「這會讓她明白，我可不容許家裡有個對我沒大沒小的小鬼！說到底，這個家裡還是我做主。」

當然，這不是我們母女倆第一次的口角衝突。當她滿十二歲時，我就發現自己遇上了難以理解的情緒漩渦。就像大多數同齡女孩的母親一樣，我往往會被自己的情緒浪潮所淹沒，忘記應付前青春期的孩子，需要的是冷靜和關懷。

在這件事上，我們爭吵的癥結顯然不在麥亞身上，而是我自己的問題。當天稍晚在我平靜下來後，我們兩人膩在一起，檢討了這次的吵架。就在我們討論彼此是如何激怒對方時，我誠心誠意地道歉：「我不該以這樣的方式逼你，我應該選擇更好的方式，畢竟我是你媽，也是個大人。」

麥亞十分聰慧，她直視著我的眼睛，然後回答：「媽，你為什麼這麼說？是我不該對你沒禮貌，我應該選擇更好的方式才對！我已經十二歲了耶！」

雖然不願承認，但事實上，某部分的我聽到她和我一樣感到內疚後，鬆了一口氣。這部分的我甚至有點竊喜，因為我不是唯一失控的一個，她也同樣有責任。

就在那一刻，我敏銳地覺察到，自己有這樣對立的兩面：其中一面，觸及到麥亞的內在力量，並與她深刻連結；而另一面，則會用盲目和不經思考的方式對待她，製造反感和對立。我意識到，其中一面是我真正的感覺，而另一面則是我非理性的一面，也就是我常常提到的「小我」（ego）[1]。

一旦我意識到，在腦海中不停告訴我麥亞應該「聽話」的是我的「小我」，而不是真正的我，我就不再對它言聽計從。「今天你指揮我的時間已經夠了。」我低聲說道。

當我沉靜下來，讓頭腦重回清醒狀態後，我終於能夠承認，這整件事都是我的小我所引發的。假如我能夠忠於自我，做一個充滿關愛的媽媽，就絕不會在女兒不願意時，強迫她去參加活動，就像這個事件中我所做的一樣。我這麼做，純粹是出於私心，而且一心想要控制她。

多年來，我已能了解，那個時常出現在我腦海中，需要掌控一切、吹毛求疵、充滿憤怒的聲音，就是我的小我，而不是真正的我。小我並不是任何人真正的自己；相反的，它只是生活中被觸發時所跳出來的習慣反應，也就是我們情緒化的一面。一旦我們意識到這一點，就可以馴服它。

我們學會馴服小我（能夠安撫否定和負面的自我對話，以避免激起許多非理性的情緒）的能力越好，就越有能力從真我層面讓彼此連結。這種真我，是我們的本質，也是我們真實的樣子。它總是存在於我們心靈的最深處，但在大部分的時間裡，它都被小我喋喋不休的絮語和情緒化反應所淹沒。一個客戶曾經問我：「你的意思是，小我就是我們的盲目反應，也就是腦海裡的聲音，其實不是我們真實的自己？」沒錯，這就是我的意思。正如我在第一本著作《覺醒父母》中所解釋的：

我認為小我更像是我們隨身帶在頭腦裡的一幅自我畫像，這幅畫像是我們對自己的看法，而且可能和我們真正的自己天差地別。每個人都帶著自我形象長大成人，這個自我形象從我們年幼便開始逐漸成形，根據的多半是我們與他人的互動。

我使用「小我」這個詞的時候，指的是虛假造作的自己，他（或她）多半只是我們根據他人意見而對自己產生的一種概念。他（她）是我們逐漸相信並認為自己就是的那個人。自我形象會覆蓋在我們真正的本質之上，自我形象一旦在童年時期形成後，我們通常會拚命地維護它。

覺知教養的關鍵，就是要覺察到小我，這種在腦海中不斷指揮著我們的聲音，以及其錯誤的方式。想要採取良好的教養方式，就必須先認知到小我並不能代表我們。然後，在我們學會辨認出小我的聲音和怪異行徑後，就不會對孩子做出在小我操控之下的盲目反應了。

我們的一舉一動，之所以會被腦海中的聲音所操控，是因為它源自於恐懼。假如你聽從腦中聲音所說的無數有關孩子的事，你會發現，它們大都來自於恐懼。無論是對於孩子本身或他們未來成就的誇大，還是對孩子的憂慮或失望，這一切最終的根源，都是恐懼。

舉例來說，你希望你的孩子擁有成功的人生，但為什麼這對你那麼重要？如果你仔細觀察就會發現，那是因為你眼中的世界，是一個非常可怕、人吃人的地方，而你擔心孩子的未來，或者希望孩子至少能在單一方面擁有天賦，並受到欣賞。然而，這種欲望的背後究竟是什麼？難道僅僅是為了孩子的天賦受到欣賞？或是擔心他們可能無法適應社會，甚至太過平凡，在社會眼光裡一無是處？

在本書中，我所提出的概念是，大部分在養育孩子過程中所遭遇的問題，都是源自於恐懼；這也是小我的特徵。我們的恐懼對孩子的成長極為不利，也是他們大部分不良行為的根本原因。同時，我想告訴你，這種恐懼毫無根據。我們大可不必害怕，而是應該了解，我們有充分的理由

1 譯註：本書中但凡 ego 都譯為小我，而 self 則譯為自我。

去信任孩子和他們的未來。因為我們是生活在一個具有大智慧的宇宙中，為了完成目標，它會跟我們共同創造生活情境；而每個情境，都是專門為我們的成長所設計的。當然，你可能會認為，在某些情況下，人純粹是邪惡的。然而，與其用這種單一角度去看事情，讓自己產生恐懼和不信任感，我更願意在不同心理層面的細微差別上，去了解人性的力量。如此一來，我們所能做的，不再只是與之對立，而是對人們的真實天性有更深入的了解，並透過這個機會來了解真正的自己。

善惡恆久存在，促使我們發掘自己內在的力量，來克服悲劇。對於暴力為何會存在，除了兒時被殘酷洗腦，切斷與心的連結之外，沒有其他合理的解釋。這種盲目無知貫穿古今，因此讓我們更有理由相信，為什麼我們需要有意識地教養孩子。當孩子在家中學會有關盲目反應的一切後，出社會後就能從中解脫，不再被無意識的反應所縛。因此，身為父母的任務就是在家中馴服這些無意識反應，從而為個人與世界建立更有意識的關係鋪路。

只有當我們斷開父母小我的盲目反應後，才能教導我們的孩子隨時隨地創造和諧。通往世界和平的道路，開始於一個閃耀著自我價值、忠於自我的童年。

小我是如何發展出來的？不管是對自己或他人，小我通常不是溫馴的，但事實上，它是從靜默又絕望的精神面發展出來的。小我之所以產生是為了自我保護，以免我們在成長過程中被無意識的元素傷害。我們都是在許多強加給我們的教條下成長，過多的「應該」，讓我們開始誤解真實的自我。比如說，假如我們小時候很愛哭，遭到父母或兄弟姐妹嘲笑，很可能我們就會發展出喜怒不形於色的隱忍個性。雖然我們的「情感自我」（feeling self）忠於我們的真實本性，但我們的隱忍克制卻是小我的偽裝，這是我們在很小的時候，為了保護自己不受至親捉弄和嘲笑所建立起來的。

或者，也可能是在成長的過程中，當我們需要父母時，他們卻走不出自己內心的混亂和創傷，因而無法做出回應，使得我們發展出或順從或叛逆的人格，端視於我們相信自己是需要變得完美或惹是生非，才能引起父母的關注。在多年從事治療師的經驗中，我見證了無數個孩子被迫披上服從或叛逆外衣的真實案例，不是因為他們天生如此，而是因為他們被教養方式強迫扮演這些角色。大多數的人不得不發展出虛偽的方式，來應對我們的童年現實。這些方式，一開始是為了保護我們不去承受被父母拒絕的痛苦，但最終卻成了桎梏我們的鎖鏈，把我們綑綁得更緊。

由於小我早在很久以前就形成了，那時我們還太小，完全搞不清楚發生什麼事，因此我們會習慣性地認為，腦袋裡的這個聲音就代表了我們的身份認同。然而，倘若停下來思考，就會體認到，其實這樣的聲音並非我們真正的想法和感覺，而是我們為了生存所發展出來的虛偽角色。遺憾的是，大多數的教養方式，都是建立在這種因恐懼而專注於生存的虛偽思考模式。正是我們虛假的自我，創造出切斷我們與孩子之間連結的第一顆種子。它讓我們拒絕接受「**就是**這樣」，轉而追求「**如果**這樣」或「**應該**是這樣」。我們悖離了孩子與生俱來的自然狀態，將我們的制約、信仰和恐懼強加在他們身上。當我們把孩子改變得離他真實的樣貌越來越遠，就越是否定了他們真正的靈性。這種否定，對他們而言，是一種極端背叛的行為。因為他們會想：「為什麼我的母親不能用我真實的樣子來看待我呢？難道是因為我很壞？」或者「為什麼我的父親對我的天性感到丟臉呢？一定是因為我沒出息！」

在教養的路上，我自己也遇到過無數次這樣的時刻，我對女兒的真實感覺，很容易被小我的無意識反應所掩蓋，以至於對她產生了各種與當下無關的內心小劇場，而沒有用她所需要的方式與她連結。

例如有一天，女兒告訴我，她需要獨處。我發現自己被腦袋裡的聲音牽著走，認為她在拒絕我。但實際上，這只不過是小我在作祟。「她為什麼不需要我？」我腦海中的聲音問道：「難道她不需要我的智慧和陪伴？」我迷失在這個聲音所捏造出來的「被拒絕」的假象中，卻沒有看出女兒對於獨處的要求，完全是出於一種健康和自然的需要。

當我們像這樣被小我所控制時，就無法真正陪在孩子身邊。我們真正的自我，亦即我們唯一知道如何與他人處於當下的那個部分，已經被小我綁架了。這種虛假的自我感受，自然而然會導致我們看不見孩子真正的模樣；而為了在我們的眼光下生存，孩子也會被迫發展出虛假的自我感受。於是，孩子也開始被小我折磨！

這就是為什麼養育孩子，對我們自己的成長也大有幫助。孩子讓我們注意到，我們的教養方式有多麼地無意識。這正是女兒教給我的一課。那些很容易就困住我們的想法和情緒，基本上都是源自於我們自己無助和否定的感受，導致了各種不當反應，比如大吼大叫地下命令、祭出暫時隔離[2]，以及施行我們還未深思熟慮的各種懲罰等等。只要我們願意看見，就會開始認識到，那些困住我們的想法和情緒，跟我們對孩子的行為或因行為所引發的真正感受，兩者的差異有多大。

覺知到小我來勢洶洶的心理和情感活動，讓我們能夠辨別小我和真我。這對於進行覺知教養十分重要。一旦我們覺察到小我是如何顛覆我們處於當下的能力，就能針對特定的行為或情況去思量什麼才是真正適當的反應：不是出於恐懼，而是從最符合孩子需求的出發點著眼。

小我的怒吼

一旦我察覺到這是小我在作祟，就可以用十二歲小孩能夠理解的方式去解釋給我女兒聽，小我究竟是怎麼發揮作用的。

我告訴她：「當我們生氣或害怕不被理解時，就會變身成一隻凶猛的老虎來保護自己。這就是剛剛發生在你身上的事。你認為我沒有花時間來了解你，所以你絕望，你齜牙咧嘴地亮出了你的爪子。而我基於從小受到的教養，當然會這樣想：『太沒禮貌了！』然後我就對你亮出了虎媽的牙齒。但是我其實心裡有數，除非是你感到害怕或被困住了，否則你絕對不會發動攻擊。」

麥亞專注地聽完後，鬆了一口氣，緊緊地抱著我。在她心滿意足地沉醉在她已明白的知識裡時，我花了點時間回想，我是如何讓自己盲目地對她做出反應的。我對她說教、嘮叨和訓誡，全都是因為那個認為自己全知全能的神化小我。自然而然的，女兒的自我保護本能就被啟動了。

想維護我們所認定的權力，是人之常情。當它不是源自於小我，而是從更深層的自我而來時，這種為自己增權培力的感覺是健康的。我所說的「更深層的自我」，指的是我們不被小我經常性干擾所撼動的那個部分。比如說，我們一方面看到自己開始生氣，卻同時又能夠堅定地保持冷靜狀態，並在尊重自己和孩子的前提下，開口說出我們的要求。或者，我們看出來小我想要施以威脅或懲罰的渴望，但抗拒這樣的衝動，去尋求另一種方式來堅守我們的界線。如果我們停下

2 暫時隔離（Time-out），這是管教兒童的一種方法，當孩子的行為超過界線時，父母會限制小孩自由活動的空間與時間，比如罰站幾分鐘或自己待在一個特定地方，讓父母及孩子雙方都能冷靜下來。

來注意自己的心理活動，就能察覺到自己那些不符合進步意識的時刻。

當女兒認為我不接納她的感受時，她強大的本性就開口說話了。但是，當我用小我回應，而不是用我充滿力量的本質去平靜回應時，就會觸動**她**的小我，因此讓情況陷入了雙方的小我之戰。在激烈的衝突中，我並沒有想到，女兒不是因為「壞」，才會用特定的方式行事，而是出於一種健康的需求，必須在**我的小我中來保護她自己**。因此，我其實是被小我包圍，沒能創造一個適當的空間來讓她表達自己的意見。

了解這一點非常重要。如果我們沒能給孩子足夠的空間來表達他們自己真實的聲音，而是被我們教養中既定想法的怒吼所掩蓋，他們長大後就會焦慮和沮喪。有許多年輕的孩子，其實只是想要真正的自己被看見，卻因為一直得不到父母的肯定，就用各種方式自我傷害：爛醉如泥、吸毒、不當的性關係，甚至自殘。所有這些脫序的行為，都是哀求我們給予肯定的求救呼喊。他們體現出一種深深的嚮往，希望被看見、被認可，以及被了解。

許多家長在讀了這段文字之後，可能會為自己過去的錯誤而嚴厲地自我批判。我希望，我所說的這一切會讓父母覺醒，而不是愧疚。開始走上覺知教養這條道路的父母，其中一種典型反應，就是在回顧自己過去的錯誤時，會感到後悔和愧疚。容我提醒家長，這種反應雖然可以理解，卻是小我另一個創造情感麻痺的詭計，讓我們與當下脫節。我鼓勵父母認清一個事實，那就是沒有人能夠無時無刻都處於有覺知的狀態之下。我們都會經歷盲目反應的時刻，除了造成混亂，也讓我們感到無助。這是為人父母本來就有的部分。與其陷入我們本來「應該」如何的內疚感，我們更應該做的，是將這些真知灼見變成改造自己的機會。這樣一來，我們就能訓練自己保持覺知，並在當下時刻而非從我們不相關的過去對孩子做出回應。原諒自己的無意識行為，能讓我們立刻進入當下，並創造出需要發生的改變。

在我前面描述的母女衝突中，倘若我一直認為自己的方法是正確的，而不去糾正我的錯誤行為，我可能就會扼殺孩子的天性，破壞了她剛萌芽的自主決定，並讓她慢慢走上自我貶抑的道路。在這個過程中，她可能會對我越來越反感，造成我們之間的距離越來越遠，在她最需要我的非常時期，損害我們之間連結的能力。

這就是每天練習覺察的價值所在。擁有提升的覺察狀態，或者經常處在所謂的「有意識」（conscious）或「正念」（mindful）的狀態下，我們會更習慣去區分從小我而來的無意識反應模式，以及以真實自我為中心的更平靜狀態。當我們學會觀察自己的情緒反應模式，以及它們如何讓我們背叛自己之後，就更容易擺脫類似失神狀態的反應，並且不會輕易在第一時間就陷入這種狀態。每當我們發現自己開始做出無意識反應時就要停下來，捫心自問：「我要怎樣接近我的孩子，才能完全符合他們的本性，而不是我認為他們應該有的樣子？」

要做到覺知教養，不是一朝一夕的事。我們需要不斷練習，一直到能夠覺察到小我是如何誘導我們的。值得慶幸的是，僅僅是提高覺察力的一小步，就能造就親子關係品質改善的一大步。我們為了提高覺察力所踏出的每一步，都將帶領我們更加速接近孩子的心靈。

在恐懼操縱下，孩子的焦慮與憤怒

我們都有過童年，而且在長大成人的過程中，我們的父母大都不知道怎麼引導我們，才能讓我們長大後擁有成熟的情緒，因此我們必然會遭受不同程度的無意識之苦。即便成年之後許多年，我們很多人也還沒能學會冷靜的回應方式，總是用不成熟的方式反應。這就是為什麼我們有情感發展上的缺口，特別是當我們與孩子一起時，因為他們會喚起我們自身的童年經歷。

我的客戶珍妮特，以一種特別強烈的方式，感受到她情感發展缺口所導致的痛苦。她三十九歲，已為人母，卻時常被縈繞不去的童年陰影所觸動。「我是個失敗的媽媽，」她在某次諮詢時告訴我，聲音因情緒激動而顫抖。「我真的不知道要怎樣當一個大人，我感覺自己的內心還像個小女孩。如果我不知道如何當個大人，要怎麼去照顧我七歲的女兒呢？她和朋友在學校裡經歷了這麼多事，我時時刻刻都在擔心她。這樣的焦慮，影響了我生活的每個層面。」

珍妮特繼續說道：「只要女兒一哭，我會比她哭得更大聲。她生氣，我會跟著她一起生氣。朋友欺負她，就像他們欺負的是我。我不知道應該說什麼，也不知道該怎麼做。有一半的時間，我當機了，而另一半的時間，我的情緒在慌張和憤怒間交替。」

在我們談話過程中，珍妮特不停說道：「我很焦慮，不認為自己能夠做到。」她重複著無數客戶告訴過我的話。養育孩子本來就是艱鉅的任務，因為我們總是害怕我們會做「錯」。

身為父母，我們總是盡全力想要做到最好，但我們並沒有意識到，正是我們對孩子的擔驚受怕，造成了大多數的教養問題。這些恐懼，往往以一種強烈焦慮的形式表現出來。不論它確切的體現方式為何，我們的恐懼破壞了許許多多原本的好意。我們的教養之所以會產生與目的恰恰相反的結果，恐懼往往就是問題所在。

為了明白珍妮特的處境，我們開始探索她的過去。開始討論沒多久，她吐露了影響她六歲前生活的兩個主要因素。首先，由於父親失業，全家人必須搬到不同的城市與她的祖父母同住。其次，遭逢巨變所產生的壓力，讓她的父母常常吵架。從那個時候開始，她失去了安全感。因為對大人強加在她生活上的改變沒有發言權，讓她覺得自己無能為力。

「每當孩子激怒你，」我向她解釋：「你以為自己是以成年的自我來回應她，但其實並非如此。即使你已經三十九歲了，還是會立刻回到孩提時所學到的應對方式，回到那個沒有辦法表達自己意見的六歲小女孩，就像是你的感情凍齡了。這就是為什麼你會一方面覺得失控，一方面又覺得無助的原因。」

當珍妮特能夠意識到這些事件帶給她的殘留情緒，覺察到內心真正在發生什麼，就能開始辨別出哪些情況會引發她長久建立起來的行為模式。而當她學會退一步看清整個情況來做有意識的決定，而不是被無意識的衝動所驅使之後，她的情緒反應就消退了。在她越來越能夠用更平靜、更成熟的方式去處理狀況後，她發現自己已經能夠接受與女兒目前的關係，不再因自己的過去而覺得受到侵犯。

想想那些你因為孩子在學校可能考不及格，而焦慮到失眠的夜晚；想想當孩子被霸凌而痛哭時，你發現自己慌張失措的時候。憤怒、焦慮、內疚或羞愧——不論是哪種形式，我們都經歷過這些與孩子有關的激烈負面情緒，而這一切都是由恐懼所驅使的。在內心被恐懼掌握的那些時刻，我們完全失去了成熟的自我意識，導致我們的行為就像個失敗的父母。

焦慮一旦以恐懼的形式出現，是讓我們在關懷孩子時變得不理性的原因之一。我的另一名客戶凱薩琳，跟我分享了她對女兒辛蒂大發雷霆的過程。每一次當她回想起第一次對女兒嚴重失去理智時，都會覺得很難受。當時辛蒂才四歲，在媽媽告訴她不要碰廚房裡的任何東西後，還是弄得一片狼藉。其實這是一件相當小的事情，但它觸動了凱薩琳的爆發點，讓她勃然大怒。

這個事件會在凱薩琳腦海中揮之不去，是辛蒂當時嚇壞了的表情。她看到媽媽發瘋的模樣，簡直嚇呆了。她驚恐的樣子，瞬間澆息了凱薩琳的怒氣。當凱薩琳意識到自己多麼失控，也被嚇壞了。就好像某種不可抗拒的力量突然憑空出現，虜獲並控制了她。

我同意凱薩琳所說的，是一種「不可抗拒的力量」控制了她，但我向她解釋，這股力量並非「憑空出現」。她被觸怒的原因，和珍妮特的經驗類似，都是跟自己的童年有關。她生長在一個管教嚴格的家庭，所學得的情感藍圖造成她當下以同樣的方式去對待女兒。

當凱薩琳親眼看見她的孩子和自己過去一樣痛苦，就知道是時候審視自己了。她開始解讀自己的過去，才明白很久以前發生的一切，正在操控並破壞她現在的生活。最重要的是，她終於敞開心胸以正確的方式去迎接孩子走進自己的人生，藉此喚醒那個遺忘的自我。她終於看清楚，孩子來到身邊，正是為了觸發她內在的覺醒。當然，回應這個呼喚並重新找回真正的自我，責任還是在我們身上。

過去的經驗，如影隨形

我們都必須知道，過去會影響現在的我們。被困在過去是一回事，而意識到現在它是如何影響我們，則完全是另一回事。不停反覆回憶陳年舊事，只會讓已身陷其中的我們越陷越深。同時，有鑒於我們沒有意識到過去仍然桎梏著我們，因此很難解釋我們為何會對自己的孩子有這麼強烈的反應。

童年的經歷，創造出我們用來建立生活的樣板。我們目前的行為模式，都是出自於這個樣板，忠實地臨摹了我們的早期生活。除非我們覺察到這一點，否則就會不斷重複這些模式。事實上，我們大多數的成年經驗和關係，都遵循著這些模式。因此父母養育我們時的覺知程度，是決定我們長大後自我調整能力有多好或多壞的關鍵因素。

當父母，等於給了我們一個機會去覺察這些童年建立起來的行為模式，這或許比什麼都重要。由於孩子跟我們最親近，提供了我們一面反映自己的鏡子。透過他們，我們與自己孩提時的模樣面對面。這可能很痛苦，所以我們該拿這種痛苦怎麼辦？

我的客戶康妮用最優美的方式，描述了這樣的困境：「在這些時刻，我感覺很無助。當我無法了解我的十歲女兒，而她又一直哭鬧或發脾氣時，我感覺自己彷彿回到跟我父親在一起的時刻，又再度被操控了。我討厭這種感覺。一部分的我，想要像小時候那樣躲起來；而另一部分的我，則想用尖叫來表達我對這件事再次發生的憤怒。因此，我要不是忽視她，就是懲罰她。不論我採取哪種處理方式，我都會恨自己，但我真的不知道在自己感覺失控的時候，該怎麼辦！」

當我們感到無助和焦慮時，就會傾向用折磨他人來控制這些感覺，而在這種情況下，對象往往是我們的孩子。這在心理學上，稱之為「投射」（projecting）我們的痛苦到另一個人身上，使一切看起來像另一個人就是我們痛苦的原因。有意識的回應，是從孩子所持的鏡子中看見自己，讓我們覺察到在許多方面，自己仍然表現得像個孩子；而不會再因為他們展示出了我們自己的另一面，就做出情緒化反應。

在情緒上我們越是不成熟，孩子越會呈現出無意識的情結[3]、不安全感和行為問題。這是他們在表達：「嘿，爸、媽，我在這裡就是要告訴你們，你們該長大了。可不可以請你們快點長

3 情結（complexes）是心理學術語，指一個人對於某件事有不必要的焦慮或擔心。

大，讓我可以繼續前進，做我應該成為的那個自己。我這麼做是幫了你們一個大忙，告訴你們要成為成熟的人，應該做些什麼。你們越早能做到這些，我就越早能卸下做鏡子的重擔。」

回應孩子的呼喚，在他們為我們提供的鏡子中審視自己，是覺醒父母的標誌。每回向鏡中投以一瞥，都為我們提供了一次打破舊模式而重獲自由的機會，並阻止我們把它傳承給我們的孩子。重新改寫舊劇本需要極大的勇氣，但這是我們可以喚醒自己，與孩子產生有意識連結的唯一方法。只有從這種一心一意的正念出發，我們才能幫助孩子長成最真實的自己。

是孩子惹到你，還是你在跟自己生氣？

你是否曾經對你的孩子憤怒尖叫？我敢打賭，幾乎每個父母都曾在某個時刻這樣發飆過，然後在事後覺得非常羞愧。

當我們對孩子表達憤怒，就像是情緒慌了手腳。我們通常認為，是孩子的行為舉止「惹我們生氣」。我們告訴自己，他們故意變得很討厭來測試我們、挑釁我們，或者挑戰我們的「底線」。我們可能會將憤怒合理化，說一些像是「看看你逼我做的好事！」這樣的話；同樣的，當我們變得焦慮、擔心或害怕，就會把這些感覺歸咎於發生在孩子身上的事或孩子的行為。

以傳統教養方式的角度來看，我們混雜了焦慮或恐慌的情緒爆發，一直被認為是孩子的錯。當孩子做出催化我們內在任何一種類似的反應時，我們會追問：「你為什麼要這樣對我？」

對這些行為的解決方法，通常也一樣傳統。我們祭出暫時隔離、剝奪特殊待遇或打屁股等等方式來懲罰孩子。這些專制的手段，都是我們在感覺說不過或受不了孩子時的本能反應。有個客戶曾經說過，她的兒科醫生告訴她：「你兩歲大的女兒個性倔強，你最好在她變成你的夢魘之前就馴服她。你應該考慮開始用暫時隔離和處罰來控制她。」這些用在孩子身上的老派教養方式，都在我們的內心裡根深柢固，使我們相信，假如不採用這些方式來管教孩子，我們就是「壞」家長，教不出好孩子來。

如果我們使用的是較現代的管教方法，也許會使用中性的語調並小心選擇不帶批判性的字眼。或者，當我們覺得受到挑釁，可能會自己出去冷靜一下。身為父母的我們，有哪個人從來沒有用過「從一數到十」的管教方法？為了避免情況被捲入一場情緒失控的戰爭中，還有一種教養潮流建議我們在手腕上戴一條橡皮筋，時時刻刻提醒自己，我們可能有失去冷靜的風險。

不管是傳統的懲罰性管教，或是比較現代的方法，都有一個共同的問題：這些技巧都只有短暫的效果。我們通常很快就會發現，自己總是在處理同樣的問題；更糟糕的是，這些問題可能轉入地下，比如撒謊、逃課，或者在我們看不到的地方，從事被禁止的行為。

傳統與現代的教養方式之所以無法長期有效地回應孩子挑釁，原因在於它們都沒有觸及到行為的根源。父母從專家或其他父母的分享得到的各種教養技巧，焦點都是放在某個特定的行為上面，而不是這些行為背後的動機。這些技巧，都是關於控制孩子，好讓他們的行為不會觸怒我們。我們告訴自己，假如我們能夠讓孩子「做」或「不做」某些事情，現在這些失控的反應就不會再出現。這是一場比賽，其中父母和孩子都試圖搶先對方一步。不用說，比賽的結果總逃不出憤怒、焦慮、經常性的失望，甚至是悲傷。

覺知教養改變的是遊戲規則，因為它不是企圖改變孩子，而是改變父母自己。它的信念是，當父母創造出適當的條件，孩子自然就會改變，進化到更高的意識狀態。當然，問題在於父母是否知道如何創造出這些條件。覺知教養要處理的是各種教養方式背後潛藏的恐懼，以及所有關於我們正在做「對的事」的想像，並讓我門看清楚自己是如何迫不及待地以激烈的情緒來回應孩子。當我們越來越清楚地意識到，我們的情緒化反應會阻礙我們與孩子連結的能力時，就會反思出新方法去預想具有正念的回應。從這樣的自覺意識出發，我們就能為孩子量身打造出適合他們的回應，讓他們能充分表達最真實的自己。

孩子如何成為我們的喚醒者？

我們的孩子可能還很小，沒有獨立生活的能力，但他們確實具有驚人的潛能成為我們的喚醒者（awakener）。

我很喜歡「喚醒者」這個稱呼。它超越了所有我們用來註解孩子的角色，例如「朋友」、「盟友」、「夥伴」或「繆斯女神」一類的老派說法。這個稱謂，直接反映出孩子啟發我們，將我們的意識提升到新高度的潛力。當我注意到我的女兒是如何做到這一點時，我心懷敬畏。

最令人驚訝的是，孩子為我們所提供的真知灼見，通常不是讓我們幡然頓悟，而是在最平凡的時刻和最卑微的狀況下偶然發現的教訓。實際上，往往就在衝突發生的時候，我們才能看見自己無意識小劇場的全貌。這就是為什麼與其像大多數父母一樣去選擇迴避衝突，甚至否定親子意見紛歧的事實，我鼓勵父母接受衝突的必然性，並利用其中所出現的領悟，來喚醒自己內心仍然需要的成長。

支配孩子的想法，是小我的巨大誘惑，因為小我喜歡覺得自己很強大，能掌控一切。但我們真的能怪它嗎？因為它在專制中被養大，現在對權力上癮了。畢竟，除了孩子，還有誰可以讓我們幾乎完全控制他們的生活？你無法在工作中做到這一點，也不能對父母、手足或朋友這樣做。通常，你的小我會認為，你唯一能夠完全控制的關係，就是親子關係。這就是為什麼它會用盡全力試圖發揮作用。只有跟孩子在一起時，我們才能變得全知、控制和獨裁。假如我們能意識到，這種控制實際上顯示了內在力量的薄弱，就可能會重新考慮我們的教養方式。

當我們忽略自己有時會用不成熟的方式對待孩子，而他們也持續用相同的表現向我們反映，我們就拒絕了讓自己成長的最佳機會。假如我們能從孩子提供給我們的訊息中，接受自己的不成熟，就有機會深刻地改變自己。即使是微不足道的小事，與孩子最平凡的日常互動，都能成為改變的催化劑。

舉例來說，一位媽媽抱怨，每天早上都會對孩子發火，因為他們從來都不肯乖乖聽她的話，結果上學老是遲到。對於這樣的情況，傳統的方法會鼓勵母親管教孩子，讓他們學會服從。問題是，在這種情況下，如果父母不斷重複「你有在聽我說話嗎？」接著就會演變成「我剛告訴你什麼了？」然後不用多久，聲音就會拉高，彷彿越大聲，孩子就會不得不聽話。然而，他們沒有意識到，孩子沒有學會聽話，一點也沒有。他們反而會越來越不耐煩，並變得越來越挑釁。

如果先不管這種強迫性下命令的傳統教養方法，反過來探究一下這位母親呢？她是不是經常手忙腳亂？是不是經常遲到？自己在早上的精神狀況是不是不太好？你看，現在我們把焦點從孩子需要改變，轉移到媽媽可能需要改變自己的內在部分了。

用這種完全不同的做法，這個母親可能需要仔細照照鏡子，然後問自己：「我的孩子是不是在某種程度上反映了**我**做事的習慣方式？我有沒有辦法調整自己的生活，做起事來更有條不紊？」在有孩子之前，我們的混亂似乎都是可接受的；但有了孩子後，我們意識到缺乏組織能力這件事，正在破壞我們教育孩子養成健康的行為模式。雖然我們自己也許能夠應付一定程度的混亂，但對我們的孩子而言，它的影響卻是破壞性的。

對一個母親而言，在早晨的例行工作中有點混亂，看似是一件小事，但恰恰是這些日常模式最終控制了孩子的行為，而不是我們的教導或命令。在我們明白問題出在我們自己之前，孩子將繼續反映出我們需要成長的事實。事實上，除非我們願意接受成長的挑戰，重整我們的生活，否則這些看起來很小的事情，都會埋下許多家庭功能失調模式的種子。

想像另一個不同的場景：一個十二歲的孩子由於被霸凌，漸漸成為社交孤兒。不論父母怎樣哄騙、利誘和威脅，他都拒絕去上學，甚至不願意跟朋友玩，因此讓父母越來越絕望。雖然找了專家來「解決」孩子的問題，但沒有成功。有些時候，這種介入可能是必要的，但在尋求幫助之前，如果我們將焦點轉移到父母身上，會發生什麼事？比如說，調查一下他們過去的社交狀態？

我們探索了母親的過往，才知道原來小時候她也曾被人欺負和排擠。因此，她大部分的童年時光都很孤單。她認為，會一直被欺負是她的錯，因此感到羞愧自卑。這些霸凌、孤單和羞愧的感覺，讓她變得非常焦慮。當她的兒子開始受人欺負時，就觸發了她自己潛在的焦慮感。她近乎病態的擔心，不知不覺地削弱了孩子的自信。她沒有鼓勵孩子，喚起他內在固有的韌性，反而因為過度焦慮，導致了孩子更退縮。

在治療過程中，這位母親才了解到她兒子的退縮，是因為無法承受她過度焦慮的一種自然反應；而她自己的反應，則是因為從來沒有真正解決過童年的事件。在日常中，不論是用簡單的方式或更深刻的方式，我們的孩子都不斷地在對我們說：「快醒醒吧，看清自己，改變自己。為**你**

自己做這些改變，好讓我可以從你的困擾中解放出來。」

有時候，孩子喚醒我們面對自己拖拖拉拉的個性，有時候則是去面對我們的固執或成癮狀態。同樣的，他們也讓我們注意到自己的焦慮、追求完美和控制欲。孩子展示了我們無法開口接受或拒絕別人的問題，以及我們多數時候的口是心非。他們揭露了我們控制或依賴的傾向，以及婚姻危機的問題所在。他們使我們發現，自己就是沒辦法長時間平靜下來。他們讓我們知道，要全心投入與他們相處的當下有多麼困難，要敞開心胸需要怎樣的挑戰，要成為不矯揉造作和輕鬆有趣的父母是多麼令人害怕。他們特別會反映出我們所有不真實的面向，這些全都反映在孩子對待我們的行為和反應上，以及我們對待他們的行為和反應上。如果我們願意睜開眼睛，就能看到自己的無意識。當我們學會接受這個真理，就會在孩子挑戰我們時，停止用拒絕的態度去對待他們，並意識到之所以當下會面臨這個挑戰，是因為我們過去的問題還沒有得到解決。

學會焦點轉移，避開無意識的言行

覺知教養的方法，能真正改變現況。藉由將焦點從孩子身上轉移到父母的內在轉變，覺知教養擁有從最深層基礎來喚醒家庭的潛力。對身為父母的我們而言，要將這種焦點轉移的方法融入日常生活，並不容易。它像一面鏡子，反映出我們對孩子的所有反應方式都是不健康的，鼓勵我們去探索內在無意識的運作方式，以及去面對潛伏在自己各個心理層面的陰影。由於它不讓我們停留在「我的童年都是這樣做」的想法上，因此我們不得不時時刻刻去探索新的方法，來與孩子建立關係，並客製化我們的反應來符合眼前孩子的需求。這一切迫使我們反問自己：「我要如何利用這個與孩子共處的時刻，更加了解自己？」

我的客戶珍娜，很難面對自己五歲女兒安娜崩潰的時候。由於她找不到與安娜溝通的方式，每天都會大發脾氣。終於，在某個安娜煩躁不安的悲慘夜晚，珍娜情緒爆發，打了女兒一巴掌。

珍娜對自己的失控感到悔恨不已，立刻約了時間來見我。當我們重新一步一步回憶事件發生的過程時，我能看到珍娜給自己挖了一個洞。她對我說：「當安娜發脾氣時，我是那麼努力地和安娜的感覺連結。我一直問她為什麼這麼不開心，我可以做什麼來幫她。但是，她不告訴我，只是不停尖叫，對我揮著一雙小手臂。我不斷試著讓她平靜下來，但她只是哭喊尖叫。最後，我就失控了。」跟許多家長一樣，珍娜以為她在試著跟女兒連結，但實際上，這卻造成了她與孩子之間更深的裂痕。

我指出，她錯過了這個難題裡最重要的一塊拼圖。「你忘了說出其中最重要的細節，也就是你的想法和感受。」我告訴她：「你能告訴我，當時閃過你腦海的念頭是什麼，或者你的身體感受到了什麼？」

珍娜看著我，目瞪口呆。「我根本不知道，」沉默了幾分鐘後，她脫口而出。「當時我太專注在安娜身上，根本沒有注意自己在想什麼或感覺怎樣。」

珍娜的反應，是不少家長的典型反應。因為只專注在孩子的行為上，他們盲目地在瞬間做出反應，很少考慮到他們反應背後的驅動力量。自然而然的，他們往往會做出無意識的反應，將問題複雜化。只有當珍娜開始把注意力放在自己身上，專注於自己的內在風景，她才會意識到自己對孩子正在經歷的混亂扮演了什麼樣的角色。更重要的是，她才能獲得改變的力量。

「在與孩子連結的過程中，你會經歷許許多多的感受。」我向她說明。「你會感覺到無助、失控、沮喪和憤怒。所有這些情緒，其實都是恐懼的體現。你沒有意識到你的反應，真正的導火線是你自己的恐懼，而不是你孩子的行為。」

珍娜開始漸漸明白聚焦在自己身上是什麼意思。在安靜反思片刻之後，她說：「噢，我的天，我竟然沒發現自己崩潰得比她還厲害。我居然沒注意到！因為希望能改正她的習慣，我盲目地對她做出反應。你說得對，整件事把我嚇壞了，這就是為什麼我會失控。」

由於覺知教養所關切的，是我們行為的真正根源（沒錯，我的意思確實是我們**身為父母**的行為，而不是孩子的行為），因此能避免那些快刀斬亂麻的方式。相反的，我們會經歷真正轉變**成為爸媽**的過程。當孩子反映出我們那些還沒有成熟的面向，透過一再重複的自我反省，我們就會有能力成長為真正了不起的父母——也就是這個世界上每個孩子都值得擁有的那種父母。

第二章……

文化如何讓父母失格

父母總是著眼於未來，以到達他們想像中自己應該去的地方；相反的，孩子則將自己安置於當下。享受當下的片刻與展望未來生活，這兩者之間的斷層正是大多數親子關係會決裂的原因。

孩子並不需要我們帶領他們進入覺醒狀態，因為他們早已覺醒。我們的任務，是扶植他們天生的覺察力，並提供可以讓這種能力萌芽的背景。要做到這一點，父母需要從源於自身恐懼並阻礙孩子發展的控制型教養模式，轉變成支持他們身心靈發展的教養方式。

孩子需要我們幫忙壯膽，讓他們能以符合自己年齡的方式，駕馭自己的未來。他們需要我們的鼓勵，好在每一次機會裡練習他們天賦的導航能力。他們不需要我們用擔心來質疑他們真正的自己。我們要相信，一旦他們掌握了自主權，就會自然而然地充分表達自己，並找到為了達成這個目標所需要的一切。

試圖擺脫以恐懼為動機的控制，轉向鼓勵孩子去顯露自我激勵的個性，這種細微卻深刻的轉變，能夠幫孩子的內心充滿對生命的熱忱。由於孩子的動力是從內心萌芽的，為了達成自己的目標，他們自然而然會自律起來。如此一來，每個孩子都會成為他們本身豐富意識獨一無二的展現，支撐起他們智慧人生的錦繡百態。

身為父母，我們必須了解，只要孩子持續連結到他們最深層的本我，憑藉著其無限的資源，就能激發他們的潛能，達成超越我們能想像的境地。我們在孩子人生中所扮演的角色，是幫助他們表達出躲在偽裝背後的真正動機。我們能做到的程度，就只有不斷引導他們向內探索，讓他們學會傾聽自己內心真正的渴望，而非讓他人過度影響孩子自己的決定。當然，我們幫助孩子的能力，跟我們自己在生活中自我實現的能力，是成正比的。

我明白，對父母而言，很難相信不必強迫孩子去遵從我們眼中認定他們該有的樣子，只需要引導孩子實現自我價值，他們自然就會成長茁壯。因為這違背了制約我們的傳統概念，這些傳統教導我們，生活是不安穩的，因此在任何時候我們都需要處於一種「有所作為」的模式中。選擇讓自己扮演開明的引導角色，起初可能會讓你感到不放心，因為你會覺得自己放棄了為人父母應有的責任。這是因為我們大多數人都是在「行為決定一切」的真言中成長，我們認為，如果不設法控制或製造出理想的結果，就不算盡到應盡的責任。於是，父母沉迷在行為是恐懼解毒劑的想像之中，對待孩子就像所有物一樣，將他們推向父母為他們設想的未來。只有當我們能停止聽從我們腦袋裡的聲音，不再鬼迷心竅，認真把孩子當成獨立自主的個體，承認他們完全有能力面對挑戰，有能力去創造自己的生活，他們才能體現本真狀態下的活力和勇氣。

一旦關懷變成了控制，就有了重量

我們很難放棄控制的念頭。如果你試圖這樣做，小我就會不斷用恐懼的訊息對你疲勞轟炸，提醒你為何會在第一時間選擇控制的所有理由。但是，這些訊息，與孩子實際的樣子，以及當下熱騰騰的現實全都無關。

請容我用東妮雅和她母親卡拉的故事，來說明我想跟你分享的觀點。十四歲的東妮雅和母親第一次來找我做心理諮商時，整個過程都吵得不可開交。卡拉做了一張表，列出所有女兒該做而沒有做的事。卡拉說，東妮雅總是：

- 不讀書
- 不洗衣服
- 不做運動
- 不好好吃飯
- 成績沒拿到A
- 不交新朋友
- 不當義工
- 不花時間照顧狗狗

這份清單簡直沒完沒了。每當東妮雅試圖為自己辯護，她的母親又會吼出另一項指責。看起來東妮雅似乎沒有一件事情做得好。最後，她放棄捍衛自己，撤退到沙發的另一端安靜坐著，不再參與討論。這對母女之間的障礙，除了女兒深厚的恨意，還有母親純粹的歇斯底里。

「我看得出來，你現在有多麼慌張，」我對卡拉說。「你知道是什麼讓你這麼害怕嗎？」

「我深怕東妮雅上不了大學，會遠遠落後其他人。」卡拉坦白地說出心聲，眼中淚光盈盈。「我很害怕，她找不到好工作，無法自立。我花了好多年才找到自己的路，因此我希望她不要步上我的後塵。」她深深嘆了口氣後，繼續說：「東妮雅認為我總是在嘮叨，但其實我只是想要確保她能夠有一個成功的人生。我希望她能了解，我是多麼在乎她，而不是老把我當成敵人。」

我向卡拉解釋，由於她想要掌控一切，導致她的關懷埋沒在堆積如山的訓斥和指令之下。在接下來的幾次療程中，我幫她改變了對待女兒的方式，並協助她改掉源於恐懼的說教習慣，因為那只會顯出她的絕望。

在卡拉終於深刻了解，她的焦慮是如何破壞她想要東妮雅培養的領導能力，以及壓抑了讓她跟女兒連結的能力之後，東妮雅也打開了心扉。她開始領悟，她母親的作為，並非如她原先想像的，是出於惡意。事實正好相反：很明顯的，母親深深地關愛著她。隨著卡拉持續一層一層剝開她的不安全感，並認識到這些不安的源頭是根植於自己童年的恐懼，她與東妮雅的連結也慢慢改善了。她們開始能夠開誠布公，發自內心的對談。

正如我從很多客戶身上所看到的，當父母從教養公式中去除掉焦慮，孩子就能向前邁進，成為自己生活的創造者。因此，東妮雅發展出了自發性，這正是她母親渴望她能獲得的能力。然而，只有當她的母親停止控制她的生活時，她才能做到這一點。弔詭的是，母親想要達成預想目標的唯一方法，就是放手，也就是不再相信要幫女兒達成目標必須做好掌控。

時區衝突：身為父母總在盤算著未來

卡拉就像我所知道及協助過的大多數父母一樣，在行動派文化風靡的情況下，他們會認為成功人生的唯一途徑，就是不休止的忙碌和掌控一切。事實上，這正是卡拉傳送給東妮雅的訊息。在我們這樣的社會裡，成功是以文化標準來衡量的。因此，我們被教育成要過好生活就要不斷鞭策自己、做到最好並達成目標。當我們教養孩子時，重點就成了考高分、獲得好成績，以及進入「對」的群體；而所有的努力，都是為了最終能拿高薪的願望。

由於執著於達成目標，以及這些目標對於孩子「幸福」未來的黃金承諾，我們不斷掌控孩子生活的所有細節。彷彿課業壓力還不夠重似的，在孩子個人的嗜好或社團的其他活動之外，我們還強迫他們參與體育、舞蹈、歌唱與社交等等活動，或者要他們學習樂器。此外，媒體和網路也要分一杯羹，搶奪孩子的注意力。我們的孩子在一個專注於「作為」的世界中成長，生活塞滿了各種活動。

我們為什麼要塞給孩子這麼多事情，讓他們這麼忙碌？很簡單，因為我們害怕他們很可能會「錯失機會」，而無法成為我們希望他們成為的樣子——一種由社會標準所定義的成功。或者，我們希望自己在孩提時代就有這樣的機會，因此想確保給孩子我們不曾擁有的一切。

一旦人們忙著從一個活動趕到另一個活動，就像很多父母帶著孩子趕場，**當下**所發生的事就會開始讓我們莫名感到不滿足，甚至是不想要或無法接受，或是變得一無價值。於是，我們慢慢產生一種想法，認為當下正在發生的事情根本不重要，**接下來**的事情才是最重要的。然後，我們卻想不透，為什麼孩子無法集中注意力或容易半途而廢。

事實上，如果你問我什麼是親子之間衝突的根源，我會告訴你是「時區衝突」。父母總是著眼於未來，以到達他們想像中自己應該去的地方；相反的，孩子則將自己安置於當下。享受當下的片刻與展望未來生活，這兩者之間的斷層正是大多數親子關係會決裂的原因。

你可能會認為，忽視未來是不負責任的，我同意你的看法。明智的做法，是適當的計畫未來。畢竟，除非你提前購票，並取得合乎規定的身份證明，否則你就搭不上飛機。但是，放眼未來和**破壞當下**，基本上完全是兩回事。

當我談到孩子「處於當下」的能力，我指的是不管他們這一刻在做什麼，或者不特別做什麼，都能全心投入。這對幼兒是很自然的事，直到我們教他們切斷與當下的連結，從一項活動趕到另一項活動，讓他們沒有機會簡單的「存在」。

當我們允許孩子享受每個時刻，而非不斷地為他們強加許多行程，他們就能發揮天賦的智慧，傾聽發自內心的渴望，並發展出自然性向和興趣。這些都是根植於孩子對於生存奇蹟的自然感受，以及他們認為生命是一場華麗冒險的信念，一點都不擔心如果他們不好好表現，機會就會稍縱即逝。這是因為創造我們生命的宇宙，正是源自於一股潛能，自古至今一直用層出不窮的豐富事件來表達自己，並在充滿創造力的旅程中釋出源源不絕的能量。

因此，只要我們肯給予孩子一些空間，讓他們內在的性向能夠發展，他們將憑藉著與生俱來的好奇心，自發地探索世界。這就是為什麼當孩子們感興趣時，就會對正在做的事全神貫注，彷彿時間靜止在這一刻。他們很少感到無聊，因為一旦他們完成某個任務不久，熱情的火花又會重新燃起，點燃新的活力。即使孩子只是到處閒晃，也是沉浸在輕鬆的體驗及感受之中，對無所事事沒有任何罪惡感，就是單純地存在著，完全符合他們的真實本性。

以這種方式養大的孩子，不需外力鞭策，就能過著充實又有意義的生活。不需要強加目標在他們身上來鞭策他們，也不需要用甜頭來利誘他們。身為父母，我們所需要做的，就是提供一個安全的環境，讓他們有充分的時間和空間喚醒自己的性向，展現自己獨特的靈魂。因為，即便是擁有多元表現形式的宇宙，本身也是出自於靜默的時空。

孩子需要鞭策才能發揮潛能，這完全是錯誤的觀念。強迫、獎勵，或採取虎爸虎媽「愛之深責之切」的管教方式，短期內雖然可能奏效，但最終都將事與願違。這些方式所造成的積怨，絕對不可能帶來進步和啟發。因為走向成功的所有可能性，都遠遠不及孩子的潛能。

孩子真正要的，跟父母不一樣

你認為孩子最想要從你這裡得到什麼？是最新的 iPhone？是一雙新鞋子或名牌服飾？是一趟迪士尼樂園之旅？還是頂級私立學校的學費？每個孩子當然都喜歡得到新東西，或者去遊樂園玩耍。然而，所有孩子真正嚮往的，比這些都深刻得多。它跟花俏的衣服、最新的電子產品、昂貴的旅行，甚至高學費的教育都無關。

我相信，大部分的教養之所以會失敗，都是因為不了解孩子真正想從我們這裡得到什麼，好讓他們可以成長茁壯。每個孩子都想知道這三件事：

- 我有被看見嗎？
- 我有價值嗎？

當孩子覺得自己被看見了、相信自我的價值，並認清他們身**為一個人**，重要的是他們真正的樣子，而不是因為他們做了什麼，他們就會感受到自己的力量，並享受這種感覺。這種感覺會轉變為熱情，讓他們全心投入任何會引起他們注意和專注的事物。換句話說，孩子**天生對自己的愛**會體現在對**生活的熱愛上**。

當孩子的人生剛起步時，他們對於愛、自尊心和價值的感受必然是脆弱的。他們還沒有機會大膽地愛自己和自我表達，因為這些都需要時間和經驗的累積。正因如此，尤其是在人生初期，他們需要靠我們去反映出他們成就自己與生活自理的能力有多麼強。孩子到底擁有多少力量，取決於**我們**如何看待他們，以及**我們**對他們的感覺。換句話說，親子連結對於孩子這個階段的發展，是非常重要的。就是這種連結，讓他們確知真正的自己是被認可的。因此，如果我們過度專注於孩子的表現、他們所說的話，或者他們行為的各個面向，就會錯失幼兒期的首要教養任務，也就是鞏固孩子先天的自我。正因父母沒有做到這一點，才會讓孩子背棄他們真實的本性，從而發展出虛假的替代品，也就是小我。

父母必須與本身豐富的內在生活緊密聯繫，才能成功扮演好這個角色。我們必須認識自己的欲望，意識到自己獨特的性格，讓自己的目標和處境深深契合。否則我們會感到疏離、無趣，也很可能會感到孤單。

這導致了我們經常覺得匱乏，而這正是身為父母的我們為何會常常逼孩子來實踐**我們自己**的夢想。我們不但沒有鼓勵孩子去追求**他們**想做的事，反而要求他們轉移注意力來緩解我們不滿足的感覺、未實現的渴望，以及我們的孤獨感。如果我們極度需索他們，他們又如何能準確地反映出自身的價值呢？所有我們能提供給他們的，都是出自於我們扭曲、失真的自我意識。當然，透過這一切，我們會讓自己安心，因為正如文化一向教導我們的，我們所做的一切都是因為我們是如此執著於為孩子「犧牲奉獻」。

由於孩子只有在他們的本質被看見及被肯定時，才會培養出堅實的自我感，因此關鍵就在於我們在跟孩子連結時，不該將他們視為我們的複製品，或是我們幻想出來的樣子，而是把他們當成獨特的個體。透過我們欣賞的目光、跟孩子真正處於當下，以及我們的關心（但不要過度），讓孩子帶著強大的自我意識成長。每一次與孩子的互動，我們都傳達了他們的重要性。

「你有看見我嗎？」這是孩子每天都會問你的大哉問。「你能認識到真正的我嗎？這個我，跟你對我的夢想和期望不一樣，也跟你為我安排的一切不一樣。」

孩子渴望我們盡可能在最深的層次上了解他們，也就是我所說的「本質」——他們最真實的本性，是他們不用「做」任何事就可以成為的樣子。孩子仰賴我們去清除他們有時非理性行為的砂礫，看見他們最原始的自己。他們需要我們肯定他們內在的善良，不論他們是否說過或做過一些醜惡的事。這就是他們內在與生俱來的信念如何不被小我掩蓋，並且變得日益堅實的基礎。

當我們看待孩子、傾聽孩子、對孩子說話的方式，反映出他們是可親可愛的，孩子的自我價值感就能跟著提升。這是我們賦予他們力量，引出他們內心天生強大的自我意識，並帶領他們走向成功人生的方法。只有當父母能夠區分出自己幻想中孩子**應該**有的樣子，以及孩子**實際**的樣子，才能不帶偏見地對待孩子固有的本質，重新調整教養方式，讓這個本質蓬勃發展。

第三章……

看不見的反應觸發點

拋開孩子是蓄意要觸發我們情緒的錯覺，這是踏上覺醒之路很重要的一步。當我們敢拋棄這種孩子是蓄意讓我們抓狂的主流想法，就會醒悟到自己實際上不成熟的程度。

「所以，我要怎樣開始這種覺知教養，來養出有意識的孩子？」這是我最常被問到的問題之一。父母想知道：「究竟我需要變得對什麼有意識？我又該做什麼，才能變得有察覺力呢？」想要改變，變得更能察覺到當下所發生的事，是一回事；而知道要如何用實際方法做到這一點，是另一回事。麻煩的是，由於通往意識之路是內在發生的轉變，因此要找出普世皆同的原則就成了一個巨大的挑戰，讓許多人苦苦尋求他們所需要採取的步驟。

由於覺醒的旅程十分複雜，而且因人而異，我的建議是：「從你眼前正在發生的事，以及你每個時刻實際上看到的事情開始做起。」

為了做到這一點，我常帶著父母一起做的練習，就是詢問他們情緒反應的觸發點。我要求他們列出讓他們最感困擾的事。很自然的，他們認為我所說的，是**孩子**如何惹惱他們，因此很快就寫了長長一串：

• 當我女兒全身髒兮兮時，我會很生氣。
• 當我兒子打弟弟時，我覺得很煩。
• 我感到焦慮，因為我女兒可能永遠都無法融入社會。

這些父母常有的抱怨，說明了我們是怎樣不由自主地認為，**孩子的**行為是親子負面互動的起點。因此，我試著挑戰他們的思維：「你有沒有注意到，我問的是**你的**觸發點是什麼，而你卻將矛頭指向了孩子？看出來你有多迫不及待就責怪孩子惹你生氣了嗎？」

「這個，」父母經常反駁：「難道我應該假裝孩子沒有觸怒我嗎？」

我不會怪父母搞不清楚我在說什麼。傳統的教養模式已經制約了父母，讓他們相信，假如他們被孩子觸怒，當然是孩子的錯。不過，當我跟父母討論時，並沒有因此而有所保留。如果有人拒絕為自己將問題轉嫁到孩子身上而負責，他就無法做到有意識的教養，因為這涉及覺知教養的基礎觀念。

我們的童年都受到家庭和文化的雙重制約，導致我們對生活做出機械化的反應。我甚至認為，孩子**永遠不會**觸發我們的反應。觸發點**始終**存在我們心中，源自於我們過去所受過的傷害和童年的掙扎。孩子的行為只是一陣疾風，將我們心中的餘燼重新點燃。

當我這樣說的時候，父母都會大驚失色。「你說孩子不會觸發我們的反應，是什麼意思？大家都知道，孩子天生就是討債鬼，專門用來激怒我們的！」我能了解為什麼這些父母會這麼憤慨。畢竟，每本教養書都承認了：孩子總是知道要怎樣惹我們生氣。不久之前，我也是這麼想的。但更深層次的反思讓我看清，我是如何讓自己接受這種微妙卻影響深遠的錯誤觀念，認定孩子是故意調整自己的行為來刺激我們。

我向父母解釋：「孩子只是在表現自己真正的樣子。他們不是有意惹我們生氣，或導致我們感到內疚或焦慮。事實正好相反，他們只是依照自己的內在狀態行事，跟我們一點關係也沒有。然而，由於我們已經負載了太多情緒上的痛苦，這些行為難免有時會引爆我們心中的地雷。這一切，都不是他們故意造成的結果，而是我們自己缺乏健全完整的心靈所導致的。我們並非被孩子的行為所觸發，而是被我們自己解不開的情緒問題所困。」

拋開孩子是蓄意要觸發我們的錯覺，這是踏上覺醒之路很重要的一步。當我們敢拋棄這種孩子是故意讓我們抓狂的主流想法，就會醒悟到自己實際上不成熟的程度。不論如何都不再怪罪孩子之後，我們就會被迫面對自己內心的匱乏，並了解它為什麼會存在。

文化對孩子惹父母生氣的盲目假設，賦予家長「糾正」自家孩子的權力，並控制孩子，一直到他們不再以同樣的方式激怒父母為止。這種簡化的觀點是：一旦改變孩子的行為，父母就不會再被觸發。

但實際情況卻是，如果只專注於改變孩子或除了自己以外的任何人，我們會發現，這就像試圖用小湯匙舀乾海洋一樣徒勞無功。由於我們認為教養就是這麼一回事，因此一遍又一遍無意識地重複同樣的動作。但正如海浪不停翻湧，孩子的行為也會一次又一次地繼續惹我們生氣。因為問題不是出在孩子的行為，而是為什麼這些行為會激怒我們。除非我們仔細思考其中原因，否則我們絕對不會改變親子之間的互動模式。這個道理，也適用於任何一種親密關係。

當莉娜為了她與十六歲女兒的關係找上我時，已經快氣瘋了。「她沒大沒小的樣子讓我很生氣，我恨透了她說話的調調。」

我請她說明「說話的調調」指的是什麼。

「你知道現在這些孩子都是怎樣講話的，」她解釋：「他們那種帶有苛責的輕蔑語氣，真夠折磨人了。」

我更進一步引導莉娜：「我需要知道惹你生氣的原話是什麼。除非你能夠指認出點燃你內心活動的外在火焰，否則無法找出為什麼它會導致你這麼負面的反應。」

最後，莉娜說：「當她叫我幫她做事，卻沒有表示一絲感激時，會讓我覺得自己像她的傭人一樣。」

莉娜終於發現了她與女兒關係的問題所在。我向她解釋：「問題不在於你女兒說話的語氣，而是你內心覺得某種程度上你被迫服侍她。每一次當女兒用讓你聯想到控制的語調說話時，你內心裡的那個『傭人』就會被啟動而開始報復。有沒有可能其實女兒並不打算使喚你，只是單純反應了她自己內在的需求和感受呢？如果你能深入探索自己的感覺，也許就不會認為她的語氣是在激怒你。」

一瞬間，莉娜熱淚盈眶。「你說得對極了。我從小在媽媽的控制下長大，因此對任何形式的控制或支配都會產生強烈的反應。我會立刻報復回去，就像是我在青少年時期反抗我媽一樣。」在莉娜發現是什麼觸怒了她，明白不是女兒惹的禍之後，終於平靜下來了。

事實是，假如我們沒有在成長過程中經歷痛苦，就不會無意識地做出反應。只有當內心已經因為某些因素而變得敏感，我們才會被外在的事物牽著走。因此，我向莉娜進一步說明：「你的內心有個腳本，告訴你需要控制一切，就像當年你母親做的一樣。這個內在腳本已經成了你的緊箍咒，每當你覺得女兒擁有的控制權比你多，就會引發你的反應。一旦你開始醒悟到真正發生了什麼，就會看清楚女兒只是在反映你自己的一個面相而已。」

我們的孩子就是以這樣的方式來告訴我們，我們自己內心裡究竟隱藏著什麼負擔。當我們願意反觀內省，就會產生改變我們與外在關係的力量。覺知教養敦促我們，將孩子與我們的互動視為內省的警鐘。然後，我們會選擇包容自己的情緒，靜靜地反省我們當下的體驗，而不是根據過去的設定來產生感覺，發洩在孩子身上。這樣的反思，會使我們脫離小我無法抗拒的誘惑，不再盲目反應，不再被過去主宰，而是全心全意處於當下，看見我們面前這個孩子的真正需要。

你所有的不當反應都有個源頭

為了找出觸發我們情緒的源頭，只是解釋原因是不夠的，比如「那天我太累了」、「我的老闆對工作要求很高，所以我把挫折感遷怒到孩子身上」等等；或信誓旦旦地說「我需要學著怎樣控制怒氣」，也還是不夠。

「那我該**怎麼**做呢？」每個父母都會問：「我該怎麼開始？」

我們要從變得覺知開始，這是覺知教養的核心觀念。要覺察我們的思想、感情、行為……實際上，我們必須覺察到自己每分每秒帶進孩子生活的一切。

想具有覺察力，就必須要持有雙鏡頭，一個向內，一個向外。大多數人都只持有後者，因此我們的焦點總是放在「做什麼」（doing）上面。這本書要談的，就是如何將稟性中的美德和智慧灌輸在行為上。我們的生命中需要這兩者兼備，也就是將「所是」（breing）與「所做」（doing）融合在一起[1]，包括行為和行為背後的覺知，以及行動和行動背後的洞察力。當這兩者合而為一，真正的覺知狀態便油然而生了。

通往覺知教養的道路，就是由一種全心投入的好奇心所發現的生活經驗。沒有人可以讓別人變得更自覺。自覺是一種深刻且靜默的個人工程，讓一個人了解到能夠讓自己變得平衡又沉穩的唯一方法，就是學習去覺察自己如何思考，以及習慣如何去表達感情。畢竟，自覺是從我們的想法和情緒萌發而來，所以我們的心靈才是改變發生的真正起點，是心靈驅動了我們的想法和感受，也是我們賴以生存的信念所在之處。

以我個人來說，只有當我開始重新檢視自己的教養信念時，才能真正開始改變人生。一開始，我發現光是要揭露自己的信念就很困難，因為我以為每個人都是這麼認為的，或至少應該都是這麼想的。但當我獨自靜坐冥想的次數變多，單純只是呼吸和坐著不動後，開始慢慢從繁雜的思緒中脫離，並看見我是如何錯誤地用這些想法來定義自己是誰。我還記得靜坐時的第一次頓悟，是發生在一次我為了學習如何單純與自己安靜獨處所參加的禪修活動。我告訴室友：「我簡直不敢相信，我的思想和信仰居然不能代表我自己！」

當我第一次意識到，我的信念只是思維產物，事實上，我只是活在小我的理想中，這樣的我似乎經歷了一場小型的死亡。我感覺自己慢慢接近崩潰邊緣。我所珍視的一切，支撐我生活的每根支柱，我堅信不移的界線，如今都在我逐漸增長的覺知意識審視下一一瓦解。

一旦我開始深入去研究自己的教養信念，才驚覺到它們有多麼食古不化且深具毒性。它們不僅扼殺了我的創造力，阻礙我成長為一個完整的人，還會慢慢侵蝕掉我孩子的原創力。後來我發現，我的每位客戶都面臨了相同的問題。

我們腦中飄過的思緒原本是中性的，讓我們來看看一些常見的思緒：「下雨了」、「現在是晚上七點」，都只是在陳述事實，本身是中立的。然而，一旦它們後面加上了伴隨的想法，就開始變成正面或負面的評價了。比如說，「下雨了」後面接著一個想法是「我們所有的計畫都毀了」，還可以再補上「我們將會有一段悲慘的時光」。從上述的例子中，你可以看到，原本一個中性的思緒很快就能導致一種情緒狀態。我們再來用「現在是晚上七點」為例說明。同樣的，它本身也是一個中性的思緒。然而，如果後面接上一串想法，也可以產生相當多的情緒負載。比如「我累慘了」、「我有太多家事要做，受不了啦」等等，就可以迅速把中性的思緒變成負面的感覺。

由此可知，我們的想法會控制我們的行為，如果想要改變，就要從改變想法開始。我就是從這裡踏上我的教養追尋之路，從澄清觀念到全面以覺知教養取而代之。我希望自己能擺脫過去世代典型的教養模式，開始走上一條**我想要且能負責**的教養新道路。我拿起畫筆，主動掌握它所創造的每一筆每一畫。我現在是自己命運的主宰者，每個當下的設計師。雖然一開始走得小心翼翼，但這條路本身卻像順水推舟一樣能夠自己照亮自己，讓我走得越來越順遂。我們只需要擁有正確的路線圖，就能找到真正的自我；而且我們很快就會發現，這張地圖其實一直都在我們身上，以這樣引導性的問題存在著：「在這個當下，對我和孩子而言，什麼才是真實的？」

轉念的力量：改變一個念頭，就能從教養迷湯中驚醒

我們對教養的所有信念，都是從單一源頭而來，一種我稱之為「教養迷湯」的特效藥。這種

1 「所是」（being），是關乎內在的心態、動機、信念、感情和意志，而所做（doing）則是表現在外的所作所為。

教養迷湯，包含了七個文化上關於有效教養的迷思。你可能沒有意識到，但當你被孩子觸發情緒時，就可能會有意識或無意識地讓自己被其中一個或多個文化迷思所控制。

這些迷思非常普遍且根深柢固，是社會上被廣泛接受的行事方式，因此大多數人都不曾有過質疑。而這些迷思最陰險的地方，就是在我們試圖與孩子建立關係的關鍵時刻，會不知不覺阻礙了真正有意義的連結。

有沒有可能，我們所養成的教養概念，實際上就是所有親子溝通不良的來源？有沒有可能，我們一直不斷被灌輸教養孩子的正確方法，其實並不是對的？最重要的是，我們有沒有勇氣進入這些信念的核心，將一切有毒和不需要的東西全部清除乾淨？

雖然在改變教養信念上，我們可能會遇到阻力，但無可避免的事實是，每個父母與這些文化迷思都有很深厚的關係。迷思定義了我們孩子「應該有」的樣子，而這通常與孩子真正的樣子無關。正是這種社會能接納的理想形象與每個孩子真正模樣的差距，在親子之間製造了許多斷層。就是這樣的差距，讓我們心生恐懼，深怕孩子無法獲得社會的支持，甚至可能會失敗，於是我們在孩子身上施加了更多的壓力。

遺憾的是，這些迷思卻獲得了強大的支持，這樣的支持不僅來自於官方管道，比如政府、宗教機構及教育體系，也獲得了那些跟我們生活息息相關的人大力支持。每個人都被教養迷湯灌醉了，包括我們的親人、朋友、老師、牧師，以及大部分的教養從業人員。

這些教養迷思代代相傳，一代強過一代，讓我們聽憑社會的擺布，指示我們應該如何養育孩子，以及孩子應該有的模樣。在迷思下養成的集體教養心理，讓我們都陷入了催眠狀態。我曾在世界各地演講，不論是在印度、加拿大、墨西哥或美國，我發現，幾乎各地的父母都中了這些文化指示的魔咒。我們不經思辨，就依循社會觀念行事，這種現象幾乎舉世皆然。大部分的時候，我們甚至不知道自己正在這樣做。

即使有時候，我們隱約察覺我們深信不移的這些信念有些不對勁，也會因為恐懼而繼續遵循下去。我們擔心，如果不這樣做，就會受到社會排斥。我們害怕的，不僅是違背主流觀念，還有我剛才所提到的，我們也擔心孩子將來會變成什麼樣子。我們意識到，社會有無數種方式能懲罰非正統、離經叛道的人，因此孩子可能會付出高昂的代價。

讓我們來談談離經叛道的代價。由於害怕被排擠和孤立，所以我們跟隨主流——這是成為「好」父母的迷思。假如我們認為離經叛道的成本太高，我們承擔不起，這是一個指標，代表我們切斷了跟自己豐富內在的連結。這些代價可能確實會讓我們覺得負擔太過沉重。然而，一旦我們與自己的內在力量連結，就會意識到，當我們盲目地遵循主流，實際上所付的代價才是最高的：失去了真實的自我。

儘管恐懼，我發現大多數的父母還是渴望有新的教養方式。這個世界迫切需要改變，而改變開始的最佳地點，就是家庭。家是孩子取得社會化樣板的地方，家是教導孩子如何愛自己和愛他人、如何化解衝突，以及如何關懷他們所處世界的處所。家是所有思想播種、萌芽及茁壯的沃土。假如土壤裡埋下的是不合適的種子，我們的孩子很可能會苦苦掙扎。

想要改變教養方式，需要勇往直前的勇氣。我們必須放棄那些古老的教養方法，因為這些方法已然製造出一代又一代無法自我實現的人。

有時，我會被問道：「你希望你的孩子將來是怎樣的人？」這個問題本身就帶著錯覺，以為我們能夠控制孩子變成怎樣的人。表面上看來，這個問題很單純，但實際上，它卻顯示父母在各方面控制孩子的欲望，要把他們變成自己所製造的產品。

我對這個問題的答案始終如一：「身為父母，我的目標是養育出一個牢牢扎根於真實自我的孩子，肯定他（她）的內在價值，讓他（她）能真實表達自己，並跟我有穩固的親子關係。」換句話說，我最重視的，是我的孩子能真誠地面對自己，至於她決定要追求怎樣的職業及生活方式，一點都不重要。社會想要把她改造成不同於真實自我的種種意圖，不會對我造成絲毫動搖。真誠面對自己的孩子，長大成人後必然會成為社會有用的一份子，因為他們會覺得關愛自己的同胞和居住的地球是理所當然的，而這也是他們對待自己身心靈的方式。一個能夠尊重自己的人，也勢必會審慎捍衛其他人的權利。

當我們破除了集體的教養催眠，看清社會的教養迷思之後，就能打開通往看見孩子真正模樣的道路。這是教養上的一個重大突破。我們開始跟**孩子**真正想要的樣子連結，而不是**社會**期許他們的樣子。之前因為我們未能看到孩子真正的樣子，所以無法用新的方式與他們連結。一旦我們用新的方式與孩子連結，就會發現自己能夠根據孩子獨特的氣質、需求、掙扎和願望來理解他們。但首先，我們必須了解這些教養迷思，才能掙脫它們的桎梏。

～我們的孩子，我們的喚醒者～

原本我以為，我會把你養育成完美無缺、受人尊敬、
知書達禮、善良聰明、
具有領導能力、充滿力量、無拘無束的人。
我被年齡和能力所矇蔽，

誤以為自己無所不知。
原本我以為，我已經準備好
教導、啟發和改變你。
直到現在，與你一起經歷了這麼多，
我終於了解，這些想法有多麼愚蠢，
是多麼浮誇和無憑無據。
於是，我明白……
你來到這裡，是為了教導我、
指引我、改變我、提升我、
塑造我、喚醒我、啟發我，
都是為了我。
於是，我意識到自己犯了怎樣的錯誤——
上下顛倒，內外失序。
你是上天為我設計的完美號角，
喚醒我成為真實的自己。

第二部

我們的教養迷思

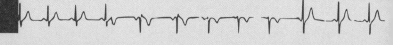

越來越多人相信，我們必須把孩子養育成出類拔萃的人。但事實上，我們的孩子已具備了種種優秀的特質。我們的任務不是創造，不是為孩子擬定未來計畫，把他們塑造成我們心中的樣子，這樣的親子互動只會產生各種不可避免的緊張狀態。相反的，只有當我們能夠與孩子當下的真實狀態連結，用這一刻他們需要成為的樣子來看待他們，才能為孩子提供他們所需要的教養方式。

第四章

迷思一：教養只與孩子有關

當孩子無法滿足我們的理想及期望時，極可能會被罪惡感所困擾，活在羞愧之中，而導致他們去尋找其他方式來擺脫無所適從的羞愧感，包括莫名的憤怒、行為脫序，甚至自殘。

在教養工作坊，我都會問聽眾一個問題：「教養的主要焦點是什麼？」幾乎大家都會立即明確地回答我：「當然是孩子。」

現在，你應該明白這個答案的問題在哪裡。工作坊的聽眾往往認為答案顯而易見，不明白為什麼我會問這樣的問題。然後，當我解釋以孩子為中心的教養方式就是造成大部分家庭失望、煩惱和功能失調的癥結時，他們就會跟我爭辯。

「怎麼可能？」他們語氣震驚地問我：「專注在孩子身上，怎麼可能是一件壞事？難道我們不需要盡我們所能地支持孩子，給他們機會？」

在父母掐住我的脖子叫我閉嘴之前，我趕緊解釋我不是在鼓吹他們自私或自戀，不是要他們只專注於自己而犧牲孩子。恰恰相反，我所提倡的，是為孩子提供最大利益的教養方法。

很多時候，覺知教養是非常違反直覺，甚至有悖常理的。因此一開始，要推動覺知教養很不容易。然而，一旦我解釋清楚為什麼舊的教養模式沒有效果後，父母就會開始看到這種新方法的好處。

以孩子為中心的教養所產生的問題

今天，越來越多人相信，我們必須把孩子養育成**出類拔萃**的人。現實生活中，因為父母執著於教出天才兒童的錯誤迷思，教養行業日益蓬勃發展，包括作家、心理學家、精神病學家、教育家、評估機構、教師、顧問、製藥公司和部落客等眾多專家都得以分一杯羹。

在教養工作坊裡，我經常問父母：「你們為孩子訂立的目標是什麼？」他們迅速列出一張標準答案——希望他們快樂、成功、善良，以及受人尊敬。他們沒有意識到，這個答案傳達出的訊息卻是：他們的孩子是不俱足的，是有所欠缺的，在孩子身上目前都缺少了以上這些特質。

但現實情況，正好相反。真正的問題在於，父母看不出來孩子已經具備了這些特質。從社會的角度來看，為了將來打算，孩子需要培養這些特質。但我認為，我們的孩子已經擁有了這些能力，儘管有時看不出來。社會的觀點總是著眼於未來，而覺知教養則讓我們穩穩地扎根在當下。

「目標」一詞，本身就帶有規畫未來的意味，還會「創造」出一個彷彿以特定結果為計畫的童年。這種推動孩子抵達終點的方式，在親子互動中產生了各種不可避免的緊張狀態，有時甚至會造成家中的火爆場面。只有當我們能夠跟孩子當下的真實狀態連結，用這一刻他們所需要成為的樣子來看待他們，才能為孩子提供他們所需要的教養方式。不再將孩子框進我們所希望他們成為的樣子，而是讓他們符合自己真實的樣貌，這種巨大的轉變，就是覺知教養的真諦。與其讓孩子去適應教養方式，不如讓教養方式隨著孩子進行調整。

我的客戶拉斐爾和泰絲夫婦，一直不斷鞭策兒子蓋文達成設定的目標，即使這些目標不是他能力所及。蓋文的獨特氣質，讓他無法遵循與同儕一樣的「正常發展曲線」。學校的老師和輔導員都對他的父母施壓，希望能幫他達到標準。

可想而知，整個家裡充斥著抗爭與失和的氣氛。父母施加的壓力越多，蓋文表現得越固執。他變得越來越沮喪，在家裡和學校也越來越常崩潰。事情發展到這一步，不可避免地輪到專家提出建議，認為蓋文應該服用藥物矯正。不用說，聽到這個建議，父母都感到心痛不已。對兒子來說，究竟什麼才是正確的選擇？假如他們拒絕服藥，會不會將孩子置於更多的風險之中？不知道怎麼辦的父母前來找我諮商，希望能得到不同角度的意見。

當父母承受了很大的壓力，就像拉斐爾和泰絲這樣，一開始要做的就是解除壓力。我向他們解釋，要求蓋文能達到典型發展標準的壓力，已經讓全家人陷入瘋狂。只有改變家中的能量狀態，才有機會改善蓋文的精神問題。畢竟，沒有人能忍受長期生活在高壓之下。

我要求蓋文的父母在三個月內，都不要對他再施加任何壓力。我並非鼓勵他們放棄原來設下的界線或計畫，只要求他們拋開先前施加在孩子身上的情緒壓力。我還要求他們，重新評估他們對兒子和自己的期望。

在持續治療的過程中，這對夫妻開始了解，他們已經把蓋文逼到他無法負荷的地步了。他們眼望著預想中的目標，也被這樣的期待沖昏頭，而錯失了與蓋文當下的連結。當他們開始明白當下的蓋文是什麼樣子，而不是他們預想中將來「應該」有的樣子之後，終於注意到，不僅蓋文有了明顯的改變，家中的氣氛也明顯不一樣了。最終，他們幫蓋文轉學到一間環境更適合他展現真實自我的學校。時至今日，蓋文仍然沒有動用到藥物。

但是，想把孩子教養得出類拔萃，為什麼會是一件壞事？

你是否注意到，現今有多少孩子在成長過程中感到焦慮？這一代的孩子是這麼憂心忡忡，即使是幼童，診斷出精神疾病、甚至服藥治療，都已經不算是偶發現象。

除了焦慮，現在的孩子抑鬱寡歡的情況也很普遍，不僅發生在青少年身上，還包括了小學生。當孩子為了取悅父母，背負著必須成為被期待樣子的負擔，就會不由自主地感到焦慮。他們無法自由地發展成符合自己真實本我的樣貌，卻必須努力掙扎著成為父母期望的樣子，來獲得父母的認同，從而贏得父母的愛。這些孩子承受了巨大的壓力，只能重新塑造自己來滿足父母和文化的標準。

你能想像，必須不斷活在別人的眼光及期待下是什麼感覺嗎？如果你能連結到自己小時候曾經有過的類似感受，就可以體會這種感覺。或許，你找到了對父母隱藏真實自我的方法，因為你知道，他們無法理解真實的你。

最近，我十二歲的女兒跟我分享她暗戀一個同班男孩的感覺。當時她的朋友剛好跟我們在一起。我轉過頭問她的朋友：「你跟媽媽一起討論你的感情時，她都給你什麼樣的忠告呢？」

她回答：「哦，我從來沒有跟她談過我的感情耶。她永遠都不會了解我的感受，她說我十八歲以前都不該談戀愛。」我不僅為她，也為她的母親感到心疼；因為我意識到，她們都不曾體驗到那種母女交心分享時刻的美妙連結。

然後，我回憶起了另一個母親的話。這位母親是我的客戶，她向我誇耀自己十四歲的女兒：「我很幸運，我的女兒對男孩不感興趣，而且成績優秀。她就像二十歲的大人一樣成熟。」當時，她的女兒聽到媽媽說這些話時，不可置信地睜大了雙眼，眼中充滿恐懼。

在下一次療程中，我問她為什麼會出現那種表情。她回答：「我媽認為我對男生不感興趣，所以我不能背叛她。拜託你千萬不要告訴她，我跟你討論過男生的事情。假如她知道我有男朋友，應該會氣死吧！她死都不讓我談戀愛。」我向她保證會保守祕密，並且告訴她，這個年齡談戀愛是很正常的事。然而，當她掙扎著說出她背叛了母親對她的完美幻想，並覺得自己在某種程度上是個失敗者時，我能看到她肩膀上的重擔。

去問任何一個孩子，除了一些應該有的界線之外，他們都會自然表現出對受到父母支配的反感。他們內在的靈魂直覺地認為他們應該自我管理，因此對於一舉一動都必須符合別人的想法感到忿忿不平。這種忿恨，可能會導致孩子變成不再聽話的叛逆少年。孩子的想法與父母的期望差異越大，反抗和疏離的情況就越嚴重。父母的當務之急，就是去了解我們是如何創造出親子之間的這道鴻溝的。

你是否急著幫孩子貼標籤？

正如我們在蓋文的例子所看到的，越是試圖在各方面控制孩子的發展，當孩子因此過度焦慮或達不到標準時，社會就越有機會去鼓勵我們依靠「專家」來「修正」孩子的問題。因此，父母擔心孩子在社交及學業的進展上會不會「有問題」，是再正常不過的一件事。比如說，很多父母會詢問孩子是否：

- 太過害羞
- 太過安靜
- 太過早熟
- 太具侵略性
- 太過衝動
- 太過疏離
- 太過被動
- 太漫不經心
- 太過小心翼翼
- 太過敏感
- 太不專心
- 太過懶散

我把這種現象稱為「太過」偏執狂。以上這些以及其他無數的「太過」，表達的都是父母的擔心、失望，甚至是對自己未能適當教養的罪惡感。背後的原因，全都是恐懼。

像這樣的憂慮，在面對孩子正在失控的情況下會變得特別嚴重。這時，害怕、恐懼就會變成驚慌失措。我發現，只有身處於類似情況的人才能理解這些父母的無助——這通常是一種純粹的恐懼。由於無法理解究竟發生了什麼事，他們感到孤立無援。不論孩子多大，對那些覺得孩子正在逃離家庭的父母來說，這種感受特別真實。

顯然，當真正的警訊出現時，擔憂是合理的。假如你不確定要採取什麼行動來挽救孩子失當的舉措，可以尋求教育工作者、治療師或者精神科醫生的協助，這是明智之舉。然而，對真正採用覺知教養的家庭來說，發生這種情況應該是罕見的例外。假如是常態，應該是父母錯誤的引導造成的，才會讓這種情況持續存在。

事實上，例外情形會變成常態，是因為現代社會太沉迷於孩子的未來「成就」。而所謂的「成就」，還是根據大人的認知來加以定義的，我們的孩子在這種高不可攀的標準及卓越程度的逼迫下，身上背負著千斤重擔。這樣的負擔，對任何孩子來說，都會造成心理不健康。

有一天我在聽廣播時，聽到有個家長打電話給知名大學的教務長，徵詢為他九歲孩子申請大學的建議。你能想像這個孩子所感受到的壓力嗎？特別是萬一這個孩子日後無法滿足父母期望的時候。這看起來是一個極端的例子，但卻是一扇門窗，讓我們得以窺見這種以孩子為中心的教養，正在破壞許多孩子的生活。

我們對孩子的許多期望經常是不言而喻的，儘管我們沒有宣之於口，但孩子還是能感覺到我們希望他們成為哪一種樣子，希望他們能夠實現**我們**所期待的成就。的確，有些孩子會接受這種挑戰，並獲得成功。但對於背負大人期望的他們而言，大多數孩子都是在壓力下屈服的。

如果孩子無法滿足我們所期待的樣子，不論是因為他們的內在氣質不允許，或是因為他們天生的欲望完全不同，我們的失望都會對他們造成或大或小的破壞。許多孩子會受困在罪惡感裡頭，活在羞愧之中，因為他們無法讓父母感到滿意。這可能導致孩子尋找其他方式，以擺脫無所適從的羞愧感。他們可能開始在學業上分心，或是變得暴躁易怒，或甚至以某種自殘的方式將憤怒轉到自己身上。

一旦孩子經歷這種感受，就會被迫跟自己的內在斷了連結。畢竟，如果你不斷被告知，自己不應該是現在這個樣子，你的感受會是如何？想當然的，你會感到困惑，而且很快的，親子之間會形成障礙，無法再產生連結。當父母逼著孩子去做他們認為應該且必須去做的事情時，這個斷層就會變得越來越大，大到幾乎無法修補。

假如你想從這本書得到一個主要觀念（這也是成為覺醒家庭的一個基本課題），那就是：將期望加諸在孩子身上，而不是允許孩子的天生傾向自由發展，可能會在親子之間造成鴻溝。隨著差距擴大，焦慮的洪水將不斷湧入來填補空隙。這些焦慮，不只是因為孩子，也包括了你自己。

教養真的是一種無私的行為嗎？

以孩子為中心的教養還有另一個迷思，就是它讓我們相信，我們為孩子所做的一切都是無私的，因此他們應該心存感激。

雖然教養確實包含了無私的元素，但在養育孩子時，我們並不完全是無私的。事實上，整個教養的旅程幾乎都不是利他的。如果我們告訴自己，我們是無私的，可能會非常危險，因為這給了我們理直氣壯的理由。因此，我們的教養會從一種「自己是對的」的心態出發，而這種心態將會破壞孩子健康的自我發展。

將孩子帶到這個世界上，並非是一種無私的行為，反而往往是始於大劑量的小我。生育孩子的決定，經常是為了滿足我們內心對圓滿的渴望，因為我們幻想擁有一個家並成為父母之後，能夠填補這些空缺。

當然，傳統上並不認為成家與為人父母的願望，跟小我有任何關係。相反的，它給父母加冕了烈士的光環，誘導他們想像有了孩子之後，自己會變得更高尚偉大。就是這種由小我產生的為人父母的觀點，導致我們認為孩子是「我們的」。這就是為什麼發生虐童事件時，有時會聽到父母說：「沒有人告訴我，我可以或不可以對孩子做什麼。」

遺憾的是，有許多父母都抱著一種為所欲為的信念，認為他們可以對孩子採取任何他們自以為的必要手段，因為他們是無私的。這樣教養下的孩子，一旦挺身出來反抗父母的專制時，父母就會覺得自己是受害者，彷彿孩子恩將仇報，傷害了他們。另一方面，他們也期望社會能幫他們收拾無覺知教養的殘局，提供心理上的援助。顯而易見的事實是，核心家庭並非自成一個世界，父母的所作所為會影響整個社會的其他成員。這也是為什麼當父母的人有責任拋棄從小我信念出發的教養偏好，去尋求他們能獲得的最好資訊，來幫助自己完成這個深具挑戰性的任務。

當孩子覺得自己有責任不讓父母失望，而放棄了自己真實的想法來取悅父母時，這種對真實本我的放逐可能會產生深遠的影響，有時會讓他們表現得任性妄為。只有當父母意識到，他們的教養方式實際上只是自私地滿足了自己的期望後，才能避免這些負面影響。

如果我們想要把教養方程式從權力和控制，轉變成充滿愛和真誠的親緣關係，最重要的關鍵就是擺脫教養迷思的牽絆。正是這種轉變，讓孩子能夠放下任憑我們「教育」或「修正」的心理負擔。當他們從這樣的重擔裡解放出來後，將會飛得如同他們想要的那麼高，並獲得他們應得的榮耀。

在教育子女前，先勇於教育自己

如果我們相信了「教養只跟孩子有關」的這個迷思，一旦孩子符合我們的期望，我們很容易就將之歸功於我們育兒有方；而當孩子不符合我們的期望，我們卻很容易就把責任推到孩子身上。覺知教養，就是要完全顛覆這種方式。現在，教養的重點要轉移到父母身上，父母才是需要被「教育」的人。換句話說，我們要審查的是**自己**，而不是我們的孩子。這是因為大多數人都是在高度無覺知的教養下長大，因而造成了心靈上的情感創傷，正如我們前面所看到的例子。另一方面，我們實際上能控制和影響的人，就只有自己。因此，當我們專注在自己身上而非孩子時，教養往往是最有效果的。最好的結果，來自於自省。

我們的父母被他們本身的問題和情結所困，因此在我們小時候也把我們教成了跟真實的自己不同的樣子。我經常聽到，我的客戶這樣描述他們的童年：「我的母親從未看見我真實的樣子。」或者「我的父親不斷對我發脾氣，因為我沒有長成他想像的樣子。」在這樣不被認同的模式下長大，不可避免地塑造了我們看待世界的方式。我們內心的匱乏，扭曲了每個經驗的意義。儘管這些客戶都已經三、四十歲了，仍然懷抱著被拒絕和被否定的記憶，從而將這種不安全感帶到他們現在的關係之中。

我們真實的樣子沒有被看見，造成了我們對認同、肯定和歸屬感的飢渴。這種內在的空虛，劇烈地抽痛著。當我們所受的痛苦無人照料，甚至無人知曉時，就會越來越痛苦。痛苦會產生更多的痛苦，無覺知會產生更多的無覺知。這種痛苦就像我們的第二層皮膚，貼近到我們甚至不知道它已經取代了真正的自己。我們只是想著：「這就是人之所以為人啊。」

重要的是，我們必須搞清楚，經歷過的傷害永遠不會消失，除非我們將之帶入意識層面，直接面對它。只有當我們覺醒，看見我們正在重現自己童年模式的事實，才能真正開始解決我們不幸的根源。

這就是我們的子女發揮作用的地方。身為成年人並為人父母，我們發現自己在與孩子相處的經驗中，無預警地被觸怒。事實是，我們過去的痛苦正在被重新啟動。這些痛苦因為我們不知道如何處理而被埋藏了很久，如今一一浮現，就像飢餓已久的野獸一般狂怒，抗拒再被剝奪。正是這種殘餘的痛苦，使我們以不當的方式做出反應，卻往往沒有意識到我們正在這樣做。

我們所經歷過最強烈的觸發，往往發生在最親密的關係之中，特別是親子關係。覺知教養強調我們的孩子是一面鏡子，反映出我們所無法看到的自己。他們將我們沒有處理的痛苦帶出表面，但也因此使我們對他們的行為做出非常強烈且往往是不理性的反應。除非我們認真看待他們顯示的鏡像，並檢視我們曾經受過的傷害，以及承認我們從來沒有真正面對這些傷害，否則我們將會養育出具有同樣不成熟行為的孩子，繼續反映出我們尚未解決的痛苦。這是深度教養之旅的精髓。

真正的挑戰，不是專注於孩子實際上或想像的缺陷，而是我們率先對自己進行改造，完全承認孩子的行為直接反映了我們自己的行為。我們不是要試圖「修正」孩子，而是要內省自己，並檢查自己心中懸而未決的問題。

為了讓你更容易了解這個概念，請跟我一起進入一場想像中的親師座談會。老師說：「戴維斯太太，為了幫令郎更加專心，我建議你們家長應該進行一項為期三個月的正念計畫。這個計畫會幫你平靜下來，從而影響孩子的情緒狀態。」

或者，想像一下這樣的說法：「瓊斯先生，我強烈建議你諮詢管理專家，以便學習如何更有效地管理時間，同時學習一些組織技能。我注意到，你很難準時到校參加會談，而且很明顯的，你的習慣對孩子已經產生了負面影響。他似乎在家庭生活的混亂狀態中迷失了。」

「可是，我認為我是個有覺知的父母！」聽見我說他們可能需要對孩子的某些行為負責，很多客戶都會被我的建議激怒。「大部分的時間，我都很冷靜，而且我真的有試著陪伴他們。」

由於我們都迫切地希望被視為「好父母」，因此大多數人會抵死捍衛自己的教養方式。但這其實跟「好」或「壞」父母無關，好與壞都只是標籤。重要的是，我們必須不斷覺察到，孩子一直在反彈我們的能量。因此，要「修正」孩子，我們應該首先要修正自己。一旦父母了解到，意識不是一種身份認同，而是一種**存在方式**，他們就能夠理解，世界上沒有所謂完美的意識，有的只是立定目標及持續不斷的進步。

覺知教養是一種練習，是每天都要努力做到的承諾。它與外在的標籤無關，全部都是關於一個人內在的存在狀態。它要求我們留意，我們把注意力放在哪裡，以及我們所關注的究竟是外在或內在狀態。有覺知的父母不同於其他父母的，就是他們會不斷調整注意力的焦點。有覺知的父母可能會和其他父母犯同樣的錯誤，但不同的是，他們能夠面對這些錯誤，然後問自己：「這些錯誤要告訴我的是什麼？我需要如何做才會成長？」

我們常常無法把焦點轉移到自己的內心，反而禁不住把孩子看成是一項需要修正和管理的工程。他們一走進房間，我們就立即開始批評他們的服裝儀容，或者對其他方面品頭論足。當他們靜靜地坐著或忙著工作時，我們卻不請自來地闖進他們的空間，開始發號施令。在我們眼中，這是關心；但在孩子心裡，感受到的卻是強迫和侵犯。我們對孩子永無止境的指導、鼓勵、改善和管理，摧毀了每個理當拉近親子關係的美妙時刻。

有趣的是，父母往往習慣去揪住孩子的負面行為窮追猛打，卻很少會發現他們日常行為中有哪些優點。那是因為我們隨時都把焦點放在自己的負面行為上，自然而然就會用同樣的態度去對待孩子。

一直以來，我會問父母的是：「你孩子所做的不當行為中，有什麼主要特點？」他們可能會說是憤怒、焦慮或不尊重人。而大多數的教養建議，都著重在直接對抗這些行為。然而，我卻反其道而行，要求父母專心找出化解這些負能量的解藥，理所當然的，這些解藥就在他們自己的內心裡。當我問他們：「化解孩子負能量的解藥是什麼？」他們可能會說，是喜悅、樂於助人、尊重或勇氣。接著，我會告訴他們要強調孩子符合這些解藥的每個行為，並忽略其他不符合的行為。

聽到我的建議，父母通常會反問：「可是，萬一孩子很少有符合的行為又要怎麼辦？」我向他們保證，這是不可能的。因為我們總是透過恐懼的眼睛來看待孩子，常常因為擔心他們的未來而被蒙蔽，以至於我們看不見他們有多麼好。每天，每個孩子至少都會有一個時刻，表現出尊重、平靜、喜悅或其他符合解藥特質的行為。覺知父母的任務，就是發現並放大這些時刻。很快的，良好的行為會浮現，不良的行為會消失。

這並不單純只是心想事成發揮了作用，不是光憑專心一意就能改變行為。這個策略不是這樣運作的。相反的，它解釋了當我們對希望發生的行為投以全心全力，而漠視我們不在意的行為時，能量如何發生改變。

一旦專注於我們所渴望的事物上，我們的心理狀態就會改變。孩子也會感覺得出來，我們變得更輕鬆、更平靜，也更自由。就像向日葵因為向光性而轉向太陽一樣，孩子也會慢慢向我們靠近。雖然一開始成效可能不明顯，但回應我們的信任，這種轉變幾乎是立即發生的。慢慢的，家人之間的互動會產生質變。過去我們只專注在負面行為，導致了衝突不斷；而現在，我們開始讚賞彼此，並享受彼此的陪伴。

每天花一些時間處於「如其本然」的互動空間，就能讓孩子覺得我們是他們的夥伴，而不是他們的老闆。與其說「你必須做這些和那些事」，不如說「我聽見你了，我看見你了，我想幫你，你願意讓我幫你嗎？」與其說「你是個壞孩子，因為你做了這樣那樣的事」，不如說「你一定很難受，對吧？我要怎樣改變我正在做的事，才能幫助你呢？」

有多少次，孩子在學校經過漫長的一天後，才剛踏進家門或上了你的車，你就立刻用一堆問題來轟炸他們？而當他們只用一個字來回答你，你就馬上覺得他們故意跟你作對，故意拒絕你的關心。當下你可能沒有說什麼，但潛意識卻保留了這種被傷害的感覺。幾個小時後，當你精疲力盡時，一件芝麻小事就能把這種受傷的感覺撩起來，把埋藏在心裡的傷痕逼出表面，但你和孩子都不知道為何你翻臉跟翻書一樣快。反過來，如果你沒有問孩子一大堆會造成你們失敗關係的問題，而只是伸出手從他們疲憊的肩膀拿起書包，拍拍他們的背，結果會怎樣呢？假如你沒有想從孩子那裡尋求什麼，而是讓自己成為給予的一方、一個安慰的角色以及愛的容器，結果又會如何？這難道不會立刻改變你們之間的關係嗎？

許多父母都曾忍受過跟孩子的長時間爭執。這些爭吵，其實馬上就可以解決，只要他們問：「如果我改變自己，是否就能滿足你的需求？我要怎麼做，會對你更適合？」

諷刺的是，我們越是感到不安全和不踏實，越可能變得不敏銳、更頑固和更自以為是。這很合理，不是嗎？畢竟，當我們被自己心裡的擔憂和恐懼吞噬時，又怎麼能夠接收到孩子傳達的訊息呢？隨著我們的頑固和恐懼而來的附加產物，往往會阻礙親子連結的途徑。在最自然的狀態下，生活要求我們如其所是，不帶固定的期望。如果我們做不到，就一定會有失望的時刻。

孩子進入我們的人生，提供我們自我提升和成長的機會。因此，教養過程中的每個時刻，都是喚醒我們的一記警鐘。這種覺醒的承諾是美好的，有助於讓孩子擺脫我們期望的枷鎖，幫他們產生力量來發展最真實的自我。

當我們根據孩子行為的指引，將注意力轉向提升我們自己，不僅讓孩子不再負擔我們的包袱，也減輕了必須不斷監控和管理孩子生活的重擔。我們可以想見，不管是誰，這絕對都是難以負荷的重擔。透過這樣的方式，我們開始採行覺知教養，最終將使我們拋開過去的枷鎖，也從此不再對孩子的未來抱持不可能的期望。

～自我教育的承諾～

我完全接受，覺知教養是教育我自己，
而不是我的孩子。
我完全了解，改變的責任完全在於我，
而不是我的孩子。
我察覺到我的掙扎，反映的是我的內在衝突。
我會把每個挑戰，轉變成用來自省的問題：
「它要告訴我的是什麼？」

第五章……

迷思二：出類拔萃的孩子才是好孩子

或許你對炫耀孩子的做法不以為然。然而，當你每次在臉書分享孩子贏得獎牌的照片，卻不分享他們失敗的經驗時，你就掉入了要孩子出類拔萃的迷思中。製造天才兒童的壓力就像傳染病，我們都無一倖免。

「你的孩子會被安排在初級芭蕾舞班。」住家附近的著名芭蕾舞學校通知我。我激動得不能自已。

「太好了！她很喜歡跳舞，知道這個消息，一定會很高興！」我為我八歲的孩子感到開心。接著，祕書壓低了聲音跟我解釋：「我還要告訴你，她班上大部分的孩子都是六歲，希望她不會介意。」

我以為自己聽錯了。「六歲？」我重複她的話。「不對，你應該搞錯了。她是八歲，難道你們沒有八歲的初級班？」

祕書同情地看著我，耐心向我解釋：「我們這裡，大多數孩子都從學齡前就開始學舞。到八歲時，他們都已經進階了。因此，如果你女兒想進來我們學校，就要跟比較小的孩子一起從基礎開始學起。」我驚訝得說不出話來。我女兒只是想要跳舞。她已經**落後**兩年了嗎？這怎麼可能？

這次的經歷，對於身兼母親和心理學家的我是當頭棒喝。當我讓孩子在附近公園的泥漿裡打滾，在客廳裡用厚紙板建造隧道來培養她的創造力時，我顯然沒有跟其他父母的教養時間表同步——一個讓孩子在六歲成為專才的時間表。

我發現，麥亞不僅在社交活動中落後，在學業上也沒能跟上進度。雖然我一直對她興趣廣泛的探索能力感到高興，比如烤餅乾、用黏土做出兔子耳朵；但鄰居的孩子們卻早早就開始各種訓練課程，例如公文式（Kumon）數學和手語。他們的母親顯然都讀了「如何教出天才」一類的書，而我，卻讓孩子每天都把時間花在沒用的事情上。

對幼兒發展非常重要的樂趣和愛好，怎麼會變成專業的追求？為什麼童年會被壓縮成一場追求出類拔萃的比賽？

當孩子成了按表操課的機器人

在我的客戶艾琳談到對兒子進幼兒園一事感到心力交瘁時，我還以為她是在小題大作。「我不敢相信，我的孩子才四歲，卻被期待是個天才！為了進入幼兒園，他必須通過荒謬的入學考試和面試！你能相信嗎？而且我還必須付三萬美元的學費！」她抱怨：「不僅是入學有壓力，還因為他八月出生，是所謂的後段寶寶（late baby），很多人建議我應該讓他晚一年再入學。我所有的朋友都告訴我，他會落後其他人而產生不安全感。當他們聽到他是夏天出生的孩子時，都用憐憫的眼神看著我。很顯然的，我錯過了關於什麼時候該懷孕的備忘錄，因為其他母親都和另一半按表操課，好生出最符合幼兒園資格的寶寶。」

雖然艾琳的敘述非常情緒化，但所言非虛。這種稱之為「超齡入學」[1]的擾人趨勢，就是父母故意讓孩子晚一年入學（特別是男孩），好讓他們在同儕中取得體能和學業上的優勢。在有錢人的預備學校圈中，他們喜歡採用更溫和的說法，例如「重新分組」。父母讓孩子延遲入學的理由，是不希望讓他們產生不安全感，或覺得「比不上別人」。

父母在合理化他們的動機是為了孩子好之後，覺得自己有了扮演上帝的正當性，以滿足他們自以為孩子會有的「需求」。這些需求並非出於自然，而是由整個社會所想像的人為標準所定義出來的，而且被許多父母買單了。蒙特梭利教育的創始者瑪麗亞．蒙特梭利（Maria Montessori）支持混齡教育，認為年長的孩子可以幫年幼的孩子，並相信失敗能讓孩子越挫越勇。如果她地下有知，知道當今的教育走向，一定會氣得從墳墓裡跳起來。

父母帶兩三歲的孩子報名參加活動，原本應該是帶著「樂趣」和「探索」目的的，但氣氛很快就會轉向了競爭。在過度監督和訓練之下，我們的孩子已成為父母和老師嚴格要求的對象。這些大人，對於根除孩童漫無目的「散漫」都樂此不疲。成人的秩序、管理和優化的概念，取代了孩子自然的學習和發展方式。

父母到底是怎麼判定他們兩歲的孩子需要這些制式化的活動，日子才能過得充實？以我來說，大多數的日子裡我都無法解讀出我家的小朋友喜歡什麼。於是，我開始在學校外面和遊戲場中詢問家長如何決定孩子的活動、學校或愛好，然後我得到了以下幾個答案：

---

1 redshirting 原本指的是在美國大學體育運動中延遲或中斷運動員的參與，以延長他的資格期。後來用在教育上，是指讓孩子延遲一年入學，好讓孩子在學習上高人一等。

- 這對我來說，完全不用花腦筋。我堅信幼兒園時期是最適合塑造孩子的時間段，因此我送孩子去上全日制的私立學校。雖然學費跟大學學費相當，但我認為很值得。
- 我都直接幫女兒做決定，她覺得她需要學樂器，所以幫她選了一樣來學。
- 我認為每個孩子都應該要會一種運動，尤其是男孩子。所以，我幫我的孩子選擇了我最喜歡的運動。
- 我把小孩送去私立幼兒園，這樣以後她就能直升知名學府，長大後申請大學是個優勢。
- 我是個美術老師，自然而然的，我希望我的孩子學美術。

當父母不在意孩子及他們的童年經驗，而是以自己認定的童年樣貌來幫孩子做決定，就已經錯過了教養孩子的正途。

身為父母，我們自然會有把孩子教好的壓力。當然，這種壓力並不是從我們這一代才開始的。在過去的年代，假如你是村裡的補鞋匠，就會想要兒子也成為像自己一樣技術好的補鞋匠。時至今日，區別只在於我們不只滿足於把孩子教「好」，還想要孩子比別人更好，讓我們可以對家人和朋友炫耀，時不時還可以在臉書上分享。

或許你對炫耀孩子的做法不以為然。然而，當你每次你在臉書分享孩子贏得獎牌的照片，卻不分享他們失敗的經驗時，你就掉入了要孩子出類拔萃的迷思中。製造天才兒童的壓力就像傳染病，我們都無一倖免。父母很焦慮，老師有壓力，這樣教育下的孩子，正一步一步地遠離他們的本性與快樂。

一位在曼哈頓私人俱樂部擔任網球教練的朋友對我說：「我痛恨教那些你明知道他們自己不

想學，但父母逼著來上課的孩子。上課時間對那些孩子很是煎熬，但我又不得不教。我討厭這種感覺。這樣的教學根本沒有效果。」

我告訴女兒的大提琴老師：「我只想讓我的孩子愛上學習樂器的過程，她不用變成音樂博士，不用把這個技能填寫在學校申請表上。我唯一的要求是，請你在學習過程中付出愛。」女老師差點就哭了。我似乎讓她想起了她對學音樂真正的愛。她深深地呼了一口氣，然後說：「謝謝你這麼想。一直以來，都是各個父母給我的壓力，希望我能把他們的孩子變成馬友友。」

鞭策孩子早日成功，往往是被父母的小我所驅動，他們想要自己的教養方式獲得大家肯定，被每個人看到，如同一個活生生、會呼吸的好父母獎盃。小我最終關心的，不是孩子的真實本性，而只是他人看待孩子的方式。但事實恰巧跟父母所認為的相反：對孩子而言，父母安排下的一切，創造出來的結果可能是孤立和焦慮。生活在過多的競爭壓力下，不會使孩子更接近我們。孩子被我們的焦慮所感染，吸收並內化這些感覺，導致他們相信這個世界充滿了壓力。這種壓力產生的後果，包括睡眠問題、偏頭痛和胃痛，甚至六七歲的小朋友也可能有了恐慌症。有些才八歲的兒童，就出現「對立性反抗」（oppositional defiant）的叛逆行為，你叫他往東，他偏要往西；而被診斷為注意力缺失過動症（ＡＤＨＤ）或其他障礙的人數，在所有年齡層都在逐漸增加中。雖然許多症狀是天生的，但其中有些人卻是被這種恐懼未來、缺乏當下信任的教養方式所激化出來的。

為什麼優秀的孩子總是別人家的？

許多父母被誘導出一個觀念，那就是孩子的價值是依照表現來衡量的。一個出類拔萃的孩子，似乎就代表了好的教養方式。隨著孩子的成長，功課壓力會變得越來越大。不信你看，光在紐約市就有多少間「資優生」學校。

當孩子升上中學，很多父母就會對孩子成為體育、藝術、棋藝或辯論方面的明星多方嘗試，想以此獲取課外活動的榮譽和獎學金的機會。這就像是把孩子變成一匹賽馬，你在他身上下注押他會贏。你開始將孩子跟他們未來的財務機會畫上等號。

先前，我曾跟你們分享過我女兒學跳舞時遇到的情況。即使因為年齡而被差別對待，也沒能減少她對跳舞的熱情。但在非常多的情況下，當我們把應該享受的樂趣變成嚴肅的課題時，孩子的熱情就被扼殺了。這讓我想起一位十四歲的小客戶，他決定加入學校的網球社。他在參加過一場專業比賽後愛上了這項運動，希望能發展出與隊友並駕齊驅的敏捷性。於是，他試著加入網球社，卻被告知資格不符，原因是他只是個初學者。他的母親很生氣：「你說他不合格是什麼意思？」她問教練：「這是社團，還是溫布登選拔賽？」

教練不好意思地跟她解釋，要進入社團，學生至少需要有三到四年的打網球經驗。「他根本跟不上，」他告訴這位母親：「這些孩子大多數都從八九歲就開始比賽了。」這件事澆熄了我那個小客戶想要學網球的熱情，最後放棄了這個念頭，即使他母親幫他找到了一個初學者的團體課程，他也拒絕了。當母親看到兒子對打網球變得興趣缺缺，頓時感到悵然若失。

這種「走在前端」的壓力，在課業上表現得更為明顯，而且往往會帶來不良的後果。史黛拉是我認識的十七歲孩子中最聰明的一個，有多年嚴重的胃酸逆流，最近更惡化為胃潰瘍和囊腫。醫生明確地告訴她，她的病與壓力有關。她把學業標準設得非常高，就連拿九十八分都會覺得失望。這種求好心切的壓力，會立即反應在生理上。她非常渴望得到明星學生的身份認同，以至於無法容忍自己不是最聰明最優秀的學生。事實上，她自己也相信假如她無法做到百分百完美，就是失敗。從這個例子，你可以看出來，出類拔萃最終其實毫無意義，因為當她嘗試處理所有的壓力時，情緒上根本一團糟。

史黛拉在班上的成績一向名列前茅，幾乎每科考試都得了滿分，因此每個人都自然而然會以為她的成功不費吹灰之力，並認為她的父母很幸運有這樣一個用功的女兒。然而，他們卻不知道，史黛拉對自己學業成績的真正看法。「你認為我輕而易舉就能考一百分嗎？」有一天她問我。「當我拿到滿分時，心裡卻在呻吟。我恨它。我從來沒有機會享受我做得很好這件事，因為立刻就會有下一次要拿滿分的壓力。」

我提到她的父母對她的健康情況很憂心，她繼續說：「我爸媽現在當然擔心。他們知道有部分是他們的錯。當我還小的時候，就是他們一直鞭策我要做到最好。他們只是沒想到，我會變得這麼極端。」

史黛拉就像其他數百萬名孩子一樣，覺得自己的價值都取決於成績、是否申請到大學，以及申請到哪一所大學。一旦結果不如預期，他們就難免崩潰。令人難過的是，我們的孩子學會用這些膚淺的身份認同來定義自己，卻沒有意識到，他們根本不需要這些身份認同，因為他們已經擁有一個非常特別的自己了。

「我相信你的潛力」，這句話是一把可怕的雙面刃

「潛力」這兩個字是一把雙面刃。雖然聽起來，嗯，充滿了潛力，但沒有理解它背後的含意就任意使用，是件很危險的事。對很多人而言，潛力意味著「你現在還一文不值」。

當我們告訴孩子，他們沒有充分發揮潛力，我們所傳達的意思是，現在的他們不僅不是他們可以成為的樣子，更嚴苛地說，也不是他們「應該」成為的樣子。同樣的，我們專注的不是此時此刻存在於孩子內心的恩典，而是專注在未來的應許之地，專注在那個我們預期且認為孩子只能成為的未來模樣。

我再三強調，雖然只要願意，人人都可以不斷提升自己，但這並不代表每個人都具有某種「潛力」。潛力只是讓孩子在父母心中的形象每況愈下。當父母抱持這樣的心態時，就會破壞當下孩子的自發性表現。孩子目前真實的自己，比起父母心目中孩子未來的樣子，被認為是無關緊要的，因此抹殺不足為惜。

試著用你生活中的經驗來思考這一點。想像一下，你正在為一群朋友準備晚餐，你精心擬好了菜單，並盡心盡力準備佳餚。大多數的朋友都滔滔不絕地讚美食物有多美味，但有個朋友卻沉默不語。你想知道哪裡不對勁，難道她不喜歡你做的菜嗎？最後，這位客人終於忍不住說：「我看得出來，你很努力想為我們做頓好吃的。但我不得不老實地說，我認為你沒有充分發揮你的潛力。」聽到這樣的說法，你有什麼感覺？你會再接再厲地做一道好菜？還是高興地擁抱這個朋友？我想，應該都不會吧。你心裡會不舒服，而且下次會再三考慮是否還要邀請她。

當我受邀上《歐普拉的生命課程》（*Oprah's Lifeclass*）時，在節目裡所說的一段話感動了很

多人，隨後我收到了很多電子郵件，都是關於這句話的迴響。當時，我談到我很確定回家後會看這一集的重播，而且幾乎很肯定，我會因為沒有好好表達而敦促自己。我會批評自己不夠好，沒有發揮我的潛力。然而，接下來我說，我知道自己毫無疑問地已經盡力了，用當下我所有的覺知做到最好。由於我認清自己已經盡力的事實，因此知道我可以反抗內心一定會出現的自我批判。

我似乎能聽到你的抗議：「但如果你沒有做好充分準備呢？如果你並沒有盡力呢？你會怎麼反應？」

雖然保持覺知不會要我們忽略漠視過去，但主要仍是當下時刻的經驗。正因如此，它不會允許我們因為覺察到過去的失誤，而讓自己現在停留在羞愧或內疚中。相反的，保持覺知專注的是現在，要我們捫心自問：「在我的內心，妨礙我做充分準備的障礙是什麼？假如我不夠努力，該如何承擔責任？我現在可以做什麼來改變命運？」

就是像這樣的內省時刻，可以喚醒我們把事情做好的動機，讓我們能夠發現，自己是否確實接觸到內心真正的渴望，此時我們必須遵循渴望而採取行動，否則就可能陷落於無意識的自我毀滅。換句話說，我們擁有選擇的能力。我們可以消沉地應對所發生的事，或是決定從現在開始用不同的方法來處理事情。當我們以這種方式與自己面對面，可能就會對自己說：「我已經從這個經驗中學到了教訓。的確，我不夠努力，但事情都過去了。現在，我能做什麼來確保自己保持在覺知狀態下？」從這個角度來看，就不算真正的失敗，有的只是讓我們更進一步成長的機會。

每個人都渴望被認可，也希望目前的我們能獲得尊敬。當別人不斷以外在的標準來評價我們，譬如對我們有沒有發揮潛力的看法，會讓我們感覺自己真正的樣子沒有被看見或被聆聽，因而感到沮喪，甚至心懷怨恨。而當父母看不見孩子真正的樣子時，孩子會感到特別受傷及自卑。

因此，我們必須時時自我檢查，是否有將我們的期望強加在孩子身上的情形，這會將孩子帶離當下的時刻，進入一種完全脫離真實自我的斷層狀態。

別總想養出天才型的孩子

你懂得孩子的真正感受嗎？你確定？事實是，大多數的父母都不懂。

以九歲的馬克斯為例，他習慣掐捏自己的皮膚，因此父母帶他來我這裡治療。父母口中的他是個天才，遺憾的是，他卻無法發揮潛力。

馬克斯本人的感覺為何呢？他用這些話描述了他的生活：「我被自己的天賦詛咒了。每個人都在告訴我，我是個天才，而我甚至不知道那是什麼意思。我恨自己是個天才。我總覺得自己不夠好，每個人也都希望我變得更好，因為我有天賦，但我不知道要怎樣發揮出來。我覺得我的人生糟透了。」

受到馬克斯天賦荼毒的，不只是他自己。他的父母內心更加煎熬，因為他的老師不斷寫聯絡簿抱怨：「馬克斯今天不夠努力。」或「我們知道，馬克斯可以做得更好。」換句話說，這讓他的父母認為，**他們**沒有發揮為人父母的潛力，讓孩子接受更多挑戰。

正如我們之前在史黛拉個案中所看到的，無數的家庭都有過相似的經歷。父母相信他們有必要把孩子打造到「最好」，如果沒能鞭策好孩子，就會有罪惡感。這一切，都是來自深埋於我們心中由恐懼驅動的一個想法，讓我們相信孩子需要充分發揮我們想像中的「潛力」。

「充分發揮潛力」的這個想法，有必要被重新定義。我們不需要把潛力視為孩子會成為什麼樣子的未來導向，而是把這個名詞拆解成它的各個組成部分，來了解它的根本意思。「能力」（potency）是潛力（potential）一詞的核心，它不是未來式，而是孩子目前已經擁有、能推動他們進入更美好明天的力量。未來任何的可能性，都是建立在孩子豐富的內在力量上，而不是我們試圖灌輸的外在任何事物。如果你搜尋「potency」這個字，就會出現以下的相關字串：「活力」（vigor）、「才幹」（capacity）、「能量」（energy）、「力量」（might）和「精力」（moxie）等同義詞。每個同義詞，都代表了孩子此時此刻所擁有的豐富活力。因此，如果我們想強調孩子的潛力，就有必要去關注孩子當下的**內在**力量，而不是一廂情願地想著有一天他們可能會「成為」的樣子。

每個幼兒都是活在當下的專家，也許是因為他們無法用言語表達，特別是在剛出生的最初幾年，因此能全心投入在現實、身體和靈魂之中。他們處於當下的能力，讓他們擺脫「過去」、「未來」，以及所有會帶來恐懼的「如果」。這深刻地提醒了我們，要在對的時區中全心投入生活，才能真正發現我們自己。

當我們把潛力的定義，從未來的可能性轉變為承認每個孩子此時此刻的能力，我們將會發現每個孩子既平凡又不平凡。或許我們對於變得平凡有一種本能反應，喚起了我們根深柢固的不滿足感。尤其是在西方文化中，我們希望並鼓勵每個孩子都能覺得自己很「特別」。東方文化則不一樣，他們會將特立獨行的人視為異類。然而，我們必須了解的是，這兩種極端對孩子都是危險的。因為這兩者都源自於小我，沒有考慮到**孩子真正的樣子**。

我們的孩子不會只擁有單一的特質，而是會不斷擁有許多流動的能力，其中包括平凡與不平凡。因此，他們需要能自由地表達自己，不會因為要討好我們感到壓力。我告訴父母：「沒錯，你的孩子是獨一無二的，應該受到你特別的呵護。但在這個世界上，你的孩子就跟其他人一樣，都需要被平等對待。」

許多父母在孩子沒有受到重視時會忿忿不平，我會向他們說：「你的孩子很平凡，這沒什麼不好。你會覺得他們需要被另眼看待，是因為你自己的匱乏感在作祟。事實上，他們並沒有這樣的需求，有這種需求的，是你的小我。」

當我們能夠擁抱當下，並充滿膽識跟力量，就不會覺得有必要寄望於未來。當我們不再想盡辦法創造孩子的「未來版本」時，就能欣賞他們當下的樣子。想像一下，一旦孩子知道父母認為他們這樣就好，而不是覺得他們有所不足時，他們會有怎樣的感受。

遺憾的是，上述看待孩子的方法，並不是世道常情。這種覺知教養需要過人的勇氣，以及面對來自家庭、朋友和文化反對聲浪的堅定心志，因為我們會不斷地根據不可能做到的外在標準來衡量和評判自己。

當父母向我抱怨：「想要成為不專注成績且不鞭策孩子的父母，真的很難。」我告訴他們，我完全了解這種「雖千萬人吾往矣」的壓力。然後，我會跟他們解釋，如果他們想養育出真實的靈魂就必須堅持下去。與其聽命於社會標準來養育孩子，父母應該做的是調整自己來契合孩子特別的靈魂，因為所有的解答就在於此。

不用換腦袋，只要換個角度

我喜歡用手來比喻教養的優先事項，以每根手指代表兒童發展的一個重要面向。我把外在成就，如學業成績、運動表現等，放在小指上。其他四根手指頭分別代表了不同關係的連結，首先是自我，然後是家庭、群體，最後則是目標。遺憾的是，我們總是為了小指頭花了太多時間，彷彿它是生命之手的全部，而忽略了其他手指的重要作用。

正是有了這種理解，我在女兒六歲以前都沒有為她報名任何一種幼兒教育課程。我的朋友警告我，她會落後其他孩子，而我也知道他們是對的。不過，我回答說，雖然麥亞踏上世界舞台的時間可能會太晚，但這樣的節奏對她發展情緒韌性卻是恰到好處，能讓她享受一個有意義的人生。「在我幫她報名一連串的活動之前，我的孩子首先需要獲得她是誰的基本概念，而不是我希望她是誰。」我解釋。「我會耐心等她產生這種感覺，到時我將會跟隨她的方向。」

這種教養方式，跟我在從紐約到加州的班機上所遇到的一個家庭非常不同。坐在我旁邊的一對夫婦，有個六個月大的可愛男寶寶。跟他們聊天時，我知道兩人都是警察，因為工作而相識。男人對我說：「天啊，我不知道養孩子這麼累人。我習慣控制一切，對我來說，要改變很困難。」

「等他長大你就知道了，」我回答：「現在其實還算輕鬆的。」

「我會把這部分留給我太太，」他說。「她對這種親密連結很感興趣，相信她會樂在其中。我會等他長大，然後跟他一起做我喜歡的事。」

「你指的是什麼？」我問。

「噢，打棒球。」他隨意地說。「我們兄弟每個週末都會打棒球，所以我等不及要跟兒子一起玩了。」

「我希望他會喜歡打棒球。」我說。「如果他不喜歡呢？」

他一言不發地看著我，似乎從來沒考慮過這種荒謬的可能性。

「你知道，這是有可能的，」我說。「雖然他是男孩，但並不代表他就喜歡運動。」

「我的兒子？哈，不可能。我們家世世代代都熱愛運動，棒球就存在他的基因裡。」

我看著小男孩滿足地趴在父親的腿上休息，完全不知道他的命運早就被決定好了。不到半歲的他，已然成為父親眼中天生的運動員，還是個棒球選手。毫無疑問的，他會希望能取悅父親，萬一做不到，他的父親將會失望。

如果我們能後退一步，靜待孩子的內在自然顯現出來，那麼，我們給他們的正是發展自我意識的無價之寶。這會允許他們完全接受真正的自己。當他們發現這樣的自己充滿自信，就能主導自己的人生道路。由於孩子內心已具備應對每種情況的指導方針，所以能欣然享受自主權。

這對管教（discipline）這個幼兒心理諮商最常出現的主題之一來說，更是重要。為了控制孩子的行為，傳統的方法包含了各種技巧和策略。當然，重點是透過鞭策孩子，讓他們達到某個特定目標。在這種方式下，我們不是支持孩子去發現他們的自我管理能力，而是用棍子或禮物來操控他們，相信用恐懼或利誘最終能幫助他們糾正錯誤，內化成品行的一部分。在我的著作《失控》（*Out of Control*）中，說明了管教如何成為控制孩子的另一種手段。一旦我們這樣做，就會失去以智慧來教導孩子的初衷。

我們不用等下一次的管教機會，而是要把孩子的注意力轉移到內在，幫他們調適自己的感覺和動機。隨著他們漸漸能與內在真正的自己接軌，就會開始對本身的選擇擁有更多的自主權。一旦孩子是根據自己的想法做出選擇，就會啟動一種連鎖反應。身為父母，我們會在合理的限制下，讓孩子能安全順利地自主做決定，孩子自然而然就能成長為自己命運的創造者。這種從外在控制轉成內在自制的轉變，使孩子能夠想清楚自己的選擇，而不是被我們逼著守規矩。

當孩子將我們視為堅定的支持者，就會以健康的方式依靠我們，尋求我們的親密感情，偶爾我們還必須當孩子的傳聲筒。這樣的關係會加強親子之間的共同連結，同時也增強了孩子的自信心和自我價值。連鎖反應會向外擴散，因為孩子對自我價值的信心，促進了他們的創造力、主動性，以及被賦予力量的感覺。所有這些正面的影響，都源自於父母簡單的一個決定：放棄對孩子應該是什麼樣子的期待，並允許他們自己去探索真實對他們的意義。

期待孩子出人頭地，只是助長了別人定義的優秀和成就，不必然是一條通往幸福之路。既不能保障愛，也不能保障安穩。相反的，它可能是一條會嚴重讓孩子喪失自我的歧路，也可能會完全抹殺了孩子最寶貴的天生自信心，而這是真正關心他們的人最珍惜的東西。

～建立新標準的承諾～

我願意：

＊重新定義成功，盡量以精神層面而非成就來衡量成敗。
＊容許孩子發展生活的自主權，由他們決定自己的興趣和學習動機。
＊讓孩子盡情享受童年，盡可能減少在時間和空間上壓迫他們。
＊讓孩子自行探索樂趣和愛好，不把它們變成競爭性的活動。
＊教導孩子他們需要遵循的唯一標準，是源自他們的心靈層面。
＊容許孩子平凡。

第六章

迷思三：有好孩子，就有壞孩子

當孩子進入我們的人生，我們期望他們會乖乖聽話。如果孩子的氣質允許這一點，我們會歸功於教養技巧得當。然而，有許多能夠自立自強的孩子不會迎合我們喜歡的方式。可惜的是，父母通常沒有準備好如何應對他們。

我們都受到童話故事和文化訊息的影響，告訴我們有些孩子是「好」的，而另一些則是「壞」的。我在世界各地辦研討會時，經常會請父母定義孩子的好壞。不可避免的，他們都列出了類似的內容。

一般社會認為的「好」孩子，就是那些不會常常惹麻煩，最好還很有禮貌和能夠自我控制的孩子。好孩子服從、好學，並且能夠專心和坐得住。換句話說，當我們仔細觀察就會發現，孩子的「好」，是由孩子的行為有多合乎**我們的**生活要求來衡量的。同樣的，被稱為很「容易相處」的孩子，是因為他們使**我們的**生活變得容易。孩子被稱讚「敬業樂群」，是因為他們合乎**我們的**期望。自然而然的，我們會發現更容易與那些守規矩的孩子相處。這就是為什麼在缺乏覺知的情況下，我們會偏愛那些不會挑戰我們的教養方式，也不會反抗我們根深柢固信念的孩子。我們愛那些「好」孩子，因為他們讓我們感覺一切都在控制之下。由於他們不會強迫我們面對不舒服的問題，因此我們會更善待他們。

相反的，那些我們所謂的「壞」孩子，通常精力過剩、容易分心、喜歡吵鬧，並且目中無人。當這樣的孩子不服管教時，情況往往會變得很糟。「不聽話」、打架或粗魯的孩子，就會受到懲罰。當然，暴力行為本來就不對，父母必須馬上處理。然而，為了杜絕這種不當行為的解決辦法通常極端且粗糙，反而會導致孩子內心的憤恨和進一步的反彈。當然，父母經常反應過度，根本的原因不在乎是孩子的行為沒有遵照他們的計畫，或擾亂了他們的秩序感。

小至一歲的孩子，就被期待應該「守規矩」。當他們大了一歲，到了凡事跟你唱反調的「可怕的兩歲」（terrible two），我們還是要求有了自己主見的幼兒守規矩。父母讓幼兒感受到，他們所有的正常發展、時不時顯示的抵抗、發脾氣，甚至露骨的挑釁，彷彿都是煩人的、不討人喜歡的，因此應該感到羞愧。

雖然「好」與「壞」是我們對孩子行為的典型描述，但並非是我們給他們貼標籤的唯一方式。因為小我會不斷進行分類，所以我們有很多標籤，其中部分是根據孩子的行為，但大部分都是基於這些行為會引發我們怎樣的情緒及感受而定，例如「懶惰」、「貼心」或「害羞」。這些標籤，都有可能對尚未形成固定自我意識的孩子造成嚴重影響。

毫無疑問的，我們都記得自己童年時被貼上的標籤——我們將它掛在脖子上，就像一個絞索，並允許它在多年後繼續用恥辱勒住我們的脖子。我的一個客戶愛蓮娜透露，她仍然記得小時候被母親的朋友戲稱為「豬小姐」。當時所感到的恥辱，至今還在困擾著她。可悲的是，我們數十年來緊握不放的負面標籤，讓我們迅速拋棄了更多生命中被肯定的事情。這是因為我們天生的價值感，在很小的時候就已經被破壞了，對羞恥的感覺更熟悉，讓我們的心靈來不及細想就接受了它。假如我們是在有覺知的父母教養下長大，羞恥感就不會有機會在我們的情感基礎中扎根。當他人將羞辱性的評判投射到我們身上時，我們的意識就能夠輕易地棄置它，因為我們對它並不熟悉。

有一天，我的女兒麥亞告訴我，朋友取笑她怎麼每天都穿土土的瑜伽褲上學。她當下的回應是：「我不在意你們的意見，我就是喜歡穿瑜伽褲。」假如她對自己的外表以及時尚感稍微沒信心，朋友的評論就會一箭穿心，讓她覺得很丟臉。幸好，她能夠明白朋友的評判只是他們的意見，對她應該怎樣穿衣服沒有任何影響，她還是想穿什麼就穿什麼。由此可知，堅固的內在基礎是防止別人無覺知投射的關鍵。

由於我們大部分都在羞恥和不安全感的內在模式中被養大，因此其他人的標籤和批評對我們舉足輕重。孩子被社會貼上標籤的方式，不僅會影響孩子，也會對父母產生巨大的影響。例如，如果老師把孩子標記為「不合作」，並向父母抱怨他們需要讓孩子收斂一點，父母就會感受到必須修正孩子的壓力，甚至會被暗示要尋求治療。

潔米還記得當兒子的老師告訴她，如果不馬上帶兒子去接受藥物和行為治療，他的人生將會一敗塗地時，有多麼失望。她對孩子的未來感到沮喪，並責怪自己是個失職的母親。當她帶十二歲的亞當來治療時，我看到的卻是完全不同的一個孩子。亞當聰明且精力旺盛，需要大量的體力活動。他承認要他靜靜坐著很困難，但他義正詞嚴地抗議：「我的成績夠好了，爸媽對我的成績很滿意。我參加了兩個運動社團。我無法安安靜靜坐著，因為我覺得無聊。這樣錯了嗎？」

亞當會這麼生氣，理所當然。他早已厭倦了老師不斷因為他旺盛的精力而警告他，他甚至考慮在家自學。「這真不公平。我比大多數人表現得更好，但被找麻煩的總是我，只是因為我不能專心，或因為我在書本上塗鴉。」亞當的遭遇，很多男孩都感同身受，他們無奈地為自己辯護，為老師貼在他們身上的標籤感到憤怒。他們渴望能夠拋開這些貶抑的標籤，單純地讓真實的自己被看見。

任何人都不該任意用標籤來定義孩子的性情，特別是當這些標籤涉及到「好」或「壞」的評判時，雖然我們的孩子可能缺乏某些技能，需要一些幫助。當孩子的老師陷入這種無覺知的思維時，就必須靠身為父母的我們肩負起辯護人的角色，以免對孩子造成心理創傷。當我們不得不挺身而出時，不可避免地會回憶起自己的學生時代，並重新體驗教育體系的不健全。就像孩子被叫進校長辦公室時，會感到不被認可的緊張和害怕一樣，身為父母的我們也有類似的無助感，並可能迫使我們無法坦誠地跟孩子的師長溝通。

當潔米開始碰觸到內心的不安全感時，她清楚地看到，為什麼她會被老師的一席話困住。一旦她擺脫內心的脆弱，就能教導兒子不要去認同周圍文化強加給他的標籤。所幸，亞當已經開始這樣做且反應良好，對自己越來越自信，能夠接受自己的不同，也不會因此自我設限。潔米慢慢幫助兒子，適當引導他的高能量，本身也從一開始的羞愧和責備，轉變成可以真心禮讚兒子充沛的活力。

每個父母都渴望得到社會認可，特別是從孩子的師長那裡得到肯定。當孩子被視為不良份子，彷彿自己也跟著受到侮辱一樣。我們也可能因此對自己的教養技能感到羞愧，或對孩子沒能跟別人一樣而生氣。無論是哪種反應，來自於外在的壓力，都影響了我們與孩子真實樣貌連結的能力，讓我們無法有效幫他們培養出有利於真正自我成長所需要的技能。

我怎麼會養出了叛逆小子和任性小公主？

一個任性、固執和叛逆的孩子，迫使我們去重新評估自己的信念。當然，幫孩子貼標籤比自我質疑要容易多了。當孩子引導我們去面對自己時，我們卻反而要求他們在角落面壁思過，讓他們自己冷靜下來。

諷刺的是，許多孩子甚至不是故意任性或叛逆。只是因為他們夠堅強，可以守住他們的精神力量來抗衡我們。很多時候，問題在於我們被小我禁錮了太久，以至於不願意面對孩子正當的挑戰。由於我們的教養文化在親子關係中，賦予了被視為全知的父母權力，孩子才總會成為被貼標籤和被懲罰的對象。

米卡是個愛吵愛鬧的十三歲女孩，不時因為「太吵」或「挑釁」態度而惹上麻煩。她的父母越是用懲罰方式來壓制她激烈的態度，她的反抗就越激烈。最後因為嚴重影響到家庭生活，父母帶她來接受治療。米卡在學校結交了幾個行為偏差的朋友，早熟地嘗試了超越她情緒發展階段的行為。

在幫他們全家人進行治療的幾個月後，我徹底明白米卡的問題所在：她覺得自己的權利被剝奪，情感上未獲得滿足。她的父母對是非對錯有很嚴格的規定，由於這些規定對小兒子約翰很有效果，因此他們認為，這些規定一定是正確的。於是，父母不斷要求米卡要像弟弟一樣遵守規定。但父母卻沒有想到，兩個孩子對這些規矩的反應並不一樣，而且約翰膽怯、溫順的先天氣質也跟米卡差距頗大。或許，約翰之所以更聽話，是因為長久觀察了父母是如何對待姊姊的。

當米卡的父母了解到女兒需要被聽見和被認可後，就改變了他們的教養方法。首先，他們修正了對女兒行為的理解，不再把她的反應視為叛逆，而是意識到她是在保護自己。僅僅是這樣微小的視角轉變，就能讓他們以一種全新的方式與女兒相處。現在，他們無法再將所有責任都推到女兒身上，而是不得不問自己：「為什麼孩子會覺得她需要防衛？我們能做些什麼來幫她？」當他們審視自己時，就能夠幫米卡撕下「叛逆」的標籤，卸下負擔。

從不同的觀點來看米卡，讓父母能重新定義她的行為。他們不再為了她不斷越線而處罰她，而是學會將這種行為解讀成對自主的期待。他們不再用警告的方式來做回應，比如「不准這樣做」或「你必須停止這些不好的行為」，而是覺察到女兒對自我管理的渴望。他們會說：「現在我們看出來了，你感覺被這些規定壓得喘不過氣來。讓我們坐下來，一起找出達成共識的方法。我們不希望你覺得受到我們的控制，我們更希望你說出真心話。」一旦米卡看到父母比起以前更願意接受她對自立自強的需求時，就會慢慢放鬆防衛心，敞開心扉。

當米卡的父母開始減少要求，親子對抗的情況就明顯減少了。只要父母退一步，她就開始前進一步。我經常把這種能量的變化形容為雙人舞，其中一個人向前踏一步，另一個人就會跟上。領舞的人不需要是個頂尖的舞者，只需要在關鍵時刻引領即可。舞蹈要成功，仰賴的是雙方的努力，但兩個舞者不能同時爭著當領舞者。其中一個必須聽從另一個人的指揮，而另一個則必須用明確的方式帶領。

當父母看到孩子想要做主時，必須留意這種召喚，學著後退一步並放鬆一點。這不是溺愛，只是意識到父母的強加干預只會製造出更多混亂，而不是拍板定案了事。和孩子的能量硬碰硬，只是火上加油。

米卡的父母對成果感到很驚訝，沒想到微小調整他們的能量，居然能帶來親子關係的巨大轉變。他們發現，給女兒更多的表達機會，以及更認同她的感受，她就不再需要以危險的方式來表達自己。這對父母終於看清楚，女兒不遵守規定，不是因為使壞，而是她自己有明確的想法和強大的力量。只要修正教養方式，就能改變整個家庭的能量動態，往一個更和諧的狀態靠攏。

當孩子進入我們的人生，我們期望他們會聽話順從。如果孩子的先天氣質就是如此，我們對結果當然很滿意，並歸功於教養技巧得當。然而，有許多孩子的氣質不容許他們去迎合我們喜歡的教養方式，這樣的孩子天生好動，能夠自立自強，有自信可以掌握好自己的人生。可惜的是，父母通常沒有準備好如何應對他們。因此，他們往往會被貼上「不聽話」的標籤，以至於長大後也認為自己是個麻煩製造者，讓這些年輕人產生不必要的羞愧和不安全感。

會測試底線、破壞規矩並築起障礙牆的孩子，通常在某些方面會覺得遭到忽視或沒有被滿足。一旦父母開始練習把這些行為解讀成孩子對更深層次連結的呼喊時，就能拋開紀律守門員的角色，成為孩子的擁護者。

給孩子自由，你才能自由

拿孩子的行為當成衡量好壞的標準，會對孩子造成巨大的傷害。想像你的朋友對你說，你會忘了他的生日，是因為你本來就是個沒心沒肺的自私鬼；或是想像一下，有一天你因為太累而在做飯前小睡了一下，就被另一半指著鼻子罵垃圾、懶蟲。你有何感覺？

事實上，我們對孩子行為表現的期望，比起對我們自己、另一半或朋友的要求嚴苛得多。這就是雙重標準！孩子一犯錯，有些父母馬上就開罵，有時還會往他們身上貼上侮辱人的標籤。孩子不聽話，就不分緣由地指責。忘了帶便當、忘了寫作業，我們的反應就像世界末日一樣。我們往往忘記了自己也曾經丟過鑰匙、忘了回覆電話，也常錯過截止期限。

這樣的雙重標準，會對孩子產生深遠的影響。如果我們夠誠實，就會認識到，我們其實一直在犯錯，也總是做出糟糕的決定。然而，當我們的孩子做了同樣的事情時，我們卻認為他們的錯誤沒有理由可講。逾期繳費、忘記付信用卡帳單，或因為超速被罰款，我們常用壓力太大來合理化自己的錯誤。相反的，如果是孩子遲交作業，沒有好好準備考試，或拿到一張留校察看的通知書時，我們卻大驚小怪，驚惶不安。真相是，我們所害怕的是如果孩子不能滿足所有「好」的期望，就會走向失敗的人生。在我們的想像中，只要孩子真的盡力做到最「好」，就一定能攀上高鋒，做最好的自己。遺憾的是，這只是我們的恐懼借題發揮，驅使我們用不合理也極不公平的方式去對待孩子。

無論面對什麼問題，身為父母的我們都要自問：「我要怎樣改變家裡的情況，好幫女兒處理無法專心的問題？」或「日常生活中要如何保持安靜，好讓兒子更專注？」這些是真正值得推敲的問題，能完全改變親子相處的動態能量。

隨著父母的覺知越來越強，就能看清「好」、「壞」標籤對孩子的影響有多重大。不要再把焦點放在聽話、服從、乖巧上面，也不要去在意他人對你身為父母的評價，你要關注的，是以下這些事項：

- 我的孩子能自由地表達他自己嗎？
- 我的孩子能傾聽自己內在的聲音嗎？

- 我的孩子能注意到自己真正的需求，並找到方法滿足嗎？
- 我的孩子是否不怕犯錯，也勇於改過？
- 我的孩子是否能安心說真話，不會感到害怕或羞愧？
- 我的孩子是否能追隨自己的心，不會受到我或其他人的影響？

當我們把重點從外在表現轉移到促進真實自我的表達，就能有效減少責罵和告誡，取而代之的是我們跟孩子有意義的心靈連結。我們不再專注於如何糾正行為，而是轉移到關注行為背後的情感，並且確信一旦情感能夠真正被表達和認同，行為就會自行修正。

換句話說，如果我們能拋開好壞二元論，以及與這些標籤相關的恐懼，就能跟孩子一起進入美妙的當下，體驗到真正的親子之樂。

~從好孩子到真實的孩子~

*與其要求循規蹈矩、外在表現良好，我更願意鼓勵孩子真誠。

*與其稱讚孩子合群，我更願意稱讚孩子展現真實自我的勇氣。

*與其要求孩子服從，我更願意鼓勵孩子自我表達。

*與其根據孩子的表現來定義他的未來，我更看重的是他心靈的力量。

第七章……

迷思四：好父母都是天生的

許多人會想像，擁有孩子是人生最美妙的經驗，甚至視之為一種糾正自己過去錯誤和挫折的辦法。實際上，我們沒有意識到，養育孩子在某種程度上是極具挑戰性的，因為父母每天都要做決定，而做決定經常讓我們不堪負荷。

或許因為成為父母與物種的生物性有關，讓我們相信這是一種自然現象。生育被視為建構人生的一部分，而沒有考慮到其長遠的後果。然而，如果我們了解到，在無覺知下教養一個孩子，會對家庭和社會造成多大的破壞性影響，就會明白認定為人父母是一種天生的能力，這種想法是多麼天真。

我常常在想，為什麼教養課程不是必修課。仔細想想，結婚需要證書，開車需要考駕照，當理髮師需要培訓，找工作需要面試，那麼為何當父母，只需要兩個成年人從事一次兩情相悅的親密性行為就行？

如果生活中有哪個層面需要隨時處於當下，擁有沉穩和情緒管理的最高能力，那就是教養子女。其中，教養技巧可以由學習而來，但只有當我們存在一定程度的覺知時，這些技巧才能長期融入我們的行為。

就以大吼大叫為例子。每個父母都知道，他們不應該對孩子大吼大叫。儘管明知如此，但很少父母不會犯這樣的錯。為什麼？因為知易行難，理智上知道某件事，跟實際上去做完全是兩回事。前者需要知識，而後者需要智慧和實踐。教養一方面需要了解專門的相關工具和策略，另一方面則需要一定程度的情緒成熟度，才能用有效並可增加能力的方式來實踐。簡單來說，教養是終身的承諾，需要隨著時日調整及成長。

或許因為成為父母，通常會牽扯到跟另一半的關係，因此一直都被視為私人領域的事，超出了法規管理的範疇。又或許，是因為生兒育女是自古至今一直都在發生的事，就被認為是人類本能之一。然而，這卻讓我們誤以為父母無時無刻都應該本能地知道，該對孩子說什麼、做什麼，以及如何去感受和回應。同樣的，我們也誤以為教養是一件容易、有趣又有回報的事。雖然教養的某些部分確實具有這些性質，但我相信正是這種深入人心的觀念給父母施加了相當大的壓力。

當上父母，原來跟你想得不一樣

女人對於成為母親這件事，特別會有浪漫的幻想。我們想像著與孩子一起的幸福時刻，不論是餵奶或是花時間和孩子一起畫畫。對於年齡較大的孩子，我們將他們大起大落的情緒變化和荷爾蒙的改變，想像得稀鬆平常。至於爸爸們，也會想像他們要把所有事情都教給孩子，期待著孩子有讓他們與有榮焉的一天。就像先前我們看到的例子，那位警察父親認為兒子長大一定會想要打棒球一樣。

不僅有許多人想像，擁有孩子會是我們人生最美妙的經驗，甚至我們可能將它視為糾正自己過去錯誤和挫折的一個辦法。實際上，我們沒有意識到，養育孩子在某種程度上是非常具挑戰性的。身為父母，每天都必須做決定，而這些決定經常會讓我們感到不堪負荷或困惑。小孩身上的瘀青，究竟只是瘀血，還是骨折？十幾歲的兒子拒絕去足球場，是需要推他一把，或是他內心深處正在告訴我們——他想要放棄踢足球了？

你可能會質疑：「難道我不能像先前的期待一樣，跟孩子好好相處嗎？」有時很困難，特別是當孩子跟我們的想像背道而馳時。假如我們不知道如何與孩子連結，或者不夠了解他們，該怎麼辦？假如他們的氣質和我們所期待的相衝突，該怎麼辦？假如他們不像我們小時候，該怎麼辦？請記住，親子之間的愛並非出於天性，不是一定就父慈子孝，更別提享受彼此之間的關係。我們的基因不帶有這樣的保證。

當想像與現實之間的差距變得太大時，感覺就像是我們的世界正坍塌在身上一樣。當我們在教養之路上遭遇困難，並意識到對路上的波折絲毫沒有準備，就可能因為舉目無援而驚慌。為什麼沒有人警告過我們？為什麼沒有人告訴過我們，這段旅程不僅需要有超人的體力、犧牲睡眠，還需要具有如同佛陀般的高度智慧？當我們意識到當了父母後，生活需要進行多少改變，才能應對這個挑戰帶來的衝擊，可能會感覺被騙了。在一個又一個的幻想破滅之後，我們的小我會將這些打擊銘刻成一輩子的陰影。

我仍然記得，自己懷孕時所抱持的美夢。我想像自己有多優秀，在一個高人一等的基礎上養育出了不起的孩子。我想像中的孩子，會拉著我一起去羅浮宮，求我讓他們看遍全世界的名畫。當然，他們也會是敏銳的冥想者，主動要我帶領他們走進靈性修為之門。

等到我終於為人母，並意識到這些想像沒有一個會成真時，我才看見自己對走上這條教養之路的準備有多麼不充分。我唯一具備的好母親形象，是成為想像中那個孩子的母親；而我卻不知道如何當好眼前這個活生生孩子的母親。

但願有人曾經提醒我，初為人母的經驗究竟會有多大的衝擊，不管是來自身心或經濟的壓力。我以為自己是唯一有這種感覺的人，因此隨之而來的恥辱感穿透了我，讓我孤立自己，隱藏我正在經歷的種種不適應。我把這些感受，當成是我不夠格做母親或完全不適合這個艱鉅任務的證據。我不知道這些感受都是正常的，而這些經歷是大家都會有的。

媽媽們特別喜歡把自己放在理想主義的泡泡中，因為她們很害怕被看成能力有限，而讓泡泡破滅。我們坦然分享自身經驗的時刻到了，我們必須讓下一代的父母能夠在踏上教養之路前，就做好了充分的準備。

事實是，**教養並非與生俱來的能力**。並非我們單靠本能，就知道該怎麼做的。有個錯誤的觀念是把教養跟道德扯在一起，比如你是個好人，以後就會是好父母。事情如果能這麼簡單就好了。要成為好父母，與我們待人處事好不好無關。教養是需要花上很多年學習與訓練，才能獲得的技能。正如想要身體健康，我們需要每天有覺知地選擇食物、規律運動，教養也一樣。我們需要讓未來的父母對覺知教養所需要付出的心力有正確的認識，而不再抱著任何不切實際的幻想。如此深刻的承諾，才是當好父母的先決條件。

假如我們一開始就被告知，為人父母不是我們的第二天性，而是感覺就像進入一個說陌生語言的國度，對我們會更有幫助。與其假設當了父母後，將會立即體驗到跟孩子的親密連結與偉大的親情，我們更需要知道的是，建立連結的基礎和學習去愛都需要時間，而且一路走來可能崎嶇艱難，包括大起大落的情緒起伏，甚至還有互相傷害的時刻。

對即將為人父母的人而言，明白以下這個事實會大有幫助：孩子來到世上，不會讓我們更滿意自己，甚至在大多數時間裡，情況都正好相反。

即使家裡有了第二或第三個孩子，你也不能因為有了經驗而得心應手。每個孩子的稟性都不一樣，父母不能根據前一個孩子的教養經驗所得到的假設來養下一個孩子，因為對一個孩子再有效的方法，對另一個孩子可能沒用；在我們童年時有效的方法，現在也不一定管用。唯有當我們能擺脫所學，再重新學習時，才能真正為教養孩子做好準備，用獨一無二的方式來對待我們獨一無二的孩子。

〜從幻想回到現實〜

我將做以下的轉變：

＊不再認為我天生就會教養孩子，而是理解我會經常像個新手媽媽。

＊不再渴望我自己或孩子是完美的，而是把重點放在成長。

＊不再冀望教養是容易和可掌握的，而是轉為接受教養會產生壓力、不堪負荷且疲憊不堪。

＊不再逼迫自己應該本能地知道一切，而是理解覺知教養是必須慢慢鍛鍊的技能。

第八章……

迷思五：好父母就是愛孩子的父母

即使我們的出發點非常單純，但我們的愛很容易變得不再是愛，反而會被恐懼嚴重污染，產生了控制欲與占有欲。事實上，純粹的愛難尋。即使我們擁有這樣的愛，也只是有效教養所需要的開端而已。

我還記得，我的祖母告訴過我，我以後會是個很棒的母親，因為我充滿了愛心。她說服我，溫暖和包容是良好教養的關鍵因素。因此，在真正為人母之前，我一直認為如果孩子行為不端，那是因為他們沒有一個充滿愛的家庭。

經過多年諮商過不同的家庭，然後自己也成為母親之後，我現在已經了解，這樣的假設不僅過於簡化，也是嚴重的誤解。因此，我重新定義了「愛是什麼」，也重新定義了我對於成為好父母的真正理解。

毫無疑問的，愛是人與人之間連結的必備元素。除非我們過去有過創傷，抑制了我們對孩子的自然感情，否則愛無疑是親子關係最可靠的描述。即使就如我們所見，父母的愛並不總是無私的，卻能對抗並突破任何局限，這就是孩子為什麼會激起我們強烈的忠誠感，並願意為他們犧牲自己。

然而，儘管我們愛孩子，但殘酷的現實是，我們經常以不是愛的方式對待他們。我們不斷抱怨、糾正，並對他們發脾氣。因此，許多孩子生活在怕我們失望的恐懼之中，或者活在怕父母的恐懼之中。

我們很難承認，父母出自恐懼而對孩子做出的舉動，經常讓他們感受到與愛相反的經驗，以至於在孩子心中，父母成為他們恐懼的源頭之一，以及他們長大成人後怨恨的對象。正因如此，他們寧願跟別人談論父母帶給他們的感受，卻不願跟父母分享他們的想法。我們不明白，孩子為何會跟我們如此疏遠，這是因為我們自以為，為孩子所做的一切都是出自愛。

愛只是起點，你還需要……

幾乎每個我認識的人，在某種程度上都認為自己是個有愛的人；至少，他們都愛家人。然而，家人之間卻常常爭來鬥去，經常上演說謊、互揭瘡疤、暗箭傷人的戲碼。事實上，以愛為名帶來的壓力和衝突，通常都會走向極端。

你可曾想過，為什麼有時候我們會恨自己認為最愛的那個人？這是因為，雖然愛是一種欽慕的情緒，卻常常受到小我所污染。小我的需求製造了恐懼，導致我們成了被控制欲和占有欲牽著走的受害者。這種扭曲的愛避無可避，因為我們習慣緊緊去依附所愛的人，創造了相互依賴的「共生關係」，從而無法與他們真正的樣子建立關係，而是基於他們給我們的感覺來建立連結。

這種情況，在親子關係中特別明顯。父母對自己的感覺、孩子對自己的感覺，彼此交纏不清。這是因為父母為孩子感到害怕，所以就會想方設法地去控制他們。然而，**父母真正要努力去**

做的，是控制自己的恐懼。身為父母的我們無法完全區隔出孩子的生活，於是會在他們身上做出各式各樣的投射，使得我們無法把孩子養成他們真正的樣子。恐懼讓我們永遠都在擔心未來，而這種擔憂勢必會破壞我們跟孩子處於當下的能力。

如果我們有足夠的愛，就能給孩子所需要的——這樣的想法，其實是教養迷思。就算我們深愛孩子，也不能代表我們知道如何陪伴孩子，了解他們的內心世界，或者幫他們了解自己是誰。當然，這也不意味著我們知道如何駕馭自己的焦慮，控制自己的反應，或者能夠理性客觀地幫助他們。

儘管我們的出發點再單純不過，但我們的愛很容易變質，反而會被恐懼嚴重污染，產生了控制欲與占有欲。事實上，純粹的愛難尋。即使我們擁有這樣的愛，也只是有效教養所需要的開端而已。

孩子所要的，不僅僅是疼愛他們的父母，還是能理解他們的父母。他們需要的父母，是有條有理的，足以貫徹他們的教養方法，面對情緒風暴也能夠保持冷靜。在生理需求之外，我們的孩子還需要滿足深刻、溫暖、愉快的情感需求和心理需求。

想要成為這樣的父母，需要在情感工具箱中備齊很多工具，而愛只是其中一種。專注、愉悅、高情商，堅決但有彈性、較少的壓力等，也是有效教養中幾種重要的工具。

這意味著，想要提供給孩子他們應得的一切，父母就必須先讓自己成長到一定的程度，擁有平靜的內心世界、完整的自我感覺，以及敏銳的覺知意識。當然，在教養中，愛絕對扮演了重要的角色，但它也只是讓孩子成長茁壯的條件之一而已。

當孩子感覺我們的愛不像愛的時候

「我爸總是處處針對我。」山姆說，他是由父親帶來治療的一個十六歲男孩。「在他眼裡，我不管做什麼都是錯的。一開始，他要我加入曲棍球隊。但我加入後，他卻不喜歡我打的位置。接著，他要我加入足球隊，但現在他還是不滿意，認為我打得不夠好。反正他不是抱怨我在運動上的表現，就是挑剔我的功課，要不就是怪我的態度有問題。我真的搞不懂他，他總愛雞蛋裡挑骨頭。」

當菲爾親耳聽見兒子說這些話時，簡直不敢置信。他完全不知道山姆有這樣的感覺。菲爾可以對天發誓，沒有人比他更愛兒子了，他覺得他已經犧牲了無數的時間，讓山姆離成功更近一步，還不計金錢、心力，讓山姆參加他可能會喜歡的活動。究竟為什麼菲爾的愛，卻成了山姆的痛苦？

我曾經幫助過無數個家庭，其中都可發現這類心理受創、不被認可，並對父母心生怨忿的孩子。我也在自己和女兒的關係中看到了這種陰影。我相信自己所做的一切都是出自愛，但她卻認為我的行為絕不可能是愛。

我們不明白為何會如此。然而，這種與孩子錯誤連結的模式，幾乎都是跟父母缺乏覺知的情況有關，而不是孩子的錯。因為我們曾在童年時期感覺到被漠視或不被認可，而導致我們想操縱孩子來滿足自己的權力欲。但由於孩子也受到這種需求的操控，精神上不可避免地就發生了碰撞。

在接受第一次診療時，十二歲的史蓋拉全程都淚眼婆娑。「感覺上，好像我的存在就是為了讓媽媽高興，」她說。「可是，無論我做什麼都不夠。總是有更多我應該做的事。假如我搞砸了，不論是什麼原因，我媽的反應就像世界末日一樣。」史蓋拉的感受，跟我諮詢過的上百個孩子的情緒反應一模一樣。大多數的孩子覺得，他們完全在遵照父母的標準生活，而他們希望能得到父母的愛來做為他們應得的回報。

當父母對孩子大吼大叫或施以處罰時，通常會這樣說：「我會這樣做，都是因為我愛你。」雖然動機真的是愛，但並不意味著孩子要接受這樣的愛。相反的，大多數時候，當我們認為自己表現的是愛，但對孩子而言，體驗到的卻是控制。因此，如何將我們的愛轉換成孩子可接受的方式，是有效教養的關鍵元素之一。

我們的意圖跟孩子所接收到的往往會出現落差，了解這一點是覺知教養的基本條件之一。老實說，孩子不太關心我們的動機是什麼，他們在意的是親子互動時給他們的感受。所謂的家庭功能失調，問題往往發生在感受層次。只有當我們能同理孩子的感受，而不是只在意我們自己的感受，才能時時刻刻貼近孩子的心靈。為了做到這一點，我們必須跳脫自己的立場，並提升自己的覺察能力。

缺乏覺知的愛，或者說缺乏教養覺知的愛，很快就會變成予取予求和自私自利。事實上，如果我們能誠實面對自己，就不得不承認這種被稱為「愛」的感覺，往往只是我們跟對方在一起時自己所產生的感覺，而且跟對方是否會讓我們覺得自己是可愛和值得珍惜的有關。因此，這種愛在相當程度上，是有條件的。

這就是陷阱中的陷阱。我們大部分的愛，都被偽裝成對另一個人的愛，但其實是對自己的愛。這是因為大多數人在走進每段關係時，都是想從另一個人身上獲得「自我感覺良好」的感受。我們愛那些能喚醒我們心中良好感覺的人，而忽略甚至蔑視那些不具有這種特質的人。比如說，我們愛我們的孩子，特別是小寶寶，因為他們讓我們覺得被需要、被渴望，以及被愛。

傳統認為，所謂真正的愛是一心一意都放在們所愛的對象身上。但我要顛覆這個想法，我認為對他人的愛必須從愛自己做起。假如我們不愛自己，那麼每一段關係，包括親子關係，感覺上都是有條件、被強迫，且最終無法成功的。因為這些關係都建立在我們需要對方的基礎上，而不是單純地以他們應得的方式來彼此給予。

當你細想你對孩子的愛，以及每天在實踐愛時所面臨的挑戰，就可能會改變你原有的觀點。我們表達愛的方式，不僅要說出孩子給我們的感覺，還要看我們是否有用尊重他們是獨立個體的方式來行事。沒錯，就是這樣，即便這會讓我們不好受。如此一來，我們對孩子的愛，就不僅是告訴我們愛他們，或是他們對我們的意義而已。透過我們每天的陪伴以及我們回應的方式，我們的愛將會一點一滴被孩子自然吸收，特別是當他們看起來不值得我們如此去愛時。

孩子需要我們細心的回應，就像我們初見某個人一樣。他們需要的，不是以愛之名來形塑他們，而是為他們創造一個空間，讓他們能在需要時隨時表現自己，甚至包括任何不合理或反覆無常的時刻。孩子們想要的，不過就是希望我們能在任何時刻都允許他們自我表達。別誤會，我不是鼓勵你們盲目寵溺孩子，而是為他們創造條件來表達完整的自我。當我們給了孩子這樣的自由，他們就能體驗到海闊天空的自由，並在其中發掘自我，最終成長茁壯。這樣的愛，才是孩子樂於接受的愛，因為它不是源自於我們恐懼及控制欲。

留意孩子傳遞出來的信號，這是為人父母神聖的任務，如此我們才能察覺到那些躲在親情背後的恐懼。當我們可以全身心擁抱、接納孩子時，就能在最深的心靈層次跟他們連結。

愛是恆久忍耐？你真的了解愛嗎？

當我們踏上覺知教養之路的那一刻起，不管是對我們的生活或是愛，方方面面都要保持覺知。我們必須問自己一些嚴肅的問題，包括「當我說愛孩子時，真正的意思是什麼？」或者「在我的愛裡還包含了什麼？」我們對愛的定義必須清楚和一致，我們要往孩子的需求邁進，並遠離我們對安全感的需求。重要的是，我們必須提防我們的反應受到恐懼制約，為了讓孩子真正的自我能開花結果，我們要提供孩子真正所需要的。

我所定義的愛，是全然看見、接受並尊重對方真實模樣的一種能力。有覺知的愛，是走出自我並持續與對方連結的能力。這意味著，我們不會要求對方要愛我們，也不會規定他們應該要如何愛我們。換句話說，我們的感覺是純粹的。

這聽起來像是自我一點都不重要，甚至還有點自暴自棄的意味。但其實不然。這種愛的定義，挑戰的是我們自尊自重的決心，因為自我實現是自己的事，不需要他人為我們犧牲奉獻。不同於自我否定，對愛的正確理解可以讓我們在自己寬廣的愛中悠遊，帶來完整及充實感。這樣的愛，也允許對方自由地在他自己的愛中徜徉。當我們如此愛自己，我們散發的信任及滿足感，就能感染周遭的人，特別是我們的孩子。

有覺知地愛自己，意味著跟我們內在的光明面保持溝通，同時也能真心悲憫我們的黑暗面。這表示我們對於自己的缺陷和極限已有了深刻的了解，因此會不斷地自我照顧和自我撫慰。如此一來，我們所有的拼圖都會歸位，不再將自己視為承受創傷的受害者，也不再覺得匱乏不足。

當我們承擔起愛自己的這個任務，自然而然就會對身邊的人發散出相同的能量，特別是跟我們最親的孩子。於是，我們就能懷抱著同樣的關懷和悲憫去愛他們，不論是缺點或榮耀都能一體包容含納。我們再也不會認為孩子不夠好而為他們擔心害怕，而是全然接受孩子真實的樣貌。換句話說，當我們能欣賞自己時，就能全然欣賞孩子。所以，孩子不用靠外在的表現來獲得我們的認可，不用再害怕受到我們否定，能把自己全然調適成一種安適、自我接納的能量狀態。

在父母鍛鍊好這種愛自己的能力之前，孩子感受到的愛，都帶有恐懼及占有的成分。因此，當很多找我諮詢的父母異口同聲地說他們有多愛孩子時，我都會提醒他們，**愛和恐懼不可能同時存在**。

當然，你可能會質疑以上的說法，所以下面我舉了羅素及尚恩這對父子的例子來說明。羅素對十六歲的尚恩上大學一事充滿了恐懼，他害怕兒子會做出錯誤的選擇，甚至無法好好畢業。即使尚恩的表現跟一般孩子沒有多大的差別，但羅素卻認定兒子基本上就是個扶不起的阿斗。要特別一提的是，律己甚嚴的羅素在工作上成就非凡，對成敗的看法與大多數人不同。

有一次諮詢，羅素顯得很慌亂，父子兩人剛大吵了一架。「尚恩非常恨我，他把我所有的勸告都當成是在支配他，我不斷跟他說，鞭策他是因為我非常愛他。」

我反駁他的說法：「如果尚恩一直保持現在這個樣子，你會怎麼做？如果他永遠都不可能成為你想要的樣子，你還會愛他嗎？」

「我當然還是愛他，這是什麼蠢問題！」

我接著問他：「那麼，為什麼你現在不能愛他呢？」

羅素解釋：「因為他沒有竭盡全力做到最好。」

我打斷他的話。「當我們用『因為』來解釋動機時，就不再處於愛的狀態了，而是已經偏離到一種有條件的情感。因為愛是無條件的，不需要滿足某個期待後，你才能愛他。尚恩不覺得你愛他，那是因為他從你這裡得到的回應都是否定的。如果你愛他，就要愛他現在的樣子。一旦你開始真正接受他，他就會敞開心房邀請你進入。你對他的所有恐懼都是你的問題，不是他的問題。除非你能夠安撫你的恐懼，不再要求他照你的標準行事，否則你將永遠無法與他連結。」

如同許多父母，羅素也為這個新觀點掙扎了許久。他無法理解，為何他的善意會被看成與愛無關。經過一段時間的診療後，他終於發現自己的父母也用高標準來養育他，就他的家族來說，成就等於一切，有成就才會被接受。他也意識到，他甚至不愛平凡的自己。這個發現是一個轉捩點，讓他終於能夠用完全不同的方式與兒子相處。現在，他不再說「這個不行、那樣不對」，而是開始用一種全新的角度跟尚恩溝通，這對尚恩的成長相當有利，讓他有機會去看見自己其他的價值。

我們對孩子的愛，始於接受。這不表示我們必須為他們蠻橫無理的行為買單，或允許他們在課業上故意擺爛，或是不管不顧他們的壞習慣。「愛孩子」真正的意義是，我們全然接受他們是獨立的個體，擁有自己的權利。身為父母的職責不是評斷他們，而是鼓勵他們懂得去欣賞自己的價值。那些懂得欣賞自我價值的孩子，自然就會擺脫將他們拉離我們身邊的不良行為，並引導孩子表現出最好的自己。受到父母珍視的孩子，不會做出切斷親子連結的行為。雖然難免還是有衝突，但親子之間深刻的連結卻永遠都在。

有些父母表現愛的方法，跟羅素恰好相反。他們不管教孩子，而是百般取悅。他們沒有為孩子設下明確的界線或規矩，他們對待孩子的方式就像「好好先生」，永遠無法對孩子說「不」，也因此不曾想過惹孩子傷心不愉快。等這些被養得舒舒服服的孩子長大後，再也承受不了任何的不適感及挫敗感。因為他們從父母身上學到，不適感是「壞」事，為了逃避不舒服的感覺，讓他們很容易對身外的事物成癮。同樣的，我們也可以看出父母對愛的錯誤理解，如何妨礙父母在孩子需要他們時，做出正確回應的能力。

~將愛昇華為覺知~

我願意：

* 將愛的基礎，從恐懼轉變成信任。
* 將愛的方式，從自私自利轉變成互相連結。
* 在孩子接收不到愛時，改變表達愛的方式。
* 將我的愛從需求轉變為覺知。

第九章……

迷思六：教養就是養育出快樂的孩子

有些人以為，覺知教養就是盡可能遷就孩子，讓孩子感到滿足和舒適。但事實上，這種教養只是源自我們的恐懼。真正的覺知教養，不會害怕讓孩子感到不舒服，因為我們知道，這是他們成長過程中必須有的體驗。

許多人認為成功的孩子是好父母的聖杯，所以我們盡一切努力想培養出成功的孩子，而且假定孩子應該會快樂。然而，我們沒有意識到，一心追求快樂，事實上對孩子有不利的影響。這是因為我們一直迷信一種想法——快樂是追求來的，就像彩虹盡頭的那桶金子一樣，是我們所有嘗試和努力的獎賞。這種對快樂的看法，卻導致了無窮無盡的不滿足感。

「我必須要快樂」或「我的孩子應該要快樂」的想法，來自於一種當下時刻莫名的匱乏感。換句話說，我們用匱乏的眼睛去看待生活，所以會注意到所有我們**沒有**的東西，而不是這個世界給我們的富饒。因此，美國獨立宣言告訴我們，人人都有追求幸福的權利，卻沒有意識到，只要你存在著追求幸福的念想，就永遠不會為自己帶來快樂。相反的，這樣的念想，反而是不滿足和失望的溫床。

旅行的過程中，你就能體會到類似的感覺。當行程按照你的計畫順利進行時，你會感到滿足和快樂。但萬一班機延誤，或者忘了把護照放在哪裡，一下子就會讓你的心情沉到谷底。換句話說，你的存在狀態完全取決於生活中的變數，但我們都知道，變數本來就是不可預測，有時還會超出我們能控制的範圍。

有些人以為，覺知教養就是無時無刻都要跟孩子親親密密，並努力遷就他們的每個願望，讓孩子生活得滿足又舒適。但事實不是如此。相反的，這種教養方式都是由恐懼而來，源自於我們的無覺知狀態。真正的覺知教養，不會害怕讓孩子感到不舒服，因為我們知道，這是他們成長必經的體驗；覺知教養也不會害怕開口拒絕孩子，因為我們知道，這是為了讓他們展現真善美必須說出口的。覺知教養不管對父母或孩子來說，都不是捷徑，而是尋求最適合雙方成長的一個方式，就是如此而已。教養的重點，始終都是為了讓孩子能成長得最具韌性和充滿力量，而不是讓他們隨時都保持快樂及舒適。這種教養方式的本質，在於明白生活不總是一帆風順，而我們也不該懷抱著這種不切實際的想像。不經過一番寒徹骨，不苦其心志，我們根本不可能有所成長。

我告訴客戶：「人生基本上就是不可預測的。你不可能期待它永遠不變，就像常在河邊走，哪有不濕鞋的道理。」明知道天有不測風雲的道理，但通常只有在發生問題時，我們才會意識到我們是如此深信意外不會發生在自己身上。

最大的問題在於，我們沒有意識到，我們通常把快樂跟事件的**結果**連在一起，而不是過程。我們將事情的最終結果，當成衡量快樂的標準。這種有條件的快樂，讓我們無法了悟喜樂的狀態一直都存在於我們的內在，不假外求。

雖然我們可能無法明確地描述快樂是什麼，但至少能告訴自己，快樂就是沒有痛苦的一種舒服感覺。不用親身經驗，幾乎人人都相信，一個人越是成功，逃離痛苦的機會就越大。因此，我們希望孩子年少有成，做為他們對抗痛苦的疫苗，並告訴自己讓孩子越早開始努力，成功的希望就越大，獲得幸福快樂的人生就指日可待。

除了幫孩子做好爭取成功的規畫之外，我們還希望他們擁有一個與成功畫上等號的身份認同，因為缺乏歸屬感，可能會導致不安全感，甚至被其他人排擠。根據同樣的觀念，半大不小的孩子經常被劃分為幾種類型，例如抓狂型、怪胎、運動健將或「受歡迎」的孩子。我們喜歡假設年輕人必須透過這些外在的身份認同來獲得安全感，卻沒有想過，他們有權選擇單純地「做自己」——我就是這樣，這就是我。

真相是，人活在世上，痛苦是避無可避的。潛在的傷害，無時無刻都在伺機而動。即使已經成年，對生活有一定程度的掌控，仍然無法避免受傷。朋友可能背叛你，可能跟另一半勞燕分飛，可能失業，可能無故被撞傷，或者可能一場龍捲風、洪水或火災，你的家就沒了。痛苦，只要活著就無法避免。

我們認為受傷害是一件「壞事」，因為它迫使我們必須重新調整自己。為了面對這些意想不到或令人討厭的狀況，我們可能必須結交新朋友、離婚、找新工作或發展出高度的韌性，來處理這些發生在我們身上的事情。踏上新旅程會令人心生抗拒，我們可能覺得自己無法應付這些狀況，也害怕我們會因此崩潰。

如果我們太過依賴一成不變的生活，一旦生活不如預期，我們就會顯得慌張失措，無法自處。在這些時刻，我們會感到挫折、氣餒，甚至一蹶不振。只有當我們把內在與外在徹底拆分開來，才能理解不管外在環境如何改變，內在的自己都能自行調整，並持續成長茁壯。當我們有了這樣的認知，心靈就會以茁壯者而非受害者的眼光審視生活中面臨的挑戰，生出勇氣重振旗鼓，而不是被恐懼打倒。

與生命的潮起潮落共舞，而不是一味地躲避風浪，或許才是我們這一生的真正用意。也或許，在人生的跌宕起伏裡，才能體味生活的藝術。假如孩子能從我們身上學到如何面對每個人生經驗，不管是受傷或榮耀時刻都坦然接受，無論成功或挫折都真誠以待，他們的人生是否也會因此有所改變？

關鍵就在於，要將快樂和痛苦都視為同樣神聖，平等對待，因為它們出現的機會本來就各占一半。如果我們帶領孩子體驗這種隨遇而安的人生態度，就不會再刻意去尋求快樂，因為我們了解到，全心處於當下，就能帶來最極致的充實感。

這種意識層面的轉變，代表我們不會再為了孩子的成績而大驚小怪，而是鼓勵孩子深入體會這個成績帶給他們什麼感受，然後學著與這樣的情緒及真實的自己共處。我們協助他們去理解，分數不能定義他們，但他們能從這樣的情況中學習及成長。比如說，這個科目，孩子需要加把勁嗎？孩子需要幫助嗎？或者孩子在這方面就是缺乏天份？如果是後者，是否可以及時讓孩子選擇另一條路走呢？

你要給孩子的另一個人生智慧是，教導他們與自己的內在力量接軌，不要被生活打敗。這樣做，孩子就能看見，他們有能力把任何情況轉變成一次又一次帶來更多勇氣和冒險的機會。只有當父母能全然擁抱痛苦，把它當成轉變的途徑，才能安心讓孩子自由地探索他們與痛苦的關係。

你原本的樣子，就是我愛你的所有理由

孩子天生就知道如何順其自然，活在當下。他們哭鬧、發脾氣，但不會以自己的價值觀來評判發生的事情。除非影響特別重大，否則他們都能在失意後隨時振作起來。正因如此，我們常會聽到陷入困境的父母說：「他們是孩子，會自己調適。」我們發現，無論在什麼情況下，孩子都能從生活中挖掘到樂趣。那是因為孩童的思考模式與成人完全不同，他們用我們已經遺忘的方式去接受現狀。

接受現狀是什麼意思？就是注意到人生的每一時刻都有好與壞、快樂與悲傷、痛苦與快樂的潛力。就我個人認為，現狀既不痛苦也不快樂，因為凡是貼上「快樂」或「不快樂」的標籤，就扭曲了經驗的價值。孩子哭就是哭，笑就是笑，他們不會為如何快樂或不快樂編寫劇本。他們只是單純地感受真實的情緒，接著繼續前進。這種隨著生活起舞的彈性，是許多成年人所欠缺的。我們的腦袋已經習慣把情感分門別類，不容許我們單純接受當下生活的現狀。我們壓根不知道如何像孩子一樣，憑直覺跟著人生的浪潮來順勢變化。我們卡在舊有模式中，無法用創造性的方式來適應人生起伏，運用正念來做出回應。我們害怕鬆開熟知的一切，於是習慣抓住不放手，製造生活都在掌控下的錯覺。一旦被迫面對這種錯覺，特別是透過孩子時，我們就會措手不及，只能藉由憤怒或焦慮來釋放這種無助感。唯有全然接受現狀，不帶有好惡的個人評判，才能用更寬容感恩的心態去擁抱生活的不可預測性。

重點是，不要根據我們的感覺去評斷生活，不論是光明或黑暗的時刻，都是一幅幅人生的織錦畫，值得我們細細品味。以僵化的方式來回應和感受，就像藥物成癮，我們應該做的是放下預

期的心理感受，直接去體驗如實的每個瞬間。

父母往往會要求孩子去爭取身外之物，例如好成績或某種榮譽，以為這樣可以幫他們灌注更多力量，但我們所傳遞出來的訊息，其實是：結果比過程更重要。於是，孩子學到的是追求成就才是生活的意義，而不是單純做自己。

我們把孩子訓練成只看結果不問過程的功利者，讓他們根據自己的好惡感受來決定是否認真融入生活，這等於教導孩子，盡量避免可能會失敗的活動，只去追求能保證快樂的經驗。父母害怕孩子吃苦受傷的心態，只會讓孩子錯失了體驗真正生活的寶貴機會。這是多可悲的事！我們不是教孩子發掘自己的韌性，讓他們能夠超越痛苦的經驗，而是把恐懼轉嫁到他們身上，教導他們不惜代價躲避痛苦。

當孩子被迫體驗不快樂的感覺，會把當下的情況解讀為「出差錯了」，甚至父母的反應也往往如出一轍。於是，父母和孩子的心裡就會自動上演一齣恐懼和絕望的小劇場。這是因為孩子不明白生活就是**如此**，如果想要度過一個有意義的人生，所需要做的就是在當下融入生活，真實去體驗。一旦孩子明白自己內在就有強大的韌性，足以應付任何可能的情況，就擁有了強大的力量。

我有一名六年級的小客戶雷蒙娜，因為在學校無法跟朋友好好相處，讓母親無法承受。雷蒙娜的情緒十分糾葛，動不動就哭——這是前青春期女孩有待解決的一個寶貴體驗。她的母親多次用自己的意見去說服女兒，想要減輕女兒難過的情緒，比如說「我明天就去學校，找出那些差勁的孩子。我受不了看你這麼難過，我會告訴班主任，請他立刻解決這種情況。」

當母親珍跟我討論這件事情時，我建議她：「你能否讓女兒只是單純去感覺，不需要去合理化或改變它？看到她遭排擠，你覺得很受傷，因為你認為被拒絕就是否定了她的個人價值。但如果你將兩者分開來看呢？或許你可以試著讓她了解，不是人人都應該喜歡她，被排擠被討厭是很正常的現象，跟她的個人價值沒有關係。沒有人有義務一定要對我們好，他們有權按照自己的價值觀、意見和好惡來對待我們。我們無法左右別人對待我們的方式。」

珍反駁說：「但這傷了我女兒的心！」

我同意她的話：「沒錯，所以你試著幫她免除傷害，你認為這跟她的價值息息相關。然而，她會有受傷的感覺，是因為她認為自己的價值是靠外界認可，跟她本人無關。」

讓我們的孩子努力去適應環境，其實是個錯誤的目標。與其勉強孩子融入不合適的社交群團，不如教會他們與那些不在乎他們的人劃清界線，對他們會更有幫助。我們應該幫孩子辨別那些本質跟他們投契的人，而不是努力要讓他們偽裝成其他樣子來融入群體。就像大多數成年人的做法，建立明確的界線，遠離那些糟蹋和不尊重他們的人。當我們教導孩子如何社交時，如果沒能給他們正確的工具，孩子長大後也無法建立健康的人際關係。

珍不敢相信自己竟然也是導致女兒痛苦的幫凶之一。她說：「我以為讓女兒去交朋友，努力成為團體的一份子，是做了正確的事。我以為這會讓她快樂，現在我才明白，這種委屈自己來遷就朋友的想法，實際上會慢慢侵蝕了她的自我意識。現在，我們母女終於可以從我設下的重擔中解放了。」

這對母女一起覺醒了，明白自己的價值不是從他人手中借來的。母女兩人也了解到，越是能夠容許自己充分感受所有的體驗，就會變得越堅強勇敢，也因此越有能力處理人生的起起落落。我們的目的，不再是去「修正」造成痛苦的情況，而是深深地投入其中。這次的經歷，讓雷蒙娜發展出了決心和韌性，幫她自己漸漸停止靠朋友來定義她的價值和身份認同。

從孩子身上學習快樂

好好觀察幼兒，就能了解什麼是真正的快樂。寶寶們是快樂專家，不用特別去尋求，就能體現發自內心的快樂。帶他們去外面玩，大自然中最普通的東西馬上就能帶出他們的快樂。他們細歡玩泥巴，對松鼠好奇，樹枝、橡實和石頭就能讓他們忙上好幾個小時。

孩子幾乎可以馬上就進入快樂的狀態。下大雨，渾身濕透的感覺讓他們興奮得咯咯笑；天氣炎熱，身上的黏膩感也能讓他們開心接受。他們沒有預設立場，不會假設將會在這些體驗中有什麼收穫。他們接受生活現狀，如其所如的自在，從來不會在生活不按「計畫」進行時抱怨。從出生到四、五歲，我們的寶寶都能抓住這種單純快樂的經驗。遺憾的是，我個人認為，大多數人在這個年齡段之後，就會慢慢失去這種獲得快樂的能力。也因此，我才會說幼兒是我們最偉大的人生導師。只要我們願意，他們就可以帶領我們找回我們失去的能力。

由於幼兒還沒有被主流文化所馴服，因此才能做到快樂不假外求，不會在自身之外尋找快樂。他們不用等到有錢、苗條、漂亮，或者進入「對的」社交圈後，才能變得快樂。他們不用背負過去的罪惡感，也沒有對未來存有恐懼或幻想，因此能完全體驗生活本「如是」的狀態，不需要為任何生活體驗貼標籤或做出評判。他們想哭就哭，想笑就笑，心血來潮就唱歌。當他們不想哭或不想唱時，就自然停下來。

「所做」（doing，行為）可能是成年人的標誌，而「所是」（being，存在狀況）則屬於童年的領域。幼兒能完全把自己交給現實，才能夠自由探索和冒險。這些，不正是我們想要孩子長大後擁有的特質嗎？

為了培養這些優點，我們要容許孩子去做他們最拿手的事，也就是單純地做自己。當我們踏出這一步，孩子就能自然而然地發展出渴望，去實現他們的夢想，完全不用我們耳提面命。

～擁抱現狀，停止追求快樂～

我宣誓：

*經驗就只是經驗本身，我不再從中尋求其他意義。
*不再靠經驗來獲取快樂，而是讓我成長。
*不再著眼於我沒有獲得什麼，而是反思我打算付出什麼。
*停止用結果來解讀經驗，而是改用過程。
*拒絕評斷生活或自己的不完美，而是擁抱不完美的整體。

第十章

迷思七：父母必須能掌控一切

每個孩子都帶著獨一無二的人生藍圖，來到我們身邊。這意味著他們與生俱來就帶有某些氣質，或熱情或沉默，或容易焦慮或情緒平穩，而我們無法讓孩子只保留我們喜歡的特質。只有接受這個事實，親子才能和諧相處。

無論孩子是親生的或是收養的，在教養過程中，不可避免地都會產生孩子是屬於我們的錯覺。因此，沒有其他任何關係，會像親子關係一樣，讓我們投注這麼多心力。這種投資是為人父母的珍貴指標，但也同時帶來了我們打一開始就需要提防的地雷；控制欲與占有欲。

我還記得，自己在臨產時所領悟的道理。當時，我已經上完了所有的拉梅茲課程，也閱讀了所有我手邊能找到的新手父母的資料，因此以為自己已經裝備齊全，來迎接孩子會帶來的所有挑戰了。然而，我在產程中就開始了解，無論我認為自己知道得多充分，以為自己能掌控一切都只是錯覺。生產的併發症逼得我放棄理想中的自然生產，不得不接受我曾信誓旦旦絕對不會屈服的醫療介入。在陣痛折磨下，我認清了一個事實：我需要外力介入來完成分娩。我呼吸，我用力，我哭泣。可惡！我想用自己的方式生孩子！為了這點堅持，我將不顧一切全力反抗。

最後我恍然大悟：我那未出生的孩子，跟我有不同的打算。她想要以她的方式來到這個世界，而我對此措手不及。她在分娩中感覺很不舒服，所以希望她的母親改變計畫。我越是努力，她越是抗拒，然後她在我肚子裡排泄胎便，表達她的不適。當時，醫生告訴我，我必須剖腹。我不敢置信：「什麼，我需要剖腹？」我想。「我絕對可以自然生產！」我懇求醫生給我更多的時間，希望奇蹟出現。醫生同意給我多一點的時間考慮，但也嚴正警告我：「不進手術室，你的孩子會有危險。」我先生目睹我的痛苦，也理解我的失望。但他同時也知道，必須把我從神智不清的情況中喚醒，改變我對生產體驗的堅持。「你必須接受這個事實，你必須為孩子著想。」他敦促我：「這不是為了你或你的決心，而是為了她。」

就從那一刻起，以及此後的無數時刻，我深刻體認到，養育孩子很少能照著計畫走。我們不能用任何方法或形式，像捏麵團一樣去形塑或創造出孩子長大後的樣子，我們只能引導他們度過童年、融入生活，讓他們自己去定義屬於自己的人生。教養迷思之一，是我們認為父母必須對孩子的將來負責，導致我們理解不了親子關係的本質應該是合作。

孩子不是你的私有品，請設好你的權限

艾美有三個不滿七歲的孩子，在療程中她沮喪地說：「你告訴我必須對孩子所做的一切負責，但你又告訴我，不要去左右他們。那麼，我真正能掌控的是什麼？我都被搞糊塗了！」

「沒錯，你必須對如何跟孩子相處負責，」我回答她，「但是，你不能支配他們。覺知教養的藝術，就在於理解我們對孩子的掌控是有限度的，以及我們抱持的任何理念絕對都會影響孩子。為人父母的任務，是保障孩子的安全和幸福，但這個職責有明確的界線。如果我們沒有意識

到這種界線，就會犯錯，並誤以為可以任意支配孩子的本我。」

就像許多父母一樣，艾美不知道如何界定她與孩子之間的角色。由於她覺得自己應該為孩子的成功和幸福負責，因此她認為必須要控制他們的情緒、行為和選擇。只有當她開始深入了解為人父母的「權限」後，才看清她是怎樣把引導孩子與控制孩子混為一談的。

身為父母，我們唯一能控制的，就是自己的感覺和反應，還有家庭環境的氛圍。但問題是，我們不知道實際上該怎樣控制自己，也不知該創造怎樣有利孩子的家庭條件，所以就只能轉而去控制孩子。

我們的孩子帶著自己獨一無二的人生藍圖，來到我們身邊。這意味著他們先天上就帶有某些氣質，以及跟世界連結的特有方式。有些孩子熱情奔放，有些冷靜沉默；有些孩子容易焦慮和腸絞痛，有些則情緒平穩或散漫。我們無法要求孩子只保留我們喜歡的特質，捨棄我們不喜歡的。當然，我們可以幫助孩子發展出最符合他們真實自我的特質，但絕對不是透過控制和強迫的方式。孩子有他們自己的樣子，只有當我們接受這個事實，親子之間才能和諧相處，並同時滿足孩子的情感需求。臣服於孩子的固有天性，接受他們的能力和極限，是和諧親子關係及有意義連結的先決條件。

一旦我們理解，我們所能控制及支配的只限於自己和家裡的環境，就會將所有需要改變的責任從孩子轉移到我們自己身上，並有義務把能夠負責的事情做好。父母一旦有意為孩子創造生活條件，就可以開始問自己一些問題，比如說：

- 我為孩子所設置的居家環境，是營造了和諧的氛圍或不和諧的氛圍？

● 我所做的或沒有做的哪些事情，會導致孩子特定的行為模式？

以下我用實際的例子來說明。我們不能強迫孩子喜歡刷牙，但我們絕對有責任營造出一種情境，幫孩子明白刷牙是日常生活中很重要的一件事。我們負責鋪好路，而孩子選擇他們跟我們一起走這條路的方式。只要我們將精力放在為孩子鋪好符合他們氣質的道路，就盡好了為人父母的職責了。

我在《歐普拉的生命課程》節目說過的話引起了許多觀眾的共鳴。「我們不能支配我們的孩子，」我解釋：「我們只能為他們的成長創造條件。」意思就是，我們應該停止把精力花在控制孩子的本質，以及決定孩子該長成什麼樣子。一旦我們把專注點放在控制上，就會陷入注定失敗的境地。真正的挑戰，是著眼於我們能確實掌握的對象，也就是我們自己以及家庭功能。

重新定義控制，養出一顆健全的心靈

身為父母的我們常常會忘記，因恩典而來到我們身邊的孩子，除了是「我們的孩子」，最重要的身份其實是個人。在我們沉迷在把他們變成我們教養的產物時，會忽略一個事實：他們來到這個世界的目的，是為了要走自己獨一無二的路。

因為孩子是如此幼小，所以我們會若有意若無意地認為，這代表他們懂得比我們少，不具備完整的人格。我懷疑有任何父母會打心底認為自己的孩子人格不完整，然而，我們卻經常忽視或凌駕他們的獨特性，彷彿他們就該如此接受。

這裡頭包含一個相當重要的面向，那就是不要剝奪孩子的生活體驗，他們有權去體會即使可能帶來痛苦的經驗。就因為我們禁止孩子去體驗某些事，才會引發我們強烈的情緒，從而掩蓋了一個事實：孩子要走的是他自己的人生旅程，而不是我們的。

我們沒有權利決定孩子要如何表達他們的人性。相反的，我們有幸能透過體現他們的價值，向他們展示他們真實自我的重要性。為人父母的職責，是在他們展開生活時，去擁抱他們、禮讚他們。能做到這一點，我們就尊重了每個孩子先天的稟性，包括他們令人驚嘆的優勢，也包括他們的極限。

如果你的孩子很害羞，難道就代表了他們有某種程度的缺陷，需要敦促他們變得更自信？讓他們真實面對並單純地去體驗害羞的感受，難道不好嗎？同樣的，如果你的孩子課業成績不理想，甚至不及格，真的是因為他們偷懶不用功嗎？或者，我們能否換個角度這樣想，這些科目幫我們看出了孩子先天的限制是在哪些方面？

放下掌控孩子的念頭，可能是為人父母心理上最艱難的任務。尤其是當我們要面對來自其他家長和老師的壓力時，這個任務更是艱難。一旦孩子跟不上常規發展，我們就得經常被迫去感受其他人的批評，特別是來自其他父母的冷言冷語。這些批判讓我們難堪不滿，於是我們轉而去控制我們的孩子。我們相信，對孩子施加的控管越多，就越能改變他們；卻很少意識到這樣做只會帶來反效果，更強化了孩子的這些行為。

這讓我想到了麥迪遜，她是一位非典型發展七歲女孩的母親。「這是上天給你的挑戰，你要做的是徹底改變你對控制的看法。」我告訴她。「比起教養典型發展的孩子，你必須面對事實，看清自己真正擁有的控制力其實少得可憐。孩子的人生不是你能控制的，請放下這樣的念頭，然後起身離開為人母親的位置，把自己當成孩子的靈性導師。要做到這點，首先你需要將孩子視為一個靈性的存在。」

麥迪遜的反應滿是惶恐：「這是什麼意思？我是她的母親，我不會扮演其他的角色。」

「我們太執著於自己身為父母的角色，這會讓我們卡在表面的層次。」我解釋道：「雖然我們的文化為父母的角色背書，但執著於這些角色，將會限制我們在心靈層次與孩子完全連結的能力。如果我們能接納更廣闊的視野，以靈性個體的平等身份與孩子建立心靈連結，將會認清把孩子拉拔長大，不是人生的全部。這關乎一個事實，那就是我們每個人來到世上都被賦予了某些必須克服的挑戰，而每個人所面對的挑戰各自不同。為了戰勝專屬於我們的挑戰，我們需要愛我們的人伸出援手。你的女兒有她自己的挑戰，這是她的挑戰而不是出了錯。她只是單純地想要接受這樣的自己而已。當你幫助她去接受這樣的挑戰，而不是怨天尤人，或許就會發現，沒有這些挑戰，她可能就不是她現在的樣子。她需要你原原本本接受她的先天限制，然後在這樣的基礎上來幫她展現最完整的自己。當我們能夠用『孩子來到這個世界自有其目的』的角度來看待他們，並接受這是他們本質上與生俱來的部分，就能幫孩子以**他們**所需要的方式進行轉變，而不是用**我們**自認為對他們好的方式。這就是身為孩子靈性導師的真正意義。」

想要控制孩子先天的限制、試圖讓他們順服，完全不同於接受孩子並讓他們有機會帶著先天的限制去進行轉變，這兩種教養方式有微妙但深刻的差異，麥迪遜也慢慢有了這樣的覺知。一旦她透過這種不同的方式來看待女兒，產生的力量就足以讓母女的關係立即發生質變。她興奮地告訴我：「我們不再因為家庭作業大吵大鬧了。我以前很擔心她的功課，堅持她一定要完成所有作業。但現在我會告訴她盡力就好，並會為她的努力開心。當她看到我接受了她的現狀，臉上開始有了燦爛自信的笑容，而且比以前任何時候都更加努力了。我不敢相信，我才是那個一直妨礙她進步的人。我以為鞭策她就是在幫她改變，但現在我看見，這樣做只會削減她的能力。」

我們的孩子會敏銳地感受到我們是否全然接納他們。一旦孩子感受到我們真的了解他們的先天稟性，就會釋放他們先前為了對抗我們的批評所儲存的能量。這種能量釋放，會為他們的成長帶來新契機。當我們明白自己擁有靈性導師的力量時，自然就能尊重孩子靈魂深處渴望自我實現的需求。

~從父母的角色轉變成心靈導師~

* 我看到的是一個完整的靈性個體，而不是一個孩子。
* 我能將自己定位為孩子的夥伴，而不是孩子的父母。
* 我會幫助孩子建立他們自己的標準，而不是要求他們遵守我的標準。
* 我會放手讓孩子獨立自主，而不是讓他們依賴我。
* 我將引領孩子迎向他們的自我，而不是把他們當作「我的」。

~重新定義孩子的行為~

為人父母的神聖任務，
是重新定義孩子的行為。
把那些為了對抗我們控制的攻擊性行為，視為孩子的自我保護，
把說謊視為對抗我們嚴厲管教的反應，

把憤怒視為對抗我們斷開連結的積極性反抗，
把挑釁視為對抗我們阻力的防護屏障，
把焦慮視為迴避我們批評的自然反應，
把分心視為我們內心混亂的真實反映，
把悲傷視為我們自卑的標誌。

一旦我們將孩子表現出來的行為
視為我們自身覺醒的動力，
就免除了孩子必須自我修正的負擔。
反過來，孩子的行為也會觸發我們開始轉變。
如此一來……
我們的情感將會變得完整，並且也能放孩子自由。

第三部

了解我們的反應

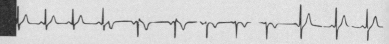

我們不易看出恐懼是自己情緒化反應的肇因，因為它擅長偽裝。恐懼戴著許多面具，包括憤怒、沮喪、虛偽、控制和悲傷。即使在某些情況下，我們覺得自己有正當理由做出這樣那樣的反應，但我們必須了解，這些表達的背後，都是恐懼在作祟。有時候，恐懼可以保護我們不受到更嚴重的衝擊，但有時候，恐懼卻會讓我們一而再地陷入負面情境。

第十一章……

養出真實的孩子

當父母與他們真正的自己有了落差，被傳統和社會的無覺知所制約，就會把這些信念投射到自己孩子身上。因為無法看清孩子真正的樣子，父母只能盲目地按照過去的管教方式行事，甚至不知道自己正在這樣做。

倘若我在二十幾歲時沒有踏上覺知之旅，可能永遠都不會意識到，我的內在世界對我的外在現實會造成多大的影響。就像大多數人一樣，我也不會知道，實際上我並不認識**真實的自己**。欣賞自己的內在世界與真正的自己是一門技巧，需要花時間磨練。假如學校能教授這門課程，我們看到的世界將會跟現在完全不同，或許目前社會上層出不窮的異常現象、犯罪和暴力事件都不會存在。

有了孩子後才喚醒了我，讓我意識到在成長過程中，我早已失去了本我。這的確是一種粗暴又直接的覺醒方式！雖然我在為人母親之前，已經練習正念整整十年的時間，但是我發現，自己還是沒能準備好迎接被孩子所觸發的內心衝擊。正如加入新的運動課程，會讓你發現先前忽略的肌肉組織一樣，教養之旅也會讓你有更多新發現。不論你認為自己有多開明，孩子總是會用你措手不及的方式，揭開你自己未曾發現的新面貌。

如果仔細思考，這一切完全說得通。你以前從來沒有見過這個小生命，卻被託付了照顧他的責任。你理應完全掌控一切，但很快就明白過來，自己永遠不可能控制這個人。你理應永遠愛著他，或許你正是如此，但也很可能因為他觸發了你各種複雜的情緒，讓你對他的愛迅速破滅。真相是，你根本不知道自己會如何思考、感覺，或者對孩子做出什麼反應，因為跟孩子相處的每個時刻，都是全新的體驗。這就是為什麼正念練習對教養特別有用，因為它教你如何進入每個當下，彷彿每個當下都是全新的開始。雖然正念練習無法免除你被觸發情緒，但至少能幫你重新調整當下的狀態，而這是找出自己為什麼會被觸發的最好方法。

我經常會被問到的一個問題是：孩子是否會讓我動怒發脾氣？似乎大家都覺得，寫教養書的人不可能會發生這種事。而我的回答是：「我沒有對這件事免疫，事實上，我從來沒有因為自己被牽動情緒反應而感到失望。我的人格沒有高人一等。但正念訓練為我帶來了好處，讓我能夠在短時間之內就恢復理性。正念訓練也讓我消除了所有錯覺，不會在出現情緒反應時，認為這都是孩子的錯。我的教養方式和其他父母唯一不同的地方是，我著眼的是發生在自己內心的過程。我不會把孩子的行為看成是導火線，因為我知道自己內心的傷口才是原因，孩子的行為只是點燃它的那根火柴。這樣的想法，讓我總是能夠保持清明。我不會指責孩子，而是把焦點放在內省上。」

當你開口說犧牲時，就不算是好父母

以下我要跟大家分享的是，我在訓練覺知時所遭遇到的一個弱點。在當上媽媽的前幾年，我發現自己無法堅守自己立下的界線。一開始我會很強勢，但往往會在女兒的堅持不讓下，立刻潰敗投降。我那個剛學步的女兒，擁有傾刻間讓我屈服的力量。我們的親子關係，節奏就像這樣：「不行，不行，不行……那好吧。」我看到了這種前後矛盾，對女兒行為所造成的不良影響。她很快就學會，只需要施加一點壓力，媽媽就會豎白旗投降，照她的意思做。於是，這類的負面循環一再發生。我知道，自己就是造成混亂的罪魁禍首，唯一的解決方法，就是找出我會如此矛盾的原因。

我們不必遠求讓我們抓狂的原因，只需要回顧自己的成長經歷。正如我這一代的大多數女性一樣，我們都因為成長經歷而受到制約，習慣扮演順服和調解人的角色。主動設下界線這個角色，對我而言是陌生的；而扮演執法者，更讓我感到不舒服。雖然我知道什麼是對的、什麼是錯的，但有某種東西阻礙了我跟孩子溝通是非對錯的能力。究竟是什麼造成了我無法堅持自己的主張？為什麼我會那麼害怕堅守立場呢？只有當我深入探索我的過去，並開始覺察到我是如何被制約，才能找到自己恐懼的源頭。

要強調的是，我不是要把這些歸咎於我的成長經歷和我的父母親。了解是什麼點燃了我們內心的創傷，對於停止我們的外在反應，是很重要也是很基本的。但是，我們要做的只是去了解，而不需批判和指責。我們的父母有他們自己的教養方式，我們的重點是去了解這種教養方式如何影響了我們。

當我探索自己的精神面時，才意識到我對獲得別人肯定有很深的執念。這似乎是我跟他人互動的主要動機。比如說，別人喜不喜歡我？有沒有覺得我人很好？於是，我開始密切留意這種想獲得肯定的渴望，是如何勝過我想做正確決定的意志。我小時候，可能有個被公認為「好」的願望未獲得滿足，正是這種未完成的努力左右了我現在的親子關係。因為想要補償這個未竟的需求，我創造了一個虛假的自我，一個具有「爛好人」個性的小我。這個不真實版本的我，在我的教養之路上設下障礙，讓我無法用孩子真正需要的方式去對待她。

只要一看到女兒對我不高興，我就會想起成長過程中惹別人不高興的經驗。因為我的內心還沒有處理好這些舊的失望，以至於一有相同的感覺時，我就會無法承受。於是，不知不覺就屈服於女兒的要求，好保持自己「好人」的形象。這就是我們的舊模式如何偷偷摸摸用最陰險的方式來破壞我們，癱瘓我們的應對能力，讓我們無法用孩子真正需要的方式去回應他們。我女兒真正需要的，是媽媽明確而堅定的態度。當她本能地理解我做不到時，就會自動內建這樣的訊息：媽媽說不行並不是真的不行，我可以堅持直到我要到我想要的。因為如此，我發現她的不屈不撓進一步點燃了我內在的觸發機制，導致我將她判定為「壞小孩」。儘管我知道這種模式不健康，也知道完全不是女兒的錯，卻無法自拔，直到我開始明白為什麼我會用這種方式與她相處。只有當我掌握親子互動中自己該做好的部分，並看清這些舊有模式是怎麼變成斷開連結的推手時，親子關係才能回到和諧狀態，並且越來越好。

活在假面具之下的父母，孩子會在被負面情感能量污染的環境中長大。父母的能量無法與孩子契合，而是落陷在自己的過去或傳統文化所發出的聲音、訊息和信念之中，這些通常都跟我們眼前這個孩子無關。當父母與他們真正的自己有了落差，被傳統和社會的無覺知所制約，就會把這些信念投射到自己孩子身上。因為無法看清孩子真正的樣子，父母只能盲目地按照過去的管教方式行事，甚至不知道自己正在這樣做。

我既未能幫女兒建立明確的界線，處理態度又前後矛盾，於是將女兒推向執拗的不健康反應模式。這不是她的自然選擇，而是對我前後不一的反應。在她內心的某個角落，有個聲音告訴她：除非她提高需求，否則媽媽不會堅持立場。當然，有時我會因為她這樣的行為，忍不住處罰她，這讓她深感困惑。所以，你看出來了嗎？我們是怎樣在缺乏覺知的狀態下創造了孩子的「壞」行為，然後又因此懲罰他們。在我這個例子裡，只有當我找到自己為什麼需要獲得肯定的根源，才能成功打破這種相處模式。

當一個孩子的自我不被允許發展成他真正的樣子，茁壯到他應有的程度，他的內心就會開始產生空虛感。正是這種空虛感導致了所有的問題，因為孩子會本能地渴望填補這種空虛感。我要補充說明的是，即便填補了空虛感也解決不了痛苦，因為小我想獲得關注所採取的不當行為，並不能取代真實自我的價值。如果我們的心聲從小到大一直沒有被聽到，會導致我們忽視真實的自己。一旦真正的我們被深埋在心底，我們的內外會失去連結而產生不滿足感，生活也會出現不同程度的混亂。事實上，不認識真正的自己，感覺起來非常糟糕。我們知道不對勁，卻無法明確指出哪裡出了錯，或者問題是怎麼來的。

當我們出現這種感覺時，會本能地將錯推給別人或賴給環境，正如我們父母的無意識行為。我們或者遷怒周圍的人，或者遷怒周遭的環境，我們的口頭禪變成：「我心情不好，都是別人的錯，我要讓他們跟我一樣受苦。」

另一方面，孩子的行為之所以會惹惱我們，是因為我們也沒有與自己堅實的核心價值相連結。就像我們的孩子，我們正在用失去自我所產生的匱乏感來為人處事。在真我缺席的狀態下，我們只能依靠小我做為身份認同，而小我當然就是我們在童年時期獲得的各種制約所組成的。直到我們能以自己的核心價值做為基礎之前，我們的孩子將不可避免地觸發我們的不安全感，並導致我們做出各種情緒化反應，因為他們會毫不留情地提醒我們意識到失去的自我，這對我們而言很痛苦，必須用一些方式紓解。由於所有的行為都是從匱乏的心態出發的，因此我們對孩子行為的反應，只會讓家中已經存在的功能失調持續下去。

每次我們用挾風帶雨的方式去對待孩子（我指的是像暴風雨前的積雨雲，一旦蓄積的黑暗能量爆發就會淹沒我們），就有機會窺見我們與心靈深處的本我有多大的斷層。孩子可貴的地方，在於他們會將這種暴風雨反射回我們身上。我們越是狂暴，他們就會用更多的震雷反彈回來，讓我們有機會看見我們跟孩子的相處是有多麼的無憑無據。

然而，請別誤會我的意思：雷聲震天的暴風雨，未必代表暴怒或暴力。有時沉默的方式，殺傷力更強。家庭功能失調並不總是用大吼大叫或互相貶抑的方式來表現，但隱諱的表現方式需要靠高度的覺知力才能捕捉。我在療程中看過許多面貌各異的家庭，已經能夠感受到這些隱諱細微的能量轉移。例如，當母親下意識皺眉時，兒子的回應是立刻垂下頭。或者，當父親握緊拳頭時，他的孩子立刻就呆住不敢動。有時候，最細微的反應會帶給我們最愛的人最大的衝擊。我想起一個十幾歲的女孩如何生動描述這種情況，她說：「我媽一旦開始不說話，比大吼大叫更可怕，比責打更讓人心驚膽顫。」只有當父母有勇氣去認清自己內在能量的轉變，並看見這些轉變對孩子存在狀態的骨牌效應，才能進入更有覺知的教養和存在狀態。

我堅信，我們對孩子的深厚感情，是推動我們達到這種覺知程度最有力量的途徑之一。孩子的美妙之處，就是他們足以影響我們去考慮進行這種痛苦的內省任務。親子關係世間無二，既親密又疏離，因為孩子在某種意義上是我們的，但實際上又不屬於我們，這讓我們有幸得以一窺傳統智慧稱之為「奉獻」的無私精神。這牽涉到我們要全然安住在當下，不帶有任何為了未來而強加的條件或控制。在這個灰色空間中，許多當下的體現是如此生氣盎然，讓我們學會勇敢生活。

我們的孩子都是生活在這個灰色空間的高手，指引我們如何擺脫過去的牽絆。孩子教導我們一個道理：人生或許不會照著計畫走，但我們絕對有足夠的能力來裝備好自己，迎接生活的挑戰。當我們經歷了這種蛻變，就不會再執著於僵化的理想和未來的目標，能夠自發、快樂、輕鬆地與自己及家人相處。

把迷途的自我找回來

四十一歲的萊拉是兩個孩子的母親，她有相當嚴重的焦慮及偏執，無法放心地把孩子交給保母照顧。「我知道這種心態不正常、很極端，」她承認：「但我只要想到要把我五歲和兩歲的孩子交給陌生人照顧，就會感到恐慌。」她來尋求幫助，因為她無法托育孩子，不僅妨礙了她照顧自己，也妨礙了她照顧孩子的能力。

以萊拉這個案例來看，她的感受是心靈受到壓抑而以壓力形式表現出來的結果。她非常緊張，也疲累不堪，已經到了筋疲力盡的程度。當我們從她的過去來探討這種心態的根源時，她談到了一件特別的往事。在她小時候，父母因為工作必須長時間出差，就將她交給保母照顧四個多月。當她講到這個故事時，對於今昔情況的相似處感到十分驚訝。萊拉當時的年紀與她目前五歲的孩子差不多，而她母親當時的年紀則比她目前的年齡只小了幾歲。歷史總是驚人的相似。

我對她說：「你對於把孩子交給保母照顧會如此反應激烈，是因為你小時候的經驗所造成的。由於那時害怕的感覺沒有處理好，因此很容易被現在遇到的相似情況所觸發。根據過去的經驗，你自然不會信任托育者。這反映了你對父母存在著根深柢固的不信任感。」

人們常常問我：「我要怎樣跟迷途的自我取得聯繫？」我們就以萊拉的個案為例，看看她是如何找到方法的。透過孩子身上發生的事，她終於意識到，她失去的自我（或者說被壓抑的心靈）正試圖引起她的注意。她開始理解，除非她開始去關注內心深處發生了什麼事（會透過孩子反映出來），並學會用健康的方式來照顧自己的需求，否則她將會持續以各種失調方式來回應。

在糟糕的情緒感受之下，我們總能在與他人的互動中發現迷失的自我。只有在我們準備好，將自己的每個情緒反應都視為迷失自我正在窺探的跡象，才能包容別人對我們的糾正，並將注意力轉移到安撫及接納自己。我們要感謝那些容許我們真實自我浮出表面的情況，而不是責怪他人觸發我們，因為這是一個讓我們得以進入自己內心世界的絕佳機會，可以去處理自己那些懸而未決的問題。

當我們投入到這個過程時，就會了解我們的小我（表面上的那個自己）在成長過程中扮演了何等重要的角色，它幫我們應付了各種威脅。因此，我們不應該對這部分的自己心懷怨恨。與此同時，當本來應該是臨時被召喚來防禦的小我變得堅不可摧，讓我們再也碰觸不到真實的自我時，我們會發現自己反而被無意識的反應所桎梏了。

要一一檢視自己的每個層面，需要像剝洋蔥般一層層循序漸進。首先要檢驗的，就是傳統文化給我們的灌輸，以及我們對人生和教養所存在的一些迷思。接下來，要剝開的是傳承自家族的那些層面。一層層剝開後，我們就能找到最純真及最美好的真實自我。

善待那個迷失方向的自我，幫它點個燈吧

我們迷失的自我其實一直都陪伴在我們身邊，等待我們的召喚。我們對它的意識越清晰，就越不會以不健康的方式行事；對我們的孩子而言，同理可證。

在此我需要特別指出的是，察覺到那個迷失的自我，與處理它扭曲的表現，是完全不同的兩回事。為了說明這兩者的差異，我們可以想像一下感覺到被朋友排擠的情況。面對這種遭排擠的感覺，無覺知的典型反應可能是下列之一：

- 指責對方不該這麼做。
- 自怨自艾。
- 不再跟對方說話。
- 說他的壞話，反擊回去。

以上這些行為都不是有覺知的反應，只是我們反射式反應的衍生產物。光說不練，永遠都不會帶來任何有意義的啟示或洞見。

那麼，在這種情況下，有覺知的反應是什麼呢？當我們內心生出被排擠的不好感覺時，正是我們迷失的自我正在被啟動，並透過我們的失落感表達出來。此時我們究竟是選擇向外或向內察看，是一個關鍵點。如果我們向內察看，並選擇與我們的失落感安坐，而不是去責怪或反擊引起我們這種失落感的人，就會開始發現到那個迷失的自我。「嗨，迷失的自我！介紹一下你自己

吧。」我們可能會說：「你在這裡，是為了要告訴我一些關於我自己的事情，而此時的我是如此迫不及待。我已經準備好了，要從你的存在中學習。」這就是察覺和思考的重要差別。

關鍵是，我們不是要說服自己擺脫不好的感受（比如失落感），而是要將它留在意識裡，觀察它「原本的狀態」。因此，當萊拉問我：「我該如何擺脫這種恐懼呢？」我提醒她：「希望恐懼感消失，無法讓你擺脫恐懼。讓恐懼感自然消失的唯一方法，就是把它留在你的意識中，既不要被它吞噬，也不會發洩或抑制它。」

我告訴她一個辦法：「與其告訴自己不要偏執，不如單純讓這種情緒在你的內在自然生起。然後觀察它，與它安坐共處。你必須理解，這種情緒無法定義當下的你，因為它源自於過去，你只要溫柔地把它帶離當下的情境。除非你能覺知到你所有的反應都來自過去，否則你將不斷被蒙蔽，誤以為一定有某人或某事造成了這些反應。」

我們不僅需要察覺到那個迷失的自我，也要開始留意我們成年的生活是如何照著它的經驗來構建。基本上，從童年開始，我們就一直不停重複建造同樣的情境，彷彿這能讓我們有機會再次回顧留在過去未了的遺憾。

萊拉完全明白我的意思。「我的確是因為深切的不信任感，才一再重現自己被雙親拋棄的感受。」她承認。「我的不信任感越多，就會發現更多讓我不信任的事物，這讓我感覺受到一遍又一遍的背叛。而我越是感覺到被背叛，就變得越恐懼。」

我繼續解釋給萊拉聽，我們是如何根據未被滿足的需求以及懸而未決的痛苦，創造出我們的人生劇本。真正的自我無法開花結果的空虛感會讓我們覺得匱乏，我們越是聽命於這種匱乏感，越會創造出反映這些匱乏之感的環境。

傳統的教養法完全不明白這一點，才需要請出「控制」這個手段。教養迷思教我們透過控制那些讓我們感到不舒服的人，來消除我們的焦慮，而不是察覺它以及接受它。這些年來，萊拉一直都在責怪幫她照顧孩子的人，在她眼中，沒有人可以好到勝任她孩子保母的工作。她幾乎沒有意識到，其實是她自己的恐懼創造了不切實際的期望，造成那些保母不可避免的失敗。

當我們不再採用典型的教養方式，就會接受我們內心的失落感只是成長過程的一部分。於是，我們就會允許自己去察覺真實自我的許多面向，並開始將它們整合進我們的生活中。我們不會自憐自艾，也不會覺得高人一等，而只是單純接受自己是個尚未完成、正在進行中的作品，允許生活從各方面來教導我們如何從內在成長。

勇敢描繪出家人的情緒藍圖

前文提到，年幼的孩子隨時都跟核心自我保持連結，但是他們還沒能複雜到可以在父母的無覺知狀態下保護這個核心自我。他們沒有足夠的配備去了解父母的言語、行動和反應，全都是因為父母受到過往制約的影響。孩子們不明白媽媽會生氣，是因為媽媽自己得不到滿足，而這又是跟她中斷跟本我的連結有關；而爸爸會覺得孩子丟了他的臉，是因為他無法從本身工作獲得安全感。在孩子眼中看到的，是父母對他們發脾氣，導致他們相信這都是他們的錯。孩子們也弄不明白，為什麼媽媽或爸爸不肯花時間陪伴他們，或者無法全心全意跟他們一起玩。他們只看到父母總是分心或漠不關心，於是他們認為應該是自己不夠討人喜歡或不夠有趣。

由於幼兒無法準確評估父母的情緒，因此會無意識地吸收這些情緒。這些情緒漸漸會取代孩子真實的感覺，並成為他們應對生活的參考藍圖。就像文化迷思會影響我們的思考方式一樣，家庭的情緒藍圖會蠶食鯨吞我們原始的情緒感受，並開始主宰我們表達自己的方式。除非我們學會解讀情緒，否則我們將自然而然地把它傳承給我們的孩子，加重他們的負擔，甚至沒有意識到我們正在這麼做。

要如何成功解讀家庭的情緒藍圖，從我客戶維克特的例子就可看出端倪。維克特平常是個情緒平靜的父親，但只要七歲兒子因為打輸球賽或因為姊姊的捉弄而哭泣時，就會無法控制怒氣。一想到兒子個性如此軟弱，維克特就會被激怒，然後冷酷地訓斥兒子：「堅強點，兒子。別把自己搞得像懦夫。」他反覆告訴兒子：「哭什麼，沒用的傢伙。」

雖然看到孩子哭泣，特別是男孩子，很多男人都是這種態度，但維克特的反應有時會特別無情，無情到連老婆都受不了。他缺乏同情心又極度不耐煩，問題嚴重到老婆威脅如果他不改善就要離婚。於是，他來找我諮詢。

維克特跟我分享了他是如何長大的。他小時候住在紐約布魯克林的貧民區，每天面對的都是小混混和街頭暴力，必須在毒品、子彈和其他威脅下求生存。他的母親是單親媽媽，上大夜班前都會交待維克特不只要保護好自己，還要照顧好妹妹。因此，維克特從小就吸收了這種不安的情緒藍圖，讓他壓抑自己的真實感覺，隨時保持在戰或逃狀態。很早他就懂得一個道理：在危險世界裡，防禦力一旦下降，就可能活不了。

等到維克特長大後，決定甩掉這段過去。為了達到這個目的，他成了律師，在曼哈頓擁有成功的職業生涯。然而，儘管他一心一意地擺脫過去，但卻從來沒有從成長過程裡那個曾經害怕的小「硬漢」角色恢復過來。一直壓抑自己的感覺，讓他能夠用堅強的面具掩飾害怕。但這樣的偽裝，卻永遠無法消除根植在他靈魂深處的不安全感，同時他也無法擺脫被遺棄和被殺害的恐懼。因此，只要他看到兒子哭，就會喚醒他內心那種試圖抹去卻仍如影隨形的恐懼感。

即便兒子哭訴他的困擾，維克特也無法以自己的親身經驗去提供有價值的判斷。這些經驗總帶著童年的悲痛色彩，就像他在對自己說：「假如兒子只因為輸掉一場棒球比賽就哭，他要怎麼在布魯克林的街道上生存？」他把兒子當成了年輕時的自己，所以他說：「不准哭，否則等一下就真的有你好哭的。」

維克特在療程中弄清楚了其中的緣由後，激動得渾身發抖。淚水滑落在他的臉頰，他是為了那個曾經少年老成、假裝堅強的布魯克林男孩而哭，也為了他不允許兒子只是個孩子而哭。

對大多數人來說，都會找到用以補償童年傷痛的方法。我們停止相信他人，慢慢變得憤世嫉俗。此外，我們也遺落了固有的自我價值，替換成了羞恥感。這些轉變，一層又一層地掩蓋了我們真實的自我，變成了武裝自己的硬殼。

你應該見過俄羅斯娃娃，一組木娃娃一個套著一個。當我們對發生在自己身上的事產生了無意識的反應，就會一層層掩蓋真正的自我，在心靈外面圍成了一圈圈的保護層。這些隱形的俄羅斯娃娃會逐年增加，因為隨著生活閱歷增加，我們會創造出形形色色的虛假角色。這種補償方式可能會讓幼年的我們生存下來，卻會阻礙我們真正的成長。

當上父母，讓我們有機會面對自己的不成熟。我們將意識到，我們的靈魂深處仍然攜帶著大量的負電荷、自我設限、懸而未決的情緒。只有當我們將每一層偽裝都揭開後，才不再需要保護自己遠離威脅，而這些威脅也不會再驅使我們去控制孩子。

我的另一位客戶艾伯特，吃了一番苦頭才學會了這個道理。他的兒子湯瑪斯寫完微積分作業後請父親幫他檢查，艾伯特發現湯瑪斯只用上少少的計算步驟，看起來像是不費吹灰之力就得到答案了。於是，他馬上問湯瑪斯：「你是抄的嗎？」

湯瑪斯對爸爸的問話感到震驚。「當然不是，爸爸，我沒有。」他不可置信地回答：「為什麼我要抄作業？我每一題都會啊。」

艾伯特跟我提起這件事時，面有愧色。「你不會相信我接著做了什麼，喜法莉博士。」他說。「我馬上就出了幾道新題目，讓他當場證明他沒有抄作業。當他哭著抗議時，我根本聽不進去。我先入為主地認定了他是抄的，希望他能證明我錯了。於是他正確完成了所有新題目，同樣沒有用上幾個計算步驟。我不敢相信自己居然懷疑他，而不是稱讚他。」

我把這些時刻稱為「珍貴的成長機會」。我當然不是受虐狂，也不是喜歡這種對立的場面，但通常這些激動時刻，都是成長和相互理解的最佳機會。當父母在缺乏覺知的狀態下做出無意識行為時，我不會批判他們，而是引導他們將這些事件視為珍貴的邀請，引領他們去研究自己童年殘餘的傷痛，並試著找回那個迷途的自我。

我請艾伯特回憶他小時候的作業成績，他立刻承認：「我很懶，會用盡方法偷懶，還有狼狽為奸的一群同學。我們約定好大家輪流，每天的作業只由一人負責寫完，其他人只要照抄就好。我父親知道後，不是嘲笑我，就是懲罰我。他讓我覺得如果自己不夠努力，會讓他丟臉，所以我常常騙他。」

艾伯特一直無法擺脫不努力、不誠實的恥辱感，因此他也看出了自己是如何將這些感覺投射到兒子身上。現在，他了解為什麼自己會被湯瑪斯觸動情緒了。因為他從來沒有真正面對自己過去的行為，所以會害怕兒子步上他的後塵。一旦我們過去的感覺沒有被整合，就會在我們心裡像氣球一樣漂浮，隨時準備在被戳中時爆開。只有當我們真正卸下父母親給我們帶來的無意識重擔，才能給自己一個機會，開始走向屬於我們的自由。

我偶爾會收到令人欣慰的信件，告訴我這個方法幫孩子更了解自己的父母。比如最近我就收到一名十四歲少女寄來的信，她在看完歐普拉的節目《心靈週日》（*Supersoul Sunday*）後，感覺必須跟我聯絡。她大部分時間都在跟焦慮和憂鬱對抗，曾自殺過好幾次。她用「折磨」來描述自己跟母親的關係，並解釋說這個節目讓她看清了母親深埋在內心的痛苦。生平第一次，她能夠將自己的痛苦與她母親的痛苦分開。她寫道：「我終於讓自己自由了，不再需要為母親的感覺擔起責任。」

找到自己，是擁有充實人生的關鍵。放孩子自由，讓他們安心用自己的能力去體驗充實與滿足感，而不是無條件接手我們過去扭曲的情緒藍圖。這是覺知教養的一大特點。

我們的價值不靠任何人或任何外力來決定，而是安棲於我們的稟性之上；這樣的認知，讓我們能夠與內在真理進行更深的交流，並依靠它做為我們找到自己的雷達。這個女孩來信中的最後一句話，完美地呈現了這個概念：「現在，我終於可以拋開這些年來讓我感到窒息的焦慮和罪惡感，找到真正的自己。現在是讓我成為我自己的時候了。」

第十二章……

拒當提線木偶，不當潛意識的替罪羊

感到心靈空虛而渴望愛的父母，與孩子的互動是出於需索，而非真正照顧孩子成為獨特的個體。當我們的教養出自於對愛的需索，就會傾向於做出緩解自己匱乏感，而非真正對孩子最好的決定。

如我們所見，我們的信念大都承襲自文化和家庭。雖然這些信念因人而異，但幾乎人人都有一種普遍的潛在情緒——恐懼，它會驅動著我們在缺乏覺知的狀態下對另一半、自己或孩子做出無意識的反應。恐懼讓我們的內心分裂，讓我們脫離本性，讓我們用虛假的小我來層層掩蓋真實的自己。

想想我們感到憂鬱、焦慮及困惑的所有時刻。很可能我們是害怕面對某人或某事，或者害怕某種結果，又或許是害怕我們所仰重的人不再賞識或認可我們。一產生恐懼，我們就會本能地用大量情緒化的反應來掩蓋它。這些情緒化反應，從自我懷疑到報復他人都有。恐懼通常會讓我們對自己或他人產生誤解，比如「我不夠好」、「我的孩子是個失敗者」或「我無法改變我的生活」。事實上，當我們批評自己或他人時，幾乎都是恐懼在作祟。

一開始，我們可能不容易看出恐懼是自己情緒化反應的肇因，因為它擅長偽裝。恐懼有許多面具，包括憤怒、沮喪、虛偽、控制和悲傷。即使在某些情況下，我們覺得自己有正當理由做出這樣那樣的反應，但我們必須了解，這些表達的背後，都是恐懼在作祟。有時候，恐懼可以保護我們不受到更嚴重的衝擊，但有時候，恐懼卻會讓我們一而再地陷入負面情境。

每當恐懼隱藏在各種面具後面，就會導致我們把感覺轉移到他人身上，這些感覺可能是責怪、憤怒、嫉妒或控制。此外，我們也可能會把感覺加諸在自己身上，導致憂鬱症發作、自殘或自毀。不論是透過哪種方式，我們想要掩蓋的事實是：我們避恐懼而不及。事實上，光是想到它就可觸發恐慌。

如果免除了恐懼，我們就不會有情緒化反應。反之，我們會針對當下的情境來構想出一個正念回應。情緒化反應與適當回應當然不同，前者就像是膝反射一樣，是用無意識、高度情緒化的習慣性方式來解決外在情況；而後者則是深思熟慮後，發自內心深處不帶情緒反彈的回應方式。恐懼是潛伏在所有我們談過的文化迷思下的基礎，並暗地支持著我們從成長家庭中所獲得的每種情緒模式。

我們的孩子，是喚醒我們恐懼的完美催化劑。我們深愛孩子，所以他們動不動就會觸發我們的保護欲。因為我們總是為孩子的安全、快樂和幸福操心，於是就會對他們不斷產生無意識的反應。我們害怕孩子會成為失敗者，害怕他們被輕視或不被善待；我們擔心孩子的未來，擔心他們發生意外，也擔心萬一沒有他們，我們的人生就會過不下去。無論出於什麼原因，我們回應孩子的方式都充滿了恐懼。這成了我們打罵孩子的緣由，同時也讓我們感到羞愧或內疚。

你用什麼方式表達恐懼，決定了你是怎樣的父母

我們可以實際將孩子的行為對應到我們的情緒反應，顯示出我們的情緒藍圖是如何左右我們的。以下舉例說明：

孩子的行為：不聽話。

你的反應：憤怒、威脅、懲罰。

潛在恐懼：

- 我對孩子完全沒有約束力。
- 我的孩子長大會成為怪物。
- 我是沒用的母親（或父親）。
- 我感覺被漠視，沒人在乎我說什麼。

孩子的行為：違反門禁。

你的反應：很生氣，但卻無法設立界線。

潛在恐懼：

- 我的孩子自私又不體貼。
- 我的孩子會因為我設立了界線而對我發脾氣。
- 我感覺被漠視，沒人在乎我說什麼。

孩子的行為：因為被同儕排擠而不開心。

你的反應：過度介入他們的社交生活。

潛在恐懼：

- 如果我的孩子不屬於任何一個團體，將會缺乏不安全感。
- 我的孩子會感到孤單和被冷落。
- 沒有同儕團體，我的孩子將會迷失。
- 沒有人喜歡我的孩子。

孩子的行為：因為沒有通過考試而難過。

你的反應：憤怒和懲罰。

潛在恐懼：

- 我的孩子上不了好大學了。
- 我的孩子不會成功，也不會快樂。
- 我的孩子會落後其他人，也會被看輕。
- 孩子的自我意識將會兵敗如山倒。

在以上這些例子，我們要把關注點放在：當孩子喚醒父母的恐懼感後，父母的情緒模式是如何直接做出回應的。這就像恐懼感啟動了警鈴，在一瞬間觸發了我們的情緒藍圖。隨之而來的反應，會藉由我們說出或做出某些防禦性或保護性的言行，提供我們一個逃離恐懼的暫時避風港。

然而，恐懼感拖得時間越長，形成的自我保護層就越厚。這些包圍小我（戴著面具的自我）的保護層，是在我們不被允許誠實面對自己時創造出來的，形成了抵禦痛苦情緒的屏障。我們需要努力卸除的，就是這些保護層，直到我們接觸到最底下一層的俄羅斯小娃娃。當然，如果我們夠幸運，在成長過程中，父母能夠幫我們克服並整合這些感覺，我們就沒有必要創造出這些保護層。想像一下，如果沒有了這些負擔，我們將會有多麼無拘無束、輕鬆自在。

一旦我們受制於恐懼所產生的高防禦性反應狀態，就會看不清我們眼前那個真實的孩子，也就無法跟孩子建立有意義的連結。萬一恐懼感壓倒一切，讓我們的情緒不堪負荷，多數時候處於接近恐慌的狀態下，我們就會在內心扭曲孩子的形象，然後做出反應來減輕憤怒帶給我們的痛苦。父母一旦被困在自己過往懸而未決的情緒困擾之中，就無法抓準孩子的真正感覺。

恐懼的核心，父母的魔障

一旦看出我們的情緒反應與恐懼之間的關聯，就有機會瞥見一個支撐這所有一切的更強大感覺，也就是自我懷疑。這跟我們的自我價值觀有關，追根究柢更涉及了我們對人類在浩瀚宇宙中占有何種地位的理解。換句話說，我們個人的恐懼，其實是全人類自我懷疑的縮影，這是人類身為物種之一必須經受的折磨。

從各個層面去探討我們的核心恐懼，將有助於我們清晰勾勒出自己內心深處究竟發生了什麼。

害怕不被愛的恐懼

我們的內心都渴望被愛，假如這種渴望在童年時期沒有獲得滿足，成年後不是尋求各種方式來實現，就是遠離所有被愛的可能性，尤其是膚淺的愛。在感情克制的家庭長大的人，大都會出現後者那種感情問題，無論什麼情緒都不會表現出來。這種隱忍會造成情感疏離，讓孩子感受不到家庭的歸屬感。

一旦無法滿足被愛、被讚賞和被肯定的渴望，會導致有些人在錯誤的地方用錯誤的方式來尋求心靈慰藉。太渴望被愛的人，會用物質來填補內心的空虛；或是透過毒品或菸酒的化學作用，來暫時緩解因為空虛所感到的痛苦。

因為空虛感而渴望愛的父母，與孩子的互動是出於需索，而不是照顧孩子長成獨特的個體。一旦父母的教養是因為需索愛或渴求愛，往往就會做出緩解自己匱乏之感的決定，而不是真正對孩子最好的決定。

「沒有人真心愛我」的這種恐懼，如果一直沒有被處理，就會污染教養的每個層面。這種恐懼會以下列其中一種方式表現：

- 你會過度討好孩子，來收買他們的愛。
- 你發現很難為孩子設立界線。
- 你發現很難堅定立場，經常前後標準不一。
- 你會把孩子的自然抗拒解讀為排斥。
- 你會把孩子的反應視為對你的人身攻擊。

- 你覺得孩子的表現都不夠好，這反映出你內心的匱乏。
- 你發現很難把孩子的身份認同跟你自己的身份認同拆開，因為你的身份認同是如此薄弱。
- 你對孩子大發脾氣，因為你碰觸不到你自己的內在資源，你只是在勉強支撐。

在以下安娜的個案中，我們可以清楚看到這幾種恐懼如何表現。安娜生長在一個缺乏親情的家庭，父母經常爭執不休，夫妻之間充滿了火藥味。自然而然的，安娜也吸收了父母未解決的痛苦，以及身邊一團混亂的感覺。在這種環境下長大的安娜，養出了焦慮不安的個性，經常執著於別人是否喜歡自己。她的先生是個被動、不愛管事的人，把家裡的所有權力都交給她。由於極度需要存在感，她喜歡掌控一切，家裡大小事都是她說了算。

當安娜的小兒子被診斷出有學習障礙後，她無法接受這個事實。她需要的是一個可以讓她拿出來炫耀的兒子，一個可以讓自己戴上合格母親光環的「好」兒子。他在學校裡遇到越多困難，她的內心就越糾結。當兒子開始出現過動症的一些行為問題時，她根本應付不來。她說自己是現實生活下的受害者，這讓她變得沮喪和退縮。她認為兒子面對的挑戰都是跟她有關，她徹底崩潰，無法利用自己的性格優勢來幫助孩子。

安娜只會用她唯一知道的方式來應付這個狀況，也就是完全排斥她的小兒子。她把兒子送去寄宿學校，雇用專業人員來照顧他。直到她自己接受治療後，才認清癥結在於她覺得自己不夠好。她終於了解到，童年被父母排斥的經歷，讓她現在排斥了她自己的兒子。

身為父母，對待子女不管是太積極或疏忽，都是出於恐懼。孩子只要表現出一點點不完美或能力有限，就會受到父母鄙視。也許你覺得這樣的父母很難令人同情，但是一旦你知道這些父母時時都為內在的匱乏感深感不安時，就可能開始理解他們。

就我們所有人來說，安娜的例子或多或少會引起我們的共鳴。如果我們的內在人格不是以永恆的愛為基礎，不安全感就會隨時爆發。我們會把孩子做或不做哪件事當成對我們個人的挑釁，後果就會一發不可收拾。同樣的，孩子也會吸收我們的不安全感，並意識到在我們身邊時，他們不能真正做自己。於是，他們的生活將會變得如履薄冰般小心翼翼。

察覺我們內心有多麼空虛，需要勇氣、耐心和心力。如果我們小時候沒有滿足對愛的需求，所經歷的空虛感會斬傷我們信任別人的能力，更不懂得去珍惜他人。這就是為什麼透過覺知教養來幫孩子感受到被愛和愛人，會如此重要。就從現在開始，我們可以從完全接受孩子原本的樣子做起。一旦我們這樣做，孩子的真實自我就會開花結果，引發所有問題的空虛感也就此消失了。

害怕衝突的恐懼

前面提過，家庭情緒藍圖造成許多人害怕出現不同的意見和衝突。這是因為每當我們身陷衝突時，都會經歷從羞辱到懲罰，甚至被完全漠視的過程。由於我們曾被父母以這種方式對待，因此決心不惜代價來避免衝突。這種情緒上的傷痛會大到令人難以承受，為了避免陷入情感衝突，我們寧可選擇去順應別人的期待。

或許你的童年跟我說的不一樣，你的父母親從來不吵架。可惜的是，你也沒有機會去觀察他們是如何以健康方式來解決意見分歧，這意味著你很可能沒有發展出解決衝突的必要技能。因此，你可能會得到這樣的結論：不管衝突是大是小，都是我們不樂見的。

特別是女孩，通常從小都被教導要乖巧要聽話，凡事以和為貴，而不是堅定去爭取自己需要的。當她們成為母親後，很多人就會發現要別人了解自己的需求或清楚表達她們的界線，會變得十分困難。因此，也不可避免地導致了親子之間或夫妻之間的誤解。

事實上，衝突是人類的正常互動之一，遵循情緒藍圖而避免衝突的人，會發現自己沒有能力幫孩子解決衝突。因為我們對衝突的反應過當，對於孩子童年必不可缺的幾個重要元素，例如尊重界線、處理手足紛爭等都無能為力，甚至也無法教孩子如何應付起起落落的人生。

這種害怕衝突的恐懼，可能會以下列幾種方式出現在你的教養之路上：

- 無法用一致的標準來對孩子說不。
- 你會搶先從困境中把孩子拉出來。
- 你無法容忍手足之爭，因此會不斷介入處理。
- 你對拒絕別人有罪惡感，因此會以不健康的方式來過度補償。
- 你不能為孩子建立堅定的界線。
- 在孩子眼中，你是個容易說服、喜歡討好別人的爛好人。
- 你用買超過孩子所需的東西來寵溺孩子。
- 你會受孩子擺布，然後再反過來對他們發火。
- 你害怕孩子的強烈情緒。
- 當孩子痛苦時，你會過於保護他們。
- 你時時插手和支配孩子的生活，保護他們免於痛苦。
- 你會奔命解釋理由，而不是簡單說不，一口回絕。

- 你跟另一半或朋友之間沒有建立起健康的界線。
- 你會為每個人做事而搞得自己精疲力盡，因為你無法拒絕。
- 你一直活在害怕不被認可或被說「難相處」的恐懼之中。

戴安娜的父親脾氣火爆，她既害怕父親的混亂情緒，也怕由此引發衝突。她從小就見慣父親發火時，母親一旁無助的樣子。顯而易見的，成年後的她也擁有跟家人一樣的情緒藍圖，讓她找了一個像父親的男人戀愛結婚。她的先生事業成功但情緒化，經常因為工作關係必須到處奔波，很少在家。

當戴安娜有了小孩後，發現自己幾乎是獨力撫養了這三個孩子。這種壓力，讓她在過勞的憤怒和被動的無助感中來回擺盪。因為害怕衝突，她逃避為孩子建立明確的界線，因此她的孩子就用行動來迫使她面對（我們的孩子總會出現特定的行為，來喚醒我們）。每當孩子觸犯規矩或惹麻煩時，戴安娜就會祭出一系列的懲罰。三個孩子的生活就像一面鐘擺，在缺乏規範和嚴格禁止的這兩種標準之間擺盪。

像戴安娜這樣的母親，經常會被誤解為不明事理或優柔寡斷。無論她們的孩子是令人驕傲或憂心，都會讓人痛惜他們沒有一個好母親。戴安娜之所以會這樣，是因為她小時候就失去了與核心自我接觸的機會。是的，小我可以「假裝堅強」，但散發出來的「力量」完全不同於堅實核心的平靜堅決。從我們本質所散發出來的力量，會使我們成為強大的存在。

戴安娜在接受治療後，開始揭露自己害怕衝突的心理歷程。她看出來自己對建立界線抱持保留態度，是源自童年被排斥的恐懼。她也看出來，自己實際上變成了跟母親一樣的無助女人，不會主動捍衛自己的想法。當她逐漸找回對自己的覺知後，終於能夠建立起界線，要求孩子遵守。

如果你無法設立堅定的界線或是害怕衝突，就會剝奪孩子的學習機會，讓他們無法學到如何在滿足自我需求和他人需求之間尋求平衡。如果要讓孩子了解他們的局限，並在人生旅程中發掘與他人合作的方式，設立界線是絕對必要的。沒有父母的引領，孩子會失去方向，從而可能胡作非為。

假如建立界線的想法讓你感到焦慮，孩子避無可避地會吸收你的焦慮。一旦孩子吸收了焦慮，就會挑戰你的底線，讓你下定決心去設立限制，例如那些從小就是冒險王的孩子。或者，孩子也跟你一樣變得焦慮，因為沒有人介入來停止他們腦袋裡轉個不停的想法。

我們的孩子需要的是節制，不是控制。他們真正的自我明白，不論是行為或情緒，他們都需要節制。孩子需要安全感，知道一旦做得太過火，父母就會克制他們，而他們實際上也求之不得。話說回來，只有在我們解決自己對衝突的恐懼，以及對界線的需求後，才能夠帶領孩子做到這一點。

要讓節制徹底發揮作用，父母的人格要發展出陰陽兩面的特質，這一點非常重要。一般來說，我們會被分為男人或女人，但對內在的自我來說，同時要具有陽剛和陰柔的這兩種特徵。當我們跟具有這兩種特質的內在自我建立連結時，才能成為一個完整的人。因此，每個人都應該讓身上的陰陽特質保持和諧關係。

談到教養，許多父母都會遵循傳統男女角色的典型軌跡。父親通常會過度發展自己的男性特質，欠缺女性的陰柔之氣；在母親則往往相反。因此，常見的情況是父親負責管教，而母親通常負責照顧和撫養。即使有許多男女並不符合這些文化規範，我們的社會期望和家庭的情緒藍圖還是會促使我們認同這個方式，並用此標準來撫養孩子。

許多找我諮詢的母親，都很難看出具有獨立自主的領導特質，甚至不能堅持自己的主張，特別是在面對兒子時。她們發現，自己很難建立明確的界線去要求孩子；當她們必須說「不」時，甚至會覺得愧疚。由於習慣了順從，習慣了自己的心聲被聽而不聞，她們會容許孩子不尊重她們。這種親子之間的互動方式，不論對哪一方都是不健康的。在我的工作坊中也碰過許多充滿困擾的父親，他們不懂得如何關心孩子或另一半，他們覺得要表現感情是一大挑戰，會威脅到他們在家裡的地位。

無法接納和整合陰陽兩性特質，不論對父親或母親來說都失去了某些優勢。我經常告訴母親們：「不要太強調你們的女性特質，要展現出更男性化的姿態。」身為父親的人則是恰恰相反。男性果敢自信，女性溫暖慈愛，能在這兩者之間取得平衡，對我們的教養之路非常重要。

害怕維護自己立場的女性，最為人熟知的缺點是付出遠遠超過正常限度，不知該如何爭取自己的需求，也不知如何要求自己的界線被尊重。這不可避免地會積存怨恨。同樣的，男人通常善於保持界線，要求他人尊重他們的時間和空間，但卻不那麼善於表達情感。我們的孩子會針對這兩種能量模式做出反應，通常的表現是不尊重母親及畏懼父親。我明白這只是籠統的概括，但不可諱言的，這種情況一再發生，也危害到父母把孩子教養成一個完整的人的能力。

孩子有需要知道，他們可以兼具陰陽兩種特質。這個法則是所有教養原則的奠基石，因為它說明了萬事萬物都有一切俱足的完整性。我們不再執著於陰陽分治的妄想，張開眼睛看到的是萬事萬物陰陽合一的共通性。如此一來，我們將超越有形的外在，進入到我們無形的內在世界。

為了鼓勵孩子發展出陰陽兼容並蓄的特質，我們有必要去支持這兩種能量的發展。例如，一個有立場有主張的女孩，我們要做的是引導她的力量，而不是嘲諷她或強迫她保持低調。一個有領導天賦又獨立自主的女孩，我們應該給予鼓勵，而非扼殺她的「陽性」特質。當她們抒發意見、暢談理想時，比如「我認為我不會結婚」或「我想經營自己的事業」，我們應該允許她們作夢逐夢，而非用我們的偏見或擔心去介入。我們應該允許我們的女兒眼光遠大、自由揮灑，無畏又堅強，能夠去她們想去的地方，並努力達成自己的目標。

同樣的，當我們的兒子哭泣時，我們應該鼓勵他們跟自己的內心建立連結，所有的情感都應該值得被禮讚和支持，當我們的兒子性情溫順又貼心、喜歡做家事，我們應該支持他們，而不是貶低他們。縱使是男孩子，也擁有溫柔、關懷、同情、同理和分享的能力。他們有必要明白，跟自己內心連結得越緊密，就會越勇敢，一點都無損於他們的陽剛氣質。

當我們花時間陪伴孩子時，可以問問自己：「我的孩子是否做好了他們需要的陰陽平衡？是否偏向女性化？如果是，要如何引進陽剛氣質來中和一下？」覺知教養不會打擊孩子的自然傾向，但是為了讓孩子精神層面更豐富多彩，難免要有取捨和平衡。

當男孩擁有更多的女性特質，會變得更深思熟慮、溫柔及感性。一旦如此，他們將會以不同方式來處理衝突，少了幾分爭強鬥勝的戾氣，多了幾分儒雅溫潤的平和，於是和平的日子就指日可待了。同樣的，女孩應該培養更多的男性特質，讓她們可以更堅決地擁護自己的權利，挺身而出為自己發聲。

當我們的心靈以這種方式進行整合時，平衡的能量就能向外發散，於外在世界發揮凝聚力。我們可以根據陽剛原則來構建一個進步、繁榮的世界，同時又用陰柔原則在其中孕育世間萬物。兩種原則不應互相傾軋，如此自然會生出一股中庸持平的力量。這一切，都是從變得有覺知開始。

害怕承諾的恐懼

假如我們生長在一個無法坦誠表達感情的家庭，在得不到愛及肯定的情況下，會害怕義無反顧地一味付出。而當我們被要求付出情感時，就會發現自己害怕給出承諾並真正投入感情。這是因為我們相信真愛難尋，既然我沒有足夠的愛可以浪費，為了保護自己，就不能付出太多。

會有這種感覺，源自於我們的父母沒能以慷慨及富足的方式來對待我們。不同於「不被愛的恐懼」，害怕承諾的恐懼完全是一己之私，而不是需求。我們發現自己總是在拒絕付出，不想把我們的時間和愛留給別人。

有了孩子後，當孩子不斷要求我們給予關注，我們就會受不了。假如我們小時候從來沒有體驗過這種滋味，又如何要求我們當父母時能如此付出？面對孩子對我們的無止境需索，我們只會覺得沉重，而且發現自己很難面對要全心全力照顧孩子的這個事實，尤其是小寶寶更讓我們無力招架。正因如此，父母會在孩子六七週大的時候，開始訓練孩子的入睡習慣。

當然，有些父母會選擇逃避。他們會以工作和社交活動為藉口，逃避照顧孩子的責任，從而無法為孩子付出情感，重演自己的童年經驗。

對於親密關係的恐懼，可能會透過以下幾種方式影響你跟孩子的關係：

- 你發現不投入自己的感情，很難打開心防去接收孩子的感情。
- 你發現很難給孩子你所有的注意力。
- 你發現很難與孩子玩在一起，用他們的方式進入他們的世界。
- 你發現很難自發性地跟孩子相處。

- 你發現很難將孩子對你的要求視為自然，而不是強迫。
- 你發現很難無條件對孩子付出。
- 你發現很難把自己的意願放在一邊，全心全意為孩子付出。

我以凱斯的例子來說明。在成長過程中，在電視台工作的母親忙得分身乏術，經常把他和弟弟留給保母照顧；而他的父親也是個工作狂，一年到頭幾乎不見人影。由於缺乏固定的主要照顧者，年幼的凱斯就像一條到處漂泊的小船，在不同的保母手中來來去去，無法建立穩定的自我感。因為家庭環境優渥，父母不吝給予奢華的物質補償，但凱斯真正需要的，卻是單純的家庭溫暖和父母的呵護，這些是他父母無法給他的。因此就情感方面來說，他一直都是匱乏的。

由於凱斯在童年時完全沒有體驗過真情實感，所以他關上了心門，就像肌肉缺乏鍛鍊而萎縮一樣。情感連結完全不包含在他的生活中，他學會了依憑財富和地位符碼而生存，把人生價值放在物質而非情感交流上。由於不習慣感情的連結方式，他也用相同的方式去對待異性。等他成為父親後，他所能做的，也只是像他的雙親一樣，成為子女的物質提供者。因此，他的孩子從來沒有真正了解過他，甚至認為父親後悔把他們生下來。

許多人在成長過程中，或多或少都會感覺父母不了解他們，至少沒有做到心手相連的程度。不知何故，我們的父母總是看起來跟我們有距離。因此，一旦我們面對親密關係的要求時，就會發現自己受到脅迫而感到窒息。成為父母後，即使孩子需要我們，我們也會感到陌生和不堪其擾。我們沒有調整自己來配合他們，而是直接拒絕他們的親近。我們不喜歡孩子表現出來的感情，也抗拒他們對我們的需要，反而轉身離開，讓孩子感覺到他們不值得我們去關注。只有當我們看見孩子受到跟我們一樣的傷害，反映出我們自己深埋在心底的痛苦，才會回頭面對過去，然後轉變成孩子需要的成熟父母。

害怕獨立自主的恐懼

許多家庭都重視長幼有序的傳統觀念，父母和孩子之間階級分明。在這些傳統家庭裡，孩子被教導得乖巧順從。然而，在這類網狀家庭[1]裡可能會造成家人之間彼此過度糾結到一種危險的程度，也可能會產生依賴性。

孩子不被允許有獨立的思考，不准有自己的意見，也無權自己做主，只能聽命父母的權威長大。由於大多數事情都必須父母批准，他們很少有機會練習自我管理的能力。如果他們偶爾自己做主，下場通常都是受到羞辱或威脅，讓他們更為退縮及猶豫不定。當這些孩子長大成為父母時，他們的被動和依賴性會繼續羈絆他們，無法進行明確的領導，也無法培養自己的領導能力。

這種恐懼可能會透過以下幾種方式，表現在生活和家庭之中：

- 你無法為家庭打造一個清晰的願景。
- 你無法讓孩子擁有自己的生活。
- 你控制孩子，不放他們自由。
- 你讓孩子過度依賴你。
- 你會把意見或利益分歧詮釋為背叛。
- 如果孩子選擇一條與你願景不同的路，你會用罪惡感羈絆他們。

- 你讓孩子覺得有自己的想法很丟臉。
- 你緊緊依附著孩子，寧可彼此糾結，也不願設下清楚的界線。

貝蒂的原生家庭教導她要安靜、溫柔和順從。她一向被認為是個非常出色的好女孩，一直到上大學時都對自己的能力感到自豪。她從來沒有想過做**她自己**想做的事，甚至為了完成父母的願望而成為醫生。然後貝蒂當了母親，她依循自己成長過程的情緒藍圖，把女兒養育成跟她個性一樣的人。

表面上，這個家庭看起來優雅富足、光鮮亮麗，就像隨時可以上電視一樣。沒有人想得到，貝蒂會受到丈夫的情緒虐待。她害怕讓人知道，尤其是女兒，因此隱藏了所有的虐待跡象。丈夫外遇，她假裝不知道或不在乎；當他開始掌控家裡所有的銀行帳戶和信用卡時，她也一言不發地全部都交出來。

等到女兒離家上大學後，貝蒂的自我防禦才開始瓦解，讓她陷入深深的憂鬱之中。當女兒看到母親崩潰的模樣，感到非常自責和內疚。有一次，甚至一整個學期都待在家裡，幫母親度過低潮。貝蒂發現，她很難擺脫自己搖搖欲墜的婚姻及空巢期對她心理造成的負擔，於是她靠食物來尋求慰藉。直到體重嚴重超標，健康開始惡化後，她終於願意尋求幫助。

貝蒂花了好幾年的時間，才發掘到真實的自我，找回自己的聲音。一直拖到六十歲，她才有

1 Enmeshment Family，網狀家庭的成員關係有如黏結交錯在一起的網，家庭成員彼此過度涉入，阻礙了個體的自主性與獨立性的發展。

勇氣離婚。即使是那時候，她也因為太害怕自己一個人而動彈不得。她仍然在接受治療，目前她快要六十五歲了，仍然在解決自主問題，並努力在她長久失去自我的瓦礫堆中找出自己的路。

維持一個破碎的婚姻這麼久，遲遲不放棄，表面上似乎令人欽佩。對公眾來說，這樣的人似乎很有家庭觀念，一心一意都放在配偶和孩子身上。在某種意義上，這的確是美德。然而，如果我們仔細推敲下來，就會發現這一類的人都是靠家庭關係來定義自我價值的，為了維持家庭或婚姻的表象，寧願以自己的幸福為代價。最終，他們會發現，其實自己根本無法自立。

如果孩子有這樣的父母，在拒絕接受家庭的情緒藍圖而逃跑後，最後也會背負著深深的罪疚感，就像貝蒂的女兒。這種對個人自主性的破壞雖然微妙，但仍可察覺，會導致個人喪失動機、熱情及目標。只有當父母發現真正的力量是建立在擁有自主權，而不是依賴別人來定義自己時，才能夠讓孩子自由飛翔，無畏地探索他們的極限。

害怕不快樂的恐懼

許多家庭對追求快樂有種焦慮性的偏執，我們之中應該有很多人都在這種家庭中長大。這樣的我們不是把不快樂當成生而為人會碰到的人生百態之一，反而會因為不快樂而產生罪惡感。因此，我們會盡一切可能來避免引起不快樂的事情。我們都陷入了一種錯覺，誤以為生活都應該維持在快樂狀態。

當我們抗拒會導致不快樂的體驗時，不只是在教導孩子去害怕、迴避人類的自然情緒，也讓他們對人生的起落不定心懷畏懼。於是，當孩子長大後就會相信，自己必須不惜一切代價來避免不快樂。

我曾在很多不同場合聽到父母對正在哭泣的孩子說：「你看起來好難過啊！吃塊餅乾會讓你高興起來嗎？」當我問這些父母，悲傷和吃東西有任何連帶關係嗎？他們看著我，就像我提出了一個蠢問題似的。用食物來處理痛苦的情緒，類似的做法還包括抽菸、喝酒、吸毒、看電視，甚至是運動，以便麻痺我們的感覺，迴避自己去感受悲傷。假如我們不鼓勵孩子尊重那些不像平常那樣快樂的時刻，就會讓孩子與實際的生活經驗脫節。我們自以為是在保護孩子免於受苦，卻不知道我們正在剝奪他們建立韌性的機會。

讓我們來看看，這種對任何潛在不快樂的恐懼如何阻礙我們孩子的情緒發展：

- 每當孩子看起來很傷心，你就會努力逗他們開心，或者插手解決他們的痛苦。
- 你覺得孩子很脆弱，不堪一擊。
- 當孩子的情緒讓你感到不舒服時，你就無法跟他們感同身受。
- 你不教孩子如何處理痛苦，只教他們如何迴避痛苦。

加百列回憶起他九歲時，因為在學校被欺負而哭著跑回家的事。他當時想找母親給自己安慰和鼓勵，家裡卻只有正在玩牌的父親及祖父。他們無法同理他的感受，反而告訴他男孩子不該那麼「軟弱」，還開玩笑說他比妹妹更沒用，因為妹妹剛剛才打贏了欺負她的人。

加百列還記得，當時自己覺得太丟臉而低垂著頭。他心底暗暗保證，以後再也不會在父親面前流淚了。他所接收到的訊息告訴他，表達真正的情緒是一件缺乏男子氣概的事。那天晚上睡覺時，他用力捶打枕頭，然後反覆告訴自己，他是個大笨蛋，表現得就像是個懦夫。

如今，加百列在看到他人流淚時，仍然無法感同身受。他的妻子經常抱怨，當她哭泣或不安時，他只會默默走開，感覺就像繞過一堆髒衣服一樣。她不能理解他為何這麼殘忍。至於孩子們，則讓他非常不耐煩，他常常對孩子大吼大叫或威脅他們。這是因為加百列的真實感受從來沒有被認可，以至於無法與孩子痛苦的感覺建立連結。

像加百列這樣的人，會不斷被不快樂的恐懼所操控，於是也害怕失敗，結果常常就成為最不快樂的人。雖然掩飾得很好，但其實他們非常焦慮，會用各式各樣的活動來塞滿生活，好逃避必須處理與自己內在失去連結的痛苦。最終，當他們被迫面對逃了一輩子的事情時，他們周圍的一切都將分崩離析。

這種模式養育出來的孩子，很快就學會隱藏自己的悲傷，並戴著讓父母快樂的假面具。一旦真實的感受找不到出口，就會透過身體來表達，因此這樣的孩子經常出現偏頭痛、胃痙攣和耳朵痛等毛病。或者，他們的學業成績開始一路往下走。矛盾的是，這些拒絕痛苦的表達方式，實際上卻讓他們更焦慮。

害怕不夠好的恐懼

許多人都會從長大的原生家庭帶來自己不夠好的情緒藍圖，讓我們不斷與其他人比較。一旦比不上別人時，就會感覺沮喪難過。我們看到了錢、美貌和地位對父母有多重要，並以這些外在的東西當作成功的標準。我們早早就學會，只是做自己，還遠遠不夠。

不夠好的感覺，往往會影響身為父母的我們與孩子的相處方式：

- 我們教孩子依賴成績來評斷自己。
- 我們過分注重孩子的外表，並教他們以貌取人。
- 我們試圖控制孩子的交友情況，並將受歡迎當成自我價值的一部分。
- 我們在他人面前貶低自己，表現出自卑感。
- 我們過份關注自己的外貌、形象及社會地位。

瑪麗清楚地記得，父親在談到工作時曾經自豪地說，他從來沒有因為惹是生非而讓他的老闆生氣過。即使有個老闆一再羞辱他，他也從來沒有因此有過不敬的神色。他的一番話灌輸了女兒對據理力爭的恐懼，從此瑪麗開始相信，她不如其他人重要，特別是那些有權威有地位的人。等她長大後，很難在受欺負或被惡意中傷時討公道，保護自己。直到瑪麗最親密的朋友背叛她，捲款逃跑後，她終於從這種催眠狀態中醒來，意識到自己需要專業協助。透過治療，她開始理解她的行為模式會吸引想利用她且不會平等對待她的人來到身邊。她也發現這種模式可以回溯到自己童年所受到的制約，當時年幼的她從來不覺得自己值得被栽培或被尊重。

當瑪麗這樣的人當上父母後，他們教出的孩子會對做真實的自己感到惶恐焦慮。因為一直以來，他們親眼看到父母縮著肩膀逃避生活，無法堅持真實本性的樣子，因此學到了他們不如別人重要的消極想法。

害怕失去控制的恐懼

教養產業成功地向我們推銷了一個概念：想要成為好父母，必須掌控一切。我們將管教解讀為隨時隨地控制孩子的生活，但實際上我們需要控制的，是自己的情緒化反應。

我們充滿控制欲的行為主要是焦慮造成，因此很難從孩子身邊退開一步，給他們所需要的空間，讓他們自然去犯錯和成長。重要的是，我們必須認識到，全身心投入陪伴孩子的父母，絕對不同於因為焦慮和執念而離不開孩子身邊的父母，這兩種父母有相當大的差異。

這種對失去控制權的恐懼，會透過以下任何一種方式表現在親子關係中：

- 你發現自己很難容許孩子犯錯。
- 如果讓孩子自主，你會覺得就像自己放棄他了。
- 你覺得沒有隨時在孩子身邊，他們會不堪一擊。
- 你覺得如果沒有你，孩子就無法茁壯成長。
- 為了滿足孩子的所有需求，你耗盡了心力，壓力龐大。
- 你試著管控孩子的決定和活動，把自己累壞了。
- 你把孩子所做的一切都視為跟你個人有關，不允許他們自己摸索前進。
- 你認為孩子是你成功人生的重要組成部分，並為你所扮演的角色感到無比自豪。

凱西在控制和完美主義的教養下長大。在她當了媽媽後，孩子就成為她的專案計畫。她為他們報名了最好的活動，要求他們凡事都要成功。她的小女兒卡琳卻反對母親的支配，用叛逆行為來表達她真正的心聲。母女兩人在諮詢那天，就在我的面前起了嚴重的爭執。

進行治療諮詢時，凱西明顯不願意對女兒放鬆標準，而卡琳也不願讓步。最後凱西別無選擇，只能心不甘情不願的妥協。然後她才開始看出，她的教養方式是源自於恐懼。隨著療程的進展，喚醒了凱西的覺知意識，她才驚訝地發現自己過去做了多少把卡琳推離她身邊的事情。

像這樣的父母，會透過自我犧牲來掩飾他們的焦慮。只有當孩子開始反抗後，他們才會被迫減輕控制力度，並開始注意到自己的恐懼。

這樣的父母養育出來的孩子，經常會被焦慮和害怕失敗的恐懼所包圍。當他希望對自己的人生有發言權時，可能會藉由自我批判和自我毀滅的方式，或用蔑視反抗的態度反映出來。無論是哪種方式，這些孩子都會感到羞愧，覺得自己正在犯錯。他們在父母的過度保護下成長，忽略了自己的真實感受，直到情況已到嚴重失調的地步。

害怕平凡的恐懼

在追求完美的文化中長大，如果沒有比別人更勝一籌的某種專長，就會覺得自己「低人一等」或不夠資格。你無法想像有多少父母跟我抱怨：「但他沒有什麼專長。」或者孩子自責說：「我的運動表現很一般。」在缺乏覺知的狀態下，我們讓自己和孩子用完美、特殊和非凡來定義自己的價值。一旦缺乏這些高貴的特質，就會覺得自己一無價值，因此產生不安全感。平凡讓我們焦慮，導致我們在某種程度上過度補償。

當我們成為父母後，孩子能力的局限觸發了我們本身的焦慮，而這些焦慮會藉由以下幾種方式表現出來：

- 我們會不斷地逼迫孩子去培養專長。

- 當孩子沒有做到最好時，他們會覺得自己很丟臉。
- 我們操縱孩子的表現，並害怕失敗。
- 我們過分強調競爭，教導孩子人生就是要贏。

卡洛琳是一名勤懇好學的十三歲女孩，每個科目都表現得很優異，既聽話又有禮貌，幾乎是每個父母夢想中的孩子。然而，她的母親還是把她帶來接受治療，因為每逢考試前夕，她都會發作偏頭痛。她的偏頭痛嚴重到不得不跟其他孩子分開考試，由於她的學業表現一直都是名列前茅，沒有人能理解為什麼考試會引發她的偏頭痛。

卡洛琳的父母按照傳統方法來解決問題，他們讓她吃很多止痛藥。除了讓她鎮靜下來，他們不知道要如何解決這種情況。直到發現非處方藥不足以治療女兒的症狀時，才帶她去看精神科醫生，開了治療焦慮症的處方。

很快的，跟學業無關的事也會讓卡洛琳發作偏頭痛。鋼琴獨奏，讓她偏頭痛；受邀參加派對，也讓她偏頭痛。她的父母慌了手腳，她是家裡最優秀的孩子，為什麼會害怕失敗呢？從來沒有失敗過的她，這種恐懼究竟來自哪裡？

等到藥物顯然無法根治問題時，這家人才找上我。我很快就意識到，卡羅琳的完美主義重擔，讓她承受不住了。追求出類拔萃的壓力是如此沉重，沉重到把她壓垮了。因為不允許自己趨於平凡，不允許自己放慢腳步，於是只能不斷鞭策自己，直到身體強迫她放鬆下來。

然而，除非父母承認他們對女兒的焦慮症有責任，否則什麼都不會改變。但已經習慣卡洛琳樣樣都好的雙親，否認自己將失敗的恐懼投射在女兒身上。「她從來就沒有失敗過，」她的母親反駁：「我們怎麼可能會讓她害怕失敗呢？我們從來沒有因為成績不好責備過她。我真的看不出來，我們是如何創造出這樣的恐懼。」

我向她的父母解釋，不能因為卡洛琳從來沒有因為失敗而遭受責備，就表示她沒有直覺意識到自己的成功對父母有多重要。

「成功當然重要，」母親反駁：「我們總是和卡洛琳一起慶祝她的成就。難道父母不該這麼做嗎？」

「我們的確可以慶祝，」我同意她的話：「但是當孩子直覺地認為父母執著於他們的成功，並意識到比起他們本身，成功對父母的意義更大，就會以焦慮的形式把這種想法內化。我們不該反客為主，比孩子本人更沉溺於慶祝孩子的成就。成就是孩子自己掙來的，慶祝及榮耀也是孩子的。如果比起孩子本身，父母認為成就更重要，就會傳遞給他們這樣的訊息：他們的成就跟父母有關。一旦意識到一點，為了當個『好』孩子，將驅使他們用成功來讓父母感覺良好。卡洛琳的偏頭痛，就是她背負著要讓你們感覺良好的重擔所付出的代價。」

當卡洛琳的母親了解到她是如何把整個家庭的價值和幸福感都放在卡洛琳的成就上之後，開始改變自己的教養方式。經過多次的諮商治療，終於幫他們認清完美主義文化帶有的毒刺，重新調整了他們對女兒的期望，讓卡洛琳得以從父母給予的壓力下解脫，獲得自由。弔詭的是，他們會如此渴望女兒的完美表現，其實是來自於他們覺得自己不夠好。

身為父母，我們自然希望孩子能成功，並覺得與有榮焉。但當我們這樣做的時候，一不小心就會傳遞出不接受孩子失敗的訊息。小我一向貪得無厭，當我們放任小我恣意妄為，就會讓孩子為了爭取我們的開心而產生焦慮。

害怕匱乏的恐懼

如果有一個生發恐懼的共通源頭，很可能就是對匱乏的恐懼。人類情緒基因的某處埋伏著一個信念，那就是宇宙資源供不應求，因此世界沒有夠用的善良、夠用的財富、夠用的美，也沒有夠用的愛。正因為這種匱乏感，隨著年齡增長，我們對於善良、財富、美好和愛的定義越來越狹隘，而不是越來越寬廣。我們越是短視近利，所看到的匱乏就越多。

如果以金錢角度來看待財富，就只有富人才算得上富足。這種狹隘的財富定義，使得我們除了在荷包滿滿的時刻之外，很難感覺自己受到上天眷顧。然而，假如我們用看見宇宙是如何豐饒的角度來看世界，就會以其他角度來理解財富，包括擁有美好的家庭、良好的健康和深厚的友誼。

同樣的道理，當我們從匱乏的角度來看待美，就會用傳統方式來定義它，並把自己跟一個不可能達到的完美標準做比較。因此，我們會發現自己或多或少都有所欠缺，永遠不會感到滿意。然而，假如我們能帶著豐足的心態來看待美，就會意識到美有非常多的面貌，而不僅僅是選美比賽所界定的狹隘標準。由這個觀點出發，我們就會發現自己小巧的鼻子也很可愛，臉上的雀斑沒有那麼惹眼，豐腴的曲線也不再令人煩惱。

你是否戴著有色的鏡片來看待自己和孩子，因此總是看到欠缺的部分，而沒有看到目前已經擁有的？當你走進一個新情境，你會注意到所有妥善的部分，還是錯誤的部分？你的答案，將會對你如何教養孩子產生巨大的影響。這些看法，也反映出你的先天稟性無法得到發展的空虛程度，因為只有在我們內在有欠缺時，才會看到外在世界的匱乏。

年幼的孩子完全不知道匱乏的概念，他們童稚的眼中到處都看得到豐饒，因此整個世界都是他們的遊戲場。他們喜愛探索自己的各種興趣、優點和天賦。正因如此，他們也能接受自己的局限。他們知道假如自己對某件事不擅長，還是可以從更多其他的事物獲得樂趣。事實上，他們會大方承認自己的不擅長而不會感到丟臉，直到我們改變了他們的純真。他們對自己的美醜也沒有成見，直到社會開始把他們歸類。他們對自己的身心各方面從來不以為恥，直到跟社會集體看法發生衝突。

富足不是過奢華的生活，坐擁金山銀窩。富足是一種心態，跟我們對宇宙的的深刻信任有關。這是一種看待人事物和看待自己的方式，眼中所見是一個不可分割的整體，而不只是局部。缺點和局限都會被含納在其中，視為整體的一部分。

你可曾想過，富足也包括了局限、損失、痛苦，甚至死亡？當我們從富足的角度出發，就不會將人生的自然過程解讀為剝奪和損失，而是視之為對生命的回饋。所有的事物，不管正面負面，都可以理解成是為了我們的存在而提供的細節，各具紋理，各有各的價值。我們知道，就整個大宇宙來說，還有更多我們不知道的其他因素在參與作用。只因為我們沒有親眼看到，並不代表它們不存在。當我們從這個角度來體驗人生時，就自然能以「如是」（as is）的健全心態來迎接每個體驗。我們相信無論發生什麼事，都可能增加我們的智慧，從而幫我們成長。

在你與孩子的日常相處中若出現了以下的反應，可能就代表匱乏的恐懼在蠢蠢欲動：

- 孩子的成績單出現紅字，讓你感到恐慌。
- 孩子變胖了，你催他減肥。
- 孩子覺得自己不夠聰明，於是你請了各科目的家教。
- 孩子受到老師冷落或同學的排擠，讓你心煩意亂。

- 孩子把文件夾忘在學校或弄丟手機，你會對他們大吼大叫。
- 孩子被發現持有毒品，為了可預見的未來，你只能把他們關在家裡禁足。

札克是個匱乏專家，從來都不曾覺得滿意過。他生長在一個相對舒適和優渥的家庭，父母都是第一代移民，時常會因為自我價值感低落而自卑不安。因為沒有意識到自我的價值，父母的眼中總能看見匱乏。札克長大後，他認為世界很不安全，除非具有破釜沉舟的心態，否則就會輸掉人生遊戲。這使他變得超乎常人的積極好勝。

身為投資銀行家，札克的職業掩飾了他內心的飢渴，也驅使他追求越來越多的財富和更高的地位。即使他在四十出頭就已經是百萬富翁了，也無法擺脫被剝奪感。不管有多少人告訴他，他是被上蒼眷顧的寵兒、人生大贏家，但他從來沒有這樣想過。

當札克有了孩子後，他開始要求孩子要在所有活動中取勝。在過多的壓力下，他的小兒子出現了社交焦慮。對札克來說，這無異是世上最糟糕的消息，於是他帶兒子來接受治療。然後他開始明白，這許多年來，自己的人生是如何被深切的匱乏感所控制。透過靜坐與其他正念練習，札克終於能夠體會平凡中處處見恩典的道理。由於他真心誠意地揭開自己的恐懼，因此能夠擁抱孩子最真實的樣貌，還給所有孩子一個充滿安全感的生活環境。

那些無時無刻都感到匱乏感的人，他們一手養大的孩子將會因為匱乏的恐懼而顛簸於途，不安全感讓他們感覺不到自己的力量。他們不相信，人生的苦痛創傷也是珍貴的成長機會，他們不相信自己已經擁有突破困境的能力。於是，他們在人生的道路上只能不斷攻防，透過一場場大大小小的戰役來跟環境對抗，而不是隨順環境而活。

進入信任、富足與賦權培力的狀態

當我們越來越深刻地認識到，我們對孩子的情緒化反應是受到恐懼的影響，就能學習新的教養方法來應對。我們的目的，不是要把恐懼驅逐出境，而是學習當它對我們造成威脅，讓我們有滅頂危機時，還能在它的水域中航行。我們所追求的，不是一無恐懼的人生體驗，而是勇敢接受我們身處的所有情境，知道我們的心靈有足夠的力量，可以處理好這些情況在我們內心裡帶來的恐懼。如此一來，我們將不再害怕恐懼，並開始能把它視為促進更多喜樂和滿足感的盟友。世界不再會被硬生生劃分為快樂或不快樂、可怕或不可怕，而是整合到一個整體經驗之中。此後我們衡量自我價值的標準，將是根據自己的覺知程度、成長程度，以及與內在的連結有多緊密來判斷。

第十三章……

將恐懼轉變成覺知

當我們與親近的人互動時，情緒的制約模式會自動活躍起來，被我們從外在世界感覺到的壓力或恐懼所激發。而孩子的到來，給了我們一個機會去認識及整合這些制約模式，因此我們應該心存感謝而不是恐懼或生氣。

一旦察覺到我們所有的無意識反應（特別是對孩子的反應），其幕後黑手就是恐懼時，我們就拿到了自我剖析的入場券，可以進一步去檢視我們的世界觀，並用更進步的方式來回應現狀。我們從父母接手過來的情緒藍圖，幾乎影響了我們對萬事萬物的情緒反應：

- 我們如何理財。
- 我們如何應對壓力，如何面對改變、無聊、排擠與背叛。
- 我們如何看待自己與他人的身體。
- 我們對努力工作、成功和失敗的感受。
- 我們對食物的感覺。
- 我們如何處理衝突、界線、風險和挑戰。

- 我們如何駕馭友誼和親密關係。
- 我們如何自我管理。
- 我們如何扮演好領導與服從的角色。

當我第一次意識到，自己身上帶著一個會左右我人生的情緒「晶片」時，有多麼震驚。同時我也很激動：我對自己和其他人的所有看法、意見和判斷，其實都是家庭與社會灌輸給我的。一方面，這意味著我早在十歲大的時候，就已經深陷這些制約的泥淖，而要消除這些印記可能需要花上一輩子的時間。另一方面，也讓我鬆了一口氣，因為我明白我可以消除任何不適合我的印記。這真是個兼具希望和恐懼的領悟！

我清楚記得自己第一次意識到，我不是由父母、文化或任何先前我所知道的一切所定義的那個恍然大悟的時刻。但這不代表我會迴避它們的影響，我完全沒有這個意思。我想說的是，我是如何了解到我的自我感不是依附於他人，也不是由他們的理想來定義的。

二十二歲時，我從印度搬到舊金山，一年後開始我在加州整合學院（California Institute of Integral Studies）戲劇治療的碩士研究生涯。這所學院是最具前瞻性的機構之一。在此同時，我正式開始內觀禪修（Vipassana meditation）[1]的訓練，認真練習日常生活中的正念覺知。就像所有外國留學生一樣，我在國外的第一年，忙著體會新文化，也忙著吸收新思維，努力拋開舊的生活方

1 內觀（Vipassana）是印度最古老的禪修方法之一，是透過觀察自身來淨化身心的一個過程。你要做到如實觀察，也就是觀察事物的真正面目（資料來自台灣內觀中心）。

式並開造新的生活模式。我的頓悟時刻發生在公車上，我還記得，那時我正在看著坐在前排座位的一對女同性戀人，心裡想著印度文化永遠不可能接受同性戀。接著下一刻，整個世界都在我面前震動了。一個問題喚起了我的覺知：「我為什麼要按照我的文化標準來定義自己？」這樣一個問題，讓我從未經我意識同意、卻一直桎梏著我的童年枷鎖中解放出來。我的思緒紛雜。如果我的文化對於我們應該愛誰和怎樣去愛沒有正確的態度，那麼或許對其他許多事情觀點也不是正確的。也許過去我認為是正確的一切，實際上都是錯的！就在那一刻，我開始卸下我以前所執著的身份：女人、心理學家、女兒和印度女人。你可以想見，這個蛻去舊身份認同的過程有多麼輕鬆，就如禁錮多年重見天日一樣；但同時也讓我驚出一身冷汗。沒有了這些角色，超越這些身份認同之後，我又是誰？如果家人不再接受認同我，怎麼辦？我要如何忍受他們對我的新態度？我有足夠的勇氣去重塑全新的自我感嗎？

幸運的是，我的父母足夠開明。儘管如此，我的童年還是充滿了文化教條，也形塑了我潛意識層面的信仰體系，其中包括我需要回去印度，最好和印度人結婚，才能符合我從小被教育的社會規範。當我打算向父母表明這些都不在我的計畫中，心中其實揣測不安。終於我鼓起勇氣，面對我父親：「你送我來美國，就是希望我能有所改變和成長，對吧？你不會希望我回去時，還是跟出國時沒兩樣，對吧？現在我已經改變了。所以我不回去了，我不想成為你所希望的『印度賢妻』。我真的做不到。請原諒我。」

我哭了起來，我父親也哽咽了。他回答：「你說得對極了。如果我把你送到美國，卻希望你不要改變，那是多麼自私又短視近利。我看得出來，你學習和成長得非常好。所以，我怎能不鼓勵你呢？我不要你擔心我們的文化傳統，我想讓你跟隨自己的心，做你認為對的事。」

後來，我跟父親提起這段往事時，我告訴他：「在那一刻，你把自由的鑰匙交給了我。」從此我開始了全新的人生，不再受制於我的過去，而是完全能自由地塑造自己。那一刻徹底改變了我的人生，這也就是為什麼我會選擇現在的工作。

因為我明白，原生家庭會如何在不知不覺中限制我們用陳舊的方式生存，讓我們只能長成完整自己的萬分之一，我希望所有孩子都能自由發展。如今，我的父親對我說：「當我放你自由，我其實也放自己自由。你的自由改變了我們所有人。因為你走出自己的路，讓我們有勇氣也走上我們自己的路。你改變了你的母親、你的朋友，以及跟你接觸的每個人。雖然我當時不知道這個決定有如此深遠的影響，但我很高興我有足夠的智慧跟隨你，而沒有成為你的阻礙。」

就是這樣一個簡單的行為，造成了巨大的改變！所有父母都可以做到。我們不要成為孩子的阻礙，允許他們自由發聲並找出自我表達的形式。在發現自我的過程中，孩子可以解放自己並改變世界。雖然不是每個孩子都能跟我一樣擁有明理的父母，但是每個孩子都必須意識到自己遠遠超過任何他們被貼上的身份認同——沒錯，即使是子女的身份。即使他們的家庭從不改變，這種深刻的意識也能夠在孩子的內心世界裡帶出拔山倒樹的力量。無論父母是否願意加入孩子的行列，在孩子的人生中，都會有這麼一個轉捩點，也就是當孩子覺得有必要拿回人生旅程的主控權，並開始自我導航的那個時刻。當然，第一步就是要意識到家庭情緒藍圖的無形影響，以及它是如何發揮作用的。

當我們與親近的人互動時，情緒的制約模式會自動活躍起來，被我們從外在世界感覺到的壓力或恐懼所激發。而孩子的到來，給了我們一個機會去認識及整合這些制約模式，因此我們應該心存感謝而不是恐懼或生氣。這麼多年來，終於有一個機會讓我們將過去的遺跡碎片重新整合，讓我們可以成為真正的自己。

不過情緒模式很難消除，所幸透過練習，我們可以學習去觀察當我們認同自己的情緒藍圖的那個時刻，並抓住機會進行有覺知的回應，而不是情緒化反應。當我們這樣做，就等於重新審視了我們的過往，拾起了那些我們散落一地的本我碎片——這裡撿一小塊，那裡撿一小塊，直到我們慢慢把代表我們真實自我的迷途孩子重新組合回去。如此一來，隨著時光流逝，我們不僅長了年紀，情緒上也變得更加成熟。

當恐懼輕柔地從駕駛座讓位給我們，變得友好親切，我們就能學著將它融入生活，而不是盲目由它開著車子到處橫衝亂撞，或是假裝它不存在。當我們允許恐懼進入我們的意識層面，它自然會變得平靜。藉由「沒錯，但我可以……」的句型，我們允許恐懼存在，卻不會讓自己因為害怕而完全當機。例如，我們可以對自己這麼說：

- 沒錯，我害怕去那個新地方，但我可以找到方法讓自己感到安全。
- 沒錯，我害怕在開會時發言，但我可以找到方法事先準備好。
- 沒錯，我害怕與朋友意見不合，但我可以找到方法跟他溝通。

當我們把恐懼視為不過是尋找創造性解決方法的墊腳石時，就不會埋怨它的存在，也不會被它的力量所惑。如果我們把恐懼視為生命內建的一部分，就不會對它大驚小怪。一旦恐懼失去了刺激我們的力量，就會以有機方式融入我們的生活，拓展我們的能力，而非減少我們的能力。

恐懼可以轉化為覺知的力量，但需要我們有意願及勇敢探索。了解並接受恐懼是人類經驗中不可避免的一個面向，我們就能避免被恐懼所俘擄。然後我們重新設定它，賦予它新功能，使我們對待自己和他人時更有悲憫心。

從過去的陰影裡走出來

你應該會很高興聽到，我們不必回到童年去挖掘自己恐懼的根源，而是在當下就能看著它出現。正是這種對恐懼行為模式不斷重複的覺察，啟動了釋放自我的過程。當我們發現自己依照情緒方程式做出反應時，內心深處真正發生什麼之後，我們的防禦心將會減弱，隨之而來的整合作用就會一路傳遞到我們的核心，觸及俄羅斯娃娃中最小的那個木娃娃。隨著我們越來越能覺察過去如何影響現在，就能擺脫刻板僵化的無意識存在與反應方式，進而創造出符合體現人生所有當下時刻的細緻回應。擺脫舊模式後，針對當下且沒有腳本的自發性原始回應就會出現。

值得注意的是，我們的情緒模式是一代傳一代的，只有透過當下的覺知，才能打破窠臼。這種生活方式和教養方式，其力量和美妙之處，在於我們不需要刻意將過往的記憶強加到意識中。相反的，我們只是單純觀察當下發生了什麼。假如我們發現自己的無意識反應並感到無法負荷，很可能是因為我們的某個過往干擾了現在——不是某種被遺忘與未整合的情緒，就是被某個源自恐懼的迷思所制約，導致了我們現在無法以有力量的方式回應。

我的客戶東妮，她的情況可以用來說明這種世代相傳的模式在家族中一而再重複的力量。東妮家裡有兩個不守規矩、髒亂成性的青少年，她整天都在不斷嘮叨跟拜託他們要自己打掃整理。她抱怨說他們家就像豬圈，她都不好意思邀客人來家裡。我對她說：「你不斷抱怨，彷彿你已經採取了行動。但說跟做是兩回事。抱怨是消極的作為，而採取行動是積極的作為。你對付諸行動有何恐懼？」

一開始東妮很困惑：「我該採取什麼行動？」

我問她：「如果你在客廳發現了一些不屬於你的東西，你會怎麼做？」

她立刻回答：「如果這些東西是朋友的，我會立刻還回去；萬一不知道是誰的，就把它丟掉。」話一出口，她就知道我的建議是什麼了。她立刻接話：「你是要我把孩子的東西放回他們的房間，不然就把它們丟了，對嗎？」

我看得出來，這個建議引起了她的焦慮。我問她：「你看起來很焦慮。你能否告訴我為什麼這種解決方式會讓你感到威脅？畢竟，在上述情況下，這似乎是唯一合乎邏輯的方法。」

她回答：「不只是東西而已，還有冰箱裡的食物，放著放著就過期了。我試著尊重他們，但卻讓我忍得很痛苦。」

顯而易見的，東妮混淆了恐懼與尊重。我告訴她：「你的反應並非出於尊重，而是因為恐懼。除非你認真把自己的家變成不可侵犯的幸福空間，並確保這個願望比你成為『好』媽媽的願望更強大，否則這種模式將會繼續下去。」

東妮沉默了一會兒，慢慢點了點頭，承認道：「我就是這樣一個軟弱的人。我不知道如何堅持立場。我怕孩子們排斥我。我把他們變成怪物，把自己變成奴隸。我需要結束這一切。我現在明白了，抱怨只是我困住自己的方式。」東妮在諮商結束後回到家裡，把孩子留在屋子各處的東西，全都放進一個垃圾袋裡。當孩子們回家時，她給了他們兩個選擇：將東西放回它們該待的地方，或者她會把東西全捐出去。男孩們看出了母親不再容忍這種雜亂的生活，接收到訊息後，開始更在意他們自己的東西，不再把東西亂丟。雖然這只是一小步，沒能神奇地改變孩子的習慣，但卻幫助東妮開始走向恢復自我力量的道路。正如她在接下來的面談所表達得那樣奇妙：「我以前一直在用我的恐懼削弱孩子們的能力。我渴望取得孩子們的喜歡和認可，才讓他們覺得住在像豬圈一樣亂的家裡是可以被接受的。我教過他們最危險的事是，侵犯另一個人的空間和隱私是可以的。我對於被孩子喜歡和接受的渴望，勝過了我身為母親的教養職責。」

當我看到東妮慢慢改變她的生活後，溫柔地進一步探究她的心靈，幫她揭開這些恐懼最初的源頭。在她探索自己的過去時，發現她的不安全感始於父母離婚，父親搬走的時候。她記得那時覺得自己很沒用，也覺得自己對父母的離異有責任。她說：「我的家不再像個家了。我感到內疚，因為我選擇留在母親身邊，後來總是覺得父親在責怪我的選擇。」我詢問更多關於她父母離婚的細節，她解釋：「我外祖父非常嚴厲且有控制欲，我母親會被我父親吸引，是因為我父親的個性完全跟我外祖父相反。我父親個性大喇喇，容易相處，從裡到外是個徹頭徹尾的藝術家。我母親則是反過來，她膽小、焦慮又是個完美主義者。婚後隨著日子一天天過去，她變得越來越偏執。我父親只要跟朋友一起出去，她就整天焦慮不安。最後，她的嫉妒心及想控制父親一舉一動的需求，搞得我父親都快瘋了，於是他們就離婚了。」

說到這裡，一切都完全合理了。我柔聲對東妮說，因為父親對她的遺棄，使她害怕在家裡引起風波。因為在父母離婚後，她童年的家就再也不一樣了，所以她透過允許孩子侵占她的個人空間，在自己家中延續這種流離失所的感覺。她缺乏自我價值感，使她相信自己沒有資格要求被孩子尊重，也不夠格在家裡擁有自己的空間。

當東妮看出她與孩子之間的問題，不是始於自己的童年，而是從幾個世代承襲而來，她開始體會當下覺醒的力量。她了解到，如果我們敢問自己，為什麼眼前的情況會讓我們不堪負荷，當下就能成為強大蛻變的起點。我們恐懼的原因，很少由當下或孩子的行為引發，幾乎總是來自於我們先輩的情緒模式。

只有在我們理解了自己基於恐懼的反應模式是世代承襲而來，才會意識到這些情緒都源自於我們的過去，與我們現在遇到的情況無關——只除了一個事實，那就是眼下這些情況引起了我們的注意。

我們的恐懼，從老早以前就開始了。雖然我們根據自己的恐懼來解讀孩子的行為，但實際上這兩者之間沒有共通點。一旦我們認清孩子的行為完全跟我們的恐懼無關，才能幫他們。因為孩子需要的是我們的帶領，而不是對他們做出情緒化反應；他們需要的是引導，而非威脅。如同生活中多數的情緒元素，我們越快正視恐懼，越能勇敢面對，它就越有可能自然消失。我們逃避或否認恐懼的時間拖得越長，它就變得毒性越強，其中的負能量就越會影響我們的生活。我們越快意識到恐懼在我們心靈和情緒滋生，就越早能讓它自己平靜下來。當我們試圖掩蓋恐懼，它就會變成憤怒或悲傷，而變得更強大。

藉由釐清我們對孩子行為的情緒模式是由恐懼所驅動，就能篩選出正面處理的具體行為，來取代那些我們慣有的情緒化反應。孩子的行為其實很單純，只是要求我們給予一個相對應的回應，完全不帶一絲焦慮、火氣或恐懼。

把我們自己的自我價值感從回應中抽離開來，才能保持正念，做出對孩子有效的回應。排除了缺乏覺知的無意識反應，我們就能在冷靜的狀態下，有條不紊地處理每一種情況，用合情合理的方式來回應，從而有效地改變桎梏我們的情境。

放下當夢幻父母的執念

當孩子需要我們的時候，我們是否能夠覺醒和成長，絕大部分都跟我們是否能放棄自身的執著、對我們父母的依附有關。如同我們阻止孩子變得獨立和自由，同樣的方式用在我們身上也會讓我們自己窒息。我們被父母的認同、承諾、歸屬感和愛所束縛，讓自己一直如此弱小又孩子氣。這種自我的依存現象，最終局限了每個人的成長空間。然後，這種依存現象又會繼續投射到我們的孩子身上，讓我們以不健康的教養方式操控他們。

我們最終能夠讓孩子擺脫依賴的唯一辦法，就是把自己從父母那裡釋放出來。這並不代表我們不能與父母一起享受更像是親屬和盟友一樣關係，而是意味著我們決定放手，不再依賴他們來教養我們了。我堅信，我們每個人都應該永遠敬愛父母，但他們教養我們的時間（天天二十四小時都在我們身邊），為我們提供金援、支持我們的日子，最終必須結束。如果我們繼續在自己應該獨立的生活層面還在「利用」我們的父母，而他們也容許這一點，我們不僅會將父母綁在我們身邊，也壓抑了我們自己絕佳的成長機會。

四十七歲的蘇是我的客戶，她不斷抱怨父母不再像以前一樣照顧她。「我媽很自私，從來不想成為我孩子的外婆，她總是和朋友一起，或者去旅行。我爸則不斷在工作，或是去打高爾夫球。我想念我的爸媽，希望他們仍然能成為我生活的一部分，就像他們年輕時一樣。」

蘇很難離開父母身邊學著獨立，這是因為他們不僅擔任了供給者和照顧者的角色，還讓女兒對他們的依賴程度遠遠超過了正常範疇。我向她解釋：「雖然你愛你的父母，這是件好事，但你需要問問自己，你想念他們是不是因為覺得無法自己獨立。你的父母顯然很愛你，也一直都在照顧你、支持你。他們現在選擇過自己的生活，這是他們應該做的。他們身為你照顧者的責任已了，現在他們可以自由繪製屬於自己的人生藍圖，而這也是他們應有的權利。」

蘇承認她從來沒有這樣想過。她本能地認為，父母永遠都會照顧她，並在她失敗或跌倒時扶持她。我開導她，要她自己照顧好自己，成為自己最好的盟友。然後她不情願地坦承：「我想我是害怕，因為我不相信自己有能力做到。我猜，我大概需要學著更相信自己。」

我們很多人都不像蘇那麼幸運，我們在父母的指導和保護下被長期制約，一旦沒有父母陪在身邊，就會感到迷惘。反之，蘇跟父母的相處經驗夠扎實，而且彼此都很投入。因此，她很快就能拿出她的韌性來調適自己內在那個小女孩長大成人。這是因為她有個美好的童年，在被撫慰、被保護及被珍惜的環境中長大，所以她現在也能夠為自己做到這些事。

然而，很多人不像蘇擁有美好的童年記憶，他們的童年缺乏父母陪伴，造成數百萬的成年孩子感到迷失，等待父母像他們小時候一樣教養他們。我想到喬西，一個四歲孩子的父親，他在五十一歲時還在渴望得到母親的認可。他與母親有很深的情感糾葛，時常爭吵，就像他還是個十五歲的孩子。當我問他為何他的每個決定都需要尋求母親的意見，他回答：「你知道，我一直都很努力。我每天都抱著這樣的期待，希望就在今天我母親一覺醒來，告訴我她有多愛我。」由於喬西不顧一切代價需索母親無條件的愛，才讓母親有機會插手他生活的每件事。這不是出自他有覺知地尋求母親的建議，而是因為他迷失在童年對母親的依賴中走不出來。

我幫助喬西明白這種模式的問題所在。當他醒悟這種糾結的餘毒效應後，他問我：「這是否意味著，我永遠都不可能擁有像別人家那樣的母親？一個最忠實的啦啦隊長，一個無條件支持我的人？難道我不值得擁有這樣的母親嗎？」這些，是喬西內心深處的呼喊。

不論喬西覺得這種需索有多合情合理，為了鼓勵他擺脫受害者的心態，但又不對他的情況進行殘忍的評價，我向他解釋：「如果你讓自己一直陷在想要一個理想母親的念頭裡，你們母子這種相處模式就永遠不會結束，而你也永遠不得自由。相反的，你必須接受你母親很可能永遠都無法成為你想要的那種母親。她就是**這種**母親，不是**那種**母親。你越快將你母親從你的理想中釋出，就能越快學會欣賞她真實的樣子——雖然不是你想要的那種『充滿母性光輝』的母親。換句話說，我們要做的，不僅是讓我們的孩子擺脫我們的期望獲得自由，也要在一定年齡後放我們的父母自由。」

只有當我們拋開對他人的幻想，並接受他們真正的樣子，才能獲得自由——沒錯，這些人也包括了我們的父母。特別是在成年後，我們不能再為了父母沒有給我們什麼而責怪他們。我們需要自己承擔起責任，提升自己，讓自己更成熟。你可能會問，即使在我們的人生中，父母從來沒有給過這樣的陪伴，難道我們也要這樣做嗎？這難道不是一件令人痛苦的事嗎？的確如此。但這並沒有給我們不用努力成長的豁免權。我們必須包容這個的事實：父母缺乏覺知，是從他們自己的成長過程而來。現在，他們矯正我們的時間和機會早已經過去了，所以該是我們自己負起責任的時候了。這也是我們給自己的禮物。

喬西就是在這一點放不下，而我能理解他。但是，等他慢慢意識到，他的母親不再欠他任何東西（事實上，他如此執著於母親虧欠他這件事，只會造成更大的傷害），就能從母親有必要幫他完成願望的偏執中獲得解放。這樣一來，少了對母親的依賴，就能創造出一種更有愛的新關係。很快的，當喬西放下對親子關係的無意識要求後，母子兩人開始就像成年人一樣能夠自娛自樂，兩個人從過去未實現的承諾中獲得自由。

一旦我們覺醒，就會明白我們的父母之所以成為他們自己奴役的對象，是無覺知教養的結果。他們會這樣對我們，是因為他們也受到恐懼和匱乏感的束縛。他們絕對不是故意中傷或用無覺知的方式來對待我們，而只是因為他們的父母用的就是這套教養方式。當我們的意識能夠保持這個洞見，就能放我們父母自由，讓他們按照自己需要的方式去走自己的路。

不再依賴別人來填補我們的空虛，往往會讓我們豁然開朗。雖然過程可能會很痛苦，但有時我們也需要用這種方式來處理我們與父母的關係。只有當我們先以人的角度來了解他們，再以父母的角色來看待他們，才能幫助我們在自己的覺醒之路上邁進，並獲得隨之而來的自由。

當愛成為束縛，就會令人恐懼

我們與孩子的關係，根植於恐懼的程度，就與根植於愛一樣深。或許這是因為我們對孩子毫不遮掩，因此更容易在相處時犯下可能會犯的所有錯誤。我們是如此關心孩子，也明白在很多方面，彼此的幸福是緊緊相繫的。恐懼和愛時常糾結混淆，因此兩者都不再那麼純粹。如果我們能乾乾脆脆地說出「這是恐懼」、「這是愛」，一切將會容易得多。然而，我們常常都會有像這樣的感覺：「因為我這麼愛我兒子，所以我關心他的社交生活，並為他安排所有約會。」或者「我愛我女兒，她的在校成績一定要優異，因為我希望她成功。」旁觀者清，我可以向這些父母保證，他們的恐懼都來自於自己過去受到的制約。但話說回來，當你就是身在其中的教養者時，絕對不會這麼想。

我找到一種很有用的練習：當父母發現自己被情緒化反應吞噬時，要按下暫停鍵。雖然當下很難做到這一點，但我要求這些父母記錄下當時自己的感受和想法。然後，我請他們列出出現在其中的所有恐懼。

法蘭西斯卡和她十一歲的兒子納特，會在微不足道的小事上玩權力鬥爭。他們最新的衝突，是因為法蘭西斯卡發現兒子沒有在準備考試，而是在玩 iPad。她大發雷霆，罰他週末禁足，不准外出。但是，納特的死黨剛好要在週末慶生，所以他為了可能錯過這個活動也生氣到跳腳。他推了母親一把，尖叫著要她離開房間。混亂中，法蘭西斯卡失去平衡，肩膀撞到衣櫃而出現瘀傷。肩胛骨上的這處瘀傷，是法蘭西斯卡內在發出來的信號，要她為這些頻繁的鬧劇尋求幫助。

當我要法蘭西斯卡列出她的恐懼時，她寫下了以下這些關於兒子的描述：「失敗者、軟弱、輸家、分心、成就低、沒有目標、流浪漢。」再一次的，我們看到恐懼是如何左右我們，讓我們無法動彈。難怪法蘭西斯卡會對納特反應過度。任何人的內心深處如果有這些恐懼盤旋不去，都會失去理智。

然後，我請法蘭西斯卡寫下她對納特的愛。她寫著：「我想要把最好的給他。我想要他成功，因為這是他應得的。他聰明伶俐。他善良有愛心。我想做的，就只是給他最好的。」在法蘭西斯卡寫下這些話時，整個人的態度都變了。她的臉部表情變得柔和，肩膀也鬆垮了下來。很明顯的，此時的她已經驅散了內心深處的擔心和恐懼，並進入一種新的境地——一個開闊和自由的心靈空間。

我請法蘭西斯卡重新想像事件發生的場景。這一次，她不再以恐懼對納特做出情緒化反應，而是應我的要求重複她在筆記上寫下的那些話。當她在想像中重回現場，她立刻看出來，如果她採取這種方法，結果會有多麼不同。她說：「如果我當時能這樣說，納特就不會被我逼到絕境，也不需要這麼激動。我對他一副興師問罪的樣子，語氣苛薄無情，他當然會要求我離開他的房間，他只是想把我的負能量驅趕出去。」

法蘭西斯卡開始明白，恐懼與愛的能量大不同。雖然同樣都是出於好意，但只有一個能達成我們尋求的目標。前者會創造情緒創傷，而後者則會放他人自由，讓他們找回自己當下的平衡。

當我們沿著這種有意識的覺察之路前進時，就能更快注意到自己從愛擺盪到恐懼的那個時刻。而當我們開始掌握自己的情緒，就能控制我們的恐懼，讓親子空間充滿了互相扶持、理解與接納的氛圍，以及最重要的——真正的親緣關係。

我再多舉一個例子，來說明恐懼如何阻礙愛的傳達。我的客戶瑪格麗特對她十四歲的女兒黛比很頭痛，因為她不像女孩，而是個男人婆。黛比從來不穿洋裝或裙子，也沒有綁過頭髮；基本上，她從來沒有做過任何一般女孩子會做的事。「我害怕她永遠不會脫離這樣的狀態，即使長大後也一樣。」瑪格麗特連聲哀嘆：「什麼樣的男孩子會對她感興趣？而她什麼時候才會對男孩子感興趣？」

很顯然的，瑪格麗特欣賞不來女兒的獨特氣質，因為這些特質不符合她對女孩子行為舉止的刻板印象。因為她對女孩子應有的樣子抱持著僵化而狹隘的印象，讓她無法禮讚女兒的真正自我。

其實，黛比是個很棒的孩子，也非常特別。她沒有屈服於母親十四年來一直試圖把她變成的模樣；相反的，她努力保留了自己想要的模樣。她保持本真的代價，就是被母親視為有缺陷。她渴望得到母親的認同。

每個人都是獨一無二的個體，我們天生就帶有與眾不同的特質。有效的教養方式，就是尊重每一個體的獨特性，包括我們的特異性，而不是在我們無法達到一些人為標準時，讓我們覺得自己是有缺陷的。

瑪格麗特不是一個糟糕的母親。相反的，她非常愛女兒，也非常關心她，所以才會放不下。她只是看不出，在她這些擔心的後面是對自己能力的深深焦慮，因為她無法容忍黛比可能不符合社會認定的女性形象。

帶黛比來尋求幫助，實際上是要安撫瑪格麗特自己的不安全感，而不是要糾正黛比。黛比沒有問題，只是因為她的特立獨行引發了母親的恐懼，掩蓋了母親對她的愛。

當恐懼與愛的比例失衡，而恐懼獲勝時，我們對孩子的教養就產生了與預期相反的效果。但我們想不通，為什麼會變成這樣。正如我們先前在法蘭西斯卡的例子中所看到的，孩子對我們帶著焦慮的管教會做出反抗行為，讓我們感覺像是個受害者。這是因為恐懼能量污染了親子關係，將常態的良性情況轉變成由誤解的意圖及躁動的情緒所混合而成的焦慮深淵。

當我深入瑪格麗特焦慮的核心時，發現她自己在童年時曾經因為太胖而被嚴重嘲笑及霸凌過，直至今日，「胖女孩」的恥辱一直折磨著她。當時她母親沒有以正面態度給予她支持，而是買運動器材、幫她報名減重課程來解決問題，這種做法形同落井下石，大大地提高了她的焦慮。瑪格麗特多年來一直抱著這種失敗者的焦慮不放，將它埋在嚴格控制的生活背後，其中也包括永無止盡的節食和整形手術。她認為自己已經解決問題了，直到我告訴她，她是如何掩蓋自己的焦慮時，她才意識到自己如何把這種負面情緒投射到女兒黛比身上。

「問題不在黛比身上，」我向她解釋。「黛比很好，也很完美，那就是她自己的樣子。問題出在，你沒能解決好自己曾遭排擠的焦慮，如今引發它出來搞怪作祟。在你小時候，你曾因為壓力屈服，而現在，你害怕女兒會跟你面臨一樣的情況，而你害怕她無法處理得比當時的你更好。」

我請瑪格麗特一條一條列出她的恐懼。她只寫了一句話：「我不想讓女兒像我一樣受苦。」接著我再請她列出她對女兒的愛，她寫著：「她很強壯，也很勇敢。她比我更有自信。我希望她永遠不會像我一樣，在壓力下屈服。」當瑪格麗特明白她的恐懼與女兒的現狀無關，只是喚起了她自己過去的回憶時，就能看出自己因為恐懼造成了更多傷害。她說：「我想幫她，不想她因為太胖受到同儕排擠。但在我試圖這麼做時，卻成了最排斥她的人。」當她認清自己的行為自相矛盾，以及她是如何創造出自己最害怕的噩夢後，她停下了腳步，開始解開自己的恐懼。

正在閱讀這些文字的你，可能都和法蘭西斯卡或瑪格麗特一樣。我們都經歷過恐慌時刻，讓我們做出被恐懼控制的無意識反應，而不是試著去理解和建立連結。例如，孩子晚上還在埋頭寫功課，我們害怕他們睡眠不足，吼著要他們上床睡覺，卻沒有去理解他們的難處。又或者，開始幼兒如廁訓練時，如果孩子學得比一般孩子慢，我們不僅無法耐下性子教他們，還充滿了恐懼，害怕他們將會被幼兒園拒之門外，只能孤孤單單待在家裡，沒有朋友。再以大多數家長的噩夢——孩子被排擠來做例子，如同前面所說，同儕排擠是交友過程的一個非常自然的現象，但身為父母的我們卻擔心害怕，而時時介入孩子的社交生活。這反而讓孩子認為，假如不是因為他跟其他人太不一樣，朋友就不會排擠他了。

察覺到什麼時候我們對孩子的愛會被恐懼掩蓋，這一點非常重要。只有時時刻刻保持覺知，才能看清這種傾向，並讓我們脫離困住我們的焦慮連鎖反應，進入一個不設限的開放心態，我們才能辨認出自己的弱點，而不會無意識地將痛苦投射到孩子身上。

全新的途徑就在我們面前展開

當我們掙脫那些從先輩們傳承而來的恐懼枷鎖，用全新開明的模式取代那些舊烙印時，不僅能放我們的孩子自由，也能解放我們自己。當我們成功做到這一點，就能開始享受孩子和我們自己無所拘束的存在。

自我解放和自我覺醒之路，從來都不是一條平順的坦途。這條路上布滿了坑窪、巨石、滑坡和土石流。正如藝術家經年累月所畫的一幅傑作，靠的是內在的創造力以及所受的訓練，一筆一畫耐心累積出來的；覺醒的過程也一樣。解放的自我不會在一夜之間就出現，只有在我們將小我一層一層剝開，並用正念與隨之而來的智慧取代後，解放的自我才會到來。由於我們必須面對所有的恐懼，覺醒的代價看起來似乎很高。然而，如果我們繼續前進，一步一腳印，努力的回報很快就會顯現出來。我們的生活將會開始透露出不可抑制的喜悅，以及讓我們認真投入當下覺知的使命感。

～禮物～

願你受到孩子的眷顧及祝福……

反抗你的孩子

讓你學會放寬控制，

不聽話的孩子

讓你學會接納聆聽，
慢吞吞的孩子
讓你學會靜止之美，
忘東忘西的孩子
讓你學會放下身外之物，
特別敏感的孩子
讓你學會沉穩，
容易分心的孩子
讓你學會專注，
勇於叛逆的孩子
讓你學會創意思考，
容易害怕的孩子
讓你學會信任宇宙。

願你受到孩子的眷顧與祝福，
他們教導你
這一切從來都不是為了他們，
而是為了你。

第四部

轉型的教養技巧

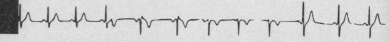

我們忘記了，一切都是無常的。所有的事物都有一個開端，經歷一種演變，最終轉化成新的樣貌。這時時刻刻都在發生，無論是在我們身邊，或者在我們心裡。沒有什麼是保持不變的。變化發生得很快，甚至今天上午的我們也和現在的我們不一樣。不僅我們的細胞經歷了轉變，我們的意識也變得不同，即使我們沒有察覺。因此，執著於孩子在單一時刻的行為，就是忽視了他們改變和成長的潛力。

第十四章……

你是希望當好父母，還是願意當好父母？

教養迷思容許了專制的教養方式，讓父母相信自己比孩子優越，因此可以隨意以一種隨機且不受檢視的方式，將期望強加到孩子身上。我們似乎沒有意識到，關心及付出是一回事，而將孩子當作父母的財產是另一回事。

每個情緒反應背後的恐懼，往往都與沒有達到期望的危機感有關。一方面我們期待他人能以某種方式來對待我們，一方面我們又期望孩子能以特定方式表現他們的行為。根據定義，所謂期望都跟未來有關，而且經常跟現狀不同。我們期望事情會比現在更好，期望結果比所預見得更好，期望取得比我們目前更多的進展和成長。

期望往往沉默地提醒我們，在某種程度上，目前仍有不足，但未來會更好。這會將我們的覺察力從孩子當下的樣子，轉向到我們想像中期望他們成為的模樣。這正是親子之間會產生鴻溝的原因之一。

假如你停下來仔細想想，我們對任何人的期望（特別是對孩子），都是荒唐的。當我們堅信，應該對孩子有「明確的期望」時，我們沒有意識到，這種說法的背後其實隱藏著天經地義、予取予求的心態。我認為我們唯一能夠抱持明確期望的人只有我們自己，這是因為只要我們能要求自己，為孩子在家裡建立前後一致且立場堅定的界線，孩子自然而然就會認同，而不會造成不必要的困擾。

然而，教養迷思已經容許了專制的教養方式，鼓勵我們相信父母比孩子優越，因此可以隨意以一種隨機且不受檢視的方式，將期望強加到孩子身上。我們相信，關於孩子的所有一切都歸我們管。彷彿我們可以控制他們的每個想法，插手他們的每一個行為。我們似乎沒有意識到，關心和付出是一回事，而將孩子當作父母的財產是另一回事。

當我們把孩子當成我們的財產時，如果他們無法實現我們所訂下的理想，我們對孩子的期望落空，就會不可避免地引發憤怒和失望。因為身為父母的我們，相信我們有權要求孩子達成目標，即使我們的期望對他們本身沒有益處，甚至違背孩子的天賦能力，讓孩子承受扭曲真實自我的負擔和痛苦。這會迫使孩子放棄真實的自我，而在孩子所經歷的所有事件中，這是最致命的創傷，因為它牽涉到自我背叛。

以下艾蜜莉帶孩子旅行的故事，可以用來說明即便是出於善意，父母的期望還是會對孩子造成傷害。艾蜜莉有三個男孩，年齡從六歲到十歲不等，他們第一次從紐約到洛杉磯玩。為了讓假期更有趣，艾蜜莉為孩子安排了豐富的行程，塞滿了一個又一個活動。但是，男孩們到了洛杉磯後，不但沒有迫不及待地要出去玩，反而處處跟媽媽作對。母子間的爭吵和摩擦，把艾蜜莉折騰壞了，整個旅程就在對孩子吼叫及內疚中度過。艾蜜莉迫切地期望她的孩子們能興高采烈地照她安排的行程走，但又矛盾地了解孩子只想做一些更符合年紀的活動，最後她理想的假期泡湯了。

艾蜜莉跟我一起探索她的觸發點，她說：「我不敢相信，孩子們對我的苦心安排居然不知感恩，也毫不領情。我很失望他們是如此自私，假如換成其他孩子，有這樣的好機會，應該都會高興得跳起來了吧。」如同其他許多父母一樣，艾蜜莉為自己編寫了一個故事，描述她是如何受到那些不知感恩的「臭小子」所傷害。

艾蜜莉嫌惡孩子們的根本原因，是因為她想把最好的一切都給他們。這種渴望源自於她兒時的經驗。「我這麼努力，幫他們計畫了一個有趣的旅行，」她說：「我預期他們至少會像我一樣興奮。記得我小時候，有多巴望著去迪士尼樂園玩啊！為什麼他們就不能像我一樣，懂得欣賞這些事物呢？」

當我們更深入探討艾蜜莉的想法時，她慢慢開始理解她對孩子們「應該」有什麼感覺和行為的期望，其實只會帶給孩子們更多壓力，因為男孩們的所想所感都跟媽媽不一樣。我問她：「你有問過孩子，他們想做什麼嗎？你有跟他們一起安排行程嗎？你確定這些活動適合他們的個性、興趣和年齡嗎？或許你對他們抱著太高的期望了，他們想做的，或許就只是輕鬆地泡游泳池？」

要求艾蜜莉換個角度，以跟孩子情緒能夠同調的方式來處理事情，對她來說非常不容易。她對自己的期望太執著，以至於無法理解男孩們的情緒體驗為何會跟她完全不同。最後她終於開始理解，她把大部分的心力都用於安排行程，而不是孩子身上。於是，艾蜜莉才終於脫離了她原先所處的催眠狀態。

在態度軟化後，她說：「我看出來了，我是如何強迫孩子們做這些事。他們本來很高興能去海邊和游泳池，我卻逼著他們按照我擬的行程走。或許，我們就不該出遠門，找個附近的游泳池度過這個假期，說不定孩子們會更喜歡這個主意。我想我應該先等他們真的渴望去迪士尼樂園玩時，再帶他們去。」我知道，她逐漸想通了。

顯而易見的，艾蜜莉把親子一起出去玩，看成是她在為孩子做事，也把「行程豐富」、「花樣多」跟快樂劃上等號。她把自己困在假期應該是這樣那樣的想像中無法自拔，甚至沒有問問孩子們想做什麼。然後，一等孩子們抗拒她的安排時，她就馬上變臉了。然而，歸根究柢，全是她一手造成了孩子的反抗行為。我們從這個例子學到，我們情緒被觸發的每一種情況，其實都源自於自己的某種預期心理。這樣的預期只是我們一廂情願，不該由孩子來承受。

先不說對其他人或孩子的期望，光是對生活抱著預期心理，都只會把我們自己帶入失敗和怨恨之中。所謂生活或人生，本來大多數時候都不會如我們所預期，俗話不是說「人生不如意事，十常八九」嗎？更何況是我們鬼靈精怪的孩子，當然更不可能滿足我們的期望了。然而，除非我們有一顆實事求是的心，否則將會持續把期望放在他人身上，然後就等著期望落空。

真相是，事無鉅細地管教孩子並企圖支配他們，都只是愚蠢的徒勞無功。我們越偏執於對孩子的期望，他們就越可能讓我們失望。畢竟，沒有人喜歡為了滿足他人的期望而努力，也不希望藉此來獲得認可。當我們對孩子這麼做時，孩子會因為渴望擺脫外力干涉、自主走出人生，而打心底抗拒我們。雖然我們口口聲聲說，我們有多希望孩子養成獨立自主的能力，但當孩子在親子關係中表現出這個特點時，我們卻會覺得這威脅到我們的主導地位。我們的孩子就從這一點，看出我們講一套做一套的虛偽，於是他們感到憤怒，最終不再信任我們。

父母需要足夠的勇氣，才能承認對孩子的愛與認同是帶有條件的，端視孩子是否能滿足我們的期望而定。沒有人會承認，自己的控制欲可以變得多強大。話說回來，只有當我們誠實面對自己的陰暗面，才能成為孩子最好的父母，他們也才能擺脫掉我們的期望，創造屬於自己的未來。

不要只關心孩子飛得高不高，你要問孩子累不累

我們對孩子的所有期望，都是為了他們好。然而，如果我們更徹底審視，可能就會發現這些「好」都值得商榷。

我的客戶賈姬是七歲女孩寶拉的全職媽媽，她抱怨說早餐時間是她們母女的噩夢。她描述她的情緒如何被觸發：「我認為早餐是一天中最重要的一餐，所以我為寶拉準備了豐盛的餐點。有麥片、煎蛋、蔬果汁或水果奶昔，讓她自己選擇要吃哪一種。但是，她卻寧願空著肚子去上學，什麼都不吃。你知道我為什麼會抓狂了吧！」

就像多數父母一樣，賈姬一開始的動機是好的，她真心希望讓孩子吃得好，吃得飽。然而，這樣的意圖卻迅速升級成一個高度情緒化的情況，讓她每天早上都忍不住發脾氣。這樣的場景，也在好幾百萬個家庭中一再上演。

我問賈姬：「你的期望是什麼？」

「我想讓她每一天都有一個好的開始，」她說。「我想要她健康。我希望她能了解這些道理，然後配合我。」

但是，我覺得賈姬的期望不是表面所見。「其實，你只是想讓寶拉跟你擁有一樣的味覺偏好和同樣的飽足度。」我向她解釋：「你覺得早餐最重要，所以認為寶拉也應該相信這一點。但你有沒有想過，她的新陳代謝可能不允許她一大早就吃這些東西。因為每個孩子消化食物的方式及能力都不一樣。此外，每個人對食物的口味偏好也不一樣。你覺得你這樣做是成為好媽媽的方式，於是就認為寶拉也應該閉著眼順從。如果反過來，把你自己的飲食偏好調整成跟女兒一樣，

會怎麼樣呢？」

賈姬不接受我的意見。她堅持：「早餐一定要吃。」

「誰說的？」我反駁回去。「你陷入了成為好父母的迷思之一，那就是必須讓孩子吃早餐。因為你對此深信不疑，所以變得專斷。我們先別提對親子關係的影響，單純就健康的角度來看，究竟是你女兒吃早飯重要，還是讓她出門上學時能帶著平靜的心重要？」

賈姬被迫重新思考了這件事。「我想，更重要的是，她感到被支持和被理解。」她最後下了結論，終於理解自己必須放棄餵食女兒「完美早餐」的幻想。

放下我們的幻想，那種感覺就像某種形式的死亡，我們當然認為自己放棄了某些東西。被迫放棄我們認為重要的習慣，不僅會產生深刻的失落感，也公開反抗了父母應該掌控一切的迷思。這個迷思警告我們，一旦我們放開手上的韁繩，孩子就會像脫韁野馬一樣胡作非為，造成混亂。這讓我們感到害怕。

但實際上，我們所放棄的，只是我們應該這樣那樣過生活的虛妄想法。事實證明，一旦我們放手，我們所經歷的「死亡」只會減輕我們的精神負擔。某種程度的自由將隨之而來。我們將會首次意識到，我們有力量去選擇是否被觸發，因為觸發的過程完完全全都發生在我們的心裡。

當我告訴每個父母，他們可以擺脫跟食物有關的所有觸發因素時，他們在震驚之餘，同時也鬆了一口氣。不必再為孩子的每一口食物斤斤計較，顯然日子會過得更輕鬆。

「但是，我要怎麼確保他們能吃得健康？」他們問我。我提醒他們，不能強迫孩子吃東西。身為父母，他們可以創造條件讓孩子營養均衡，但僅此而已；他們不能把餐桌變成戰場。重要的是，我們必須明白，與食物有關的所有角力，部分來自父母未滿足的期望，部分來自父母拋不開對進餐時間的執著。

「那麼睡覺呢？」你可能會問。這是另一個會帶來壓力的情緒議題。孩子的睡覺問題，有一半是因為我們把它變成一場角力。當我們拋開自己對孩子睡眠時間和睡眠習慣無微不至的要求後，孩子就會覺得睡覺是輕鬆的事。孩子倦了自然就想睡，即使那不是發生在父母定好的睡覺時間之內。

同樣的原則，也適用於其他議題，比如寫作業、孩子的交友，或是孩子的體重。事實上，當我要求父母們寫下引爆情緒的事件清單並逐項檢視後，他們就開始意識到，幾乎所有的引爆事件都可以輕易放下。一開始，他們當然會害怕，但很快就燃起了希望。

看起來這很像父母未善盡教養之責，但完全不是如此。我向父母們表明，不再強迫孩子以及消除自己的焦慮（這點更重要），他們就能為孩子打好基礎，讓他們找到自己的路。這是一小步，卻是影響親子關係健康的一大步。

怪孩子未能達成期望，那只是你的匱乏感在作祟

莎拉是個很用心的媽媽，她為自己的兩個孩子——七歲的麥克斯和九歲的安潔莉卡，打造了一間很棒的遊戲室。她在裡面放了非常多的玩具、無數的美術用品，以及難以計數的益智遊戲。雖然大大小小的物件很多，但在莎拉的努力下，在遊戲室一整面牆的置物櫃裡，每件東西都有它特定的位置。

那麼，你認為過了一天後，這個房間看起來會是如何？當然是一團混亂。孩子有了這麼多的

玩具和遊戲可以選擇，自然會一個玩過一個，直到遊戲室裡所有的東西在地板上堆積如山。莎拉天生愛整潔，每天面對這樣的場面，當然難免抓狂，因此在遊戲室裡，經常會上演一場親子戰爭。每一次，莎拉都遇到同樣的觸發事件，做出同樣的情緒性反應。

莎拉在療程中告訴我這件事時，我請她把孩子「犯罪現場」的照片寄給我。她分別照了使用前後的場景，認為這能合理化她的挫折感，並給我靈感去想出一個聰明的對策，好糾正她家裡兩個蠻橫無理的小傢伙。在看過「使用前」的照片後，我告訴莎拉：「使用後」的照片她自己留著就可以了。「為什麼？」她問我：「你難道不想看看我的孩子每天製造的混亂嗎？儘管我每天耳提面命，要他們自己整理，但還是一團糟！」

我告訴她：「使用前」的照片已經給了我足夠的資訊，並隨後解釋，她的觸發點都自己創造出來的，也是自己維持下去的。依照孩子的年齡來看，他們對所有的混亂有免責權。

莎拉對我的評估感到震驚，甚至有點嚇到了。對此，我並不覺得驚訝。相反的，這促使我告訴她：「拿掉房間裡七五%的玩具、遊戲和其他器材。然後，不要用標示位置的置物櫃來放玩具；找個大桶子，讓孩子們可以把所有東西都丟進去。記得清掉全部有危險的刀劍、球類和尖銳物品，以免傷害到孩子或破壞環境。此外，你還可以在昂貴的木地板上鋪便宜的遊戲墊。放下你對遊戲專屬空間的幻想，那不是你給孩子的夢幻島。給他們一間空盪盪的房間，只擺一些圖畫紙讓他們跟想像力玩耍。試試看這些方法，不出兩個星期，孩子的不良行為就會消失。」

雖然莎拉不捨得她精心挑選的益智遊戲，但她還是強迫自己把它們全部放進地下室。幾天後，她的孩子在這個空盪盪、一無阻礙的房間裡高興地又吼又叫，而且只要撿起地上的物品就算完成了媽媽交待的清理工作，並用任何他們喜歡的方式放進桶子裡。

一旦揭開莎拉背後的動機，就可明顯看出孩子們會拒絕把東西放回置物櫃，是因為他們的原本打算就是製造與享受混亂。但莎拉的理解完全走錯了方向，她把孩子拒絕用她的方式整理玩具，當成對她高尚意圖的羞辱，引爆了她的情緒化反應。

結果，孩子不僅未能自得其樂，還因為單純地跟隨著自己的心行動而覺得羞愧。事實上，孩子們怕媽媽，因此只要莎拉走進遊戲室，他們都會躲起來。莎拉來找我諮詢時，情況已經嚴重到孩子不想再進遊戲室玩耍了。

莎拉沒有達到她成功養育孩子的期望，所以沒能意識到，這個年紀的孩子玩起遊戲時本來就會造成混亂。只有當她能看出來，是自己的需求引爆了她的觸發點，才能夠放棄她的無覺知反應。

莎拉的無覺知反應，源自於她認為她的孩子們應該要「快樂」，以及他們必須「贏在起跑點」的期望。為了達到這個期望，她買最新的玩具、益智遊戲來武裝他們。莎拉的親子經驗是個好例子，讓我們了解自己對於事情「應該」是什麼樣子的期望，是如何潛入我們的生活成為一種信仰，從而阻礙我們以本然的方式與孩子建立連結。

現在莎拉終於看出來，她是如何創造出她自己的怪物，並把自己捲進「如何養育出成功孩子」的獨角戲裡。而她的方法，就是買玩具反斗城的每種新玩具。她把自己的信仰和安排強加到孩子身上，認為自己應該提供大量的玩具給孩子選擇，讓他們玩得盡興，才能寓教於樂，這是她從自己成長的文化中所得到的幻覺之一。

深一層來看，正如我們所見，我們情緒小劇場的導演就是恐懼。因為害怕自己不夠好，莎拉試圖控制她的孩子，好讓孩子來彌補她童年時期遺留下來的匱乏感。正是這種不夠好的感覺，驅使父母把自己的期望強加在孩子身上。如果我們在每一刻都覺得完整且安處於每個當下，就沒有理由過度補償。沒有內疚、恥辱，也沒有揮之不去的恐懼。我們可以是真誠、自然且自由的，時時刻刻都能彈性因應孩子的心靈需求。這完全不同匱乏感所引發的反應，後者會導致我們停止去關注孩子的心靈需求，只專注於小我的需索，比如形形色色的玩具、昂貴的小玩意。覺知教養帶給我們的禮物，是讓我們意識到外在物質無法幫助孩子建立價值觀，也無益於療癒我們自己的內在傷痕。意識的覺醒也讓我們了解，凡是關係到自我價值，都是我們自己的「內鬼」在動手腳。

不要用腦袋跟孩子交流，要用你的心

我們的期望來自於大量的評判，而在無覺知狀態下，我們自己編寫了事情應該如何展現的劇本。當我們用這些「應該」做為出發點，就會不經意散發出一種能量：我們是對的，任何反對我們的人都是錯的。在我們意識到這一點之前，就立刻會用頑強、優越和保守的成見，與對立的一方較量。就如我們所知，一旦雙方都被困在這樣的僵局裡，幾乎沒有任何一方能獲得自由。

蘇珊有個十三歲的兒子布萊德，布萊德養成了不斷抱怨身體不舒服的習慣，包括頭痛、肚子痛、耳朵癢和不時顫抖的腿。毫無疑問的，每天他都會找到一些事情來抱怨。蘇珊終於受不了了，她告訴我：「我一再問他，我能做什麼來幫他，但他只是哼哼哈哈地哀叫。我試著告訴他，他很健康，身體沒有什麼毛病，但這只會讓他更焦慮。我不知道我做錯了什麼，但我知道他沒病，看到他這樣子，我覺得很痛苦。」

蘇珊是律師，個性務實又理性。兒子的不合理行為，是她情緒最大的引爆點。「現在只要他一靠近我，我都要咬牙忍著準備聽他的抱怨。我討厭他這樣傷害我們的關係。」

我回答：「每次他開口之前，你就已經認定他錯你對。有了這個假設，你自動推論應該改變的是他。你期望他聽從你的忠告，直接停止他所體會到的身體感受。然而，你越是期望他改變，他就越是抗拒你。事實是，你和他一樣，你們都不夠理智。」

正如我所料，蘇珊對我的回答很迷惘，她不覺得是她創造了自己的痛苦。我向她解釋：「每當布萊德來找你，你就開始用你的腦袋思考。你理智地解構他的抱怨，用邏輯來說服他應該聽從你的專業建議。但布萊德需要的是媽媽，而不是一個律師。他需要一個能夠跟他感同身受的人，能夠接受他對自己身體的感受。他需要感覺你聽進去他的話，並給予他撫慰。他用抱怨做為溝通方式，期待跟你建立連結。然而，他越是用這種方式試著與你建立連結，你越會用你的腦袋和理性對待他。這就是這種惡性循環會持續下去的原因。」

蘇珊花了點時間才看清楚，她對布萊德應該堅忍和實事求是的期望，干擾了他們母子建立連結的能力。她正在用對待自己的方式去對待兒子，她從來沒有一次屈服於自己的感受，因此她對於承接兒子的感受會覺得不舒服。她越是試圖改變兒子，他反而變本加厲。

蘇珊不是個容易說服的人。「但我知道我是對的，」她說。「他身體沒有什麼毛病。我明知道他是在為莫須有的事擔心，怎麼能夠同理他呢？」蘇珊堅持她沒做錯，而這侵蝕了她建立連結的能力。只要她一直堅持自己的期望是對的，母子的關係就會一直痛苦下去。

我再次向她解釋：「你的信念讓自己陷入『事情應該如何才是對的』的執念中。當然，你可能是對的，但這不代表你跟兒子建立了連結。事實上，我們對於『正確性』的追求，是我們在人際關係上會犯的最大錯誤之一。你兒子需要你用母親的身份單純去接受他的感覺，你只要傾聽就好。他需要你看著他的眼睛，告訴他你明白他的痛苦。他的痛苦不需要你去判斷真假或是否合理。這是他的感覺，不是你的感覺。他來找你，是要你拋開腦袋裡的想法，用心跟他的心連結。」

蘇珊嘆了口氣，然後說：「我已經不記得，上一次直視他的眼睛，單純跟他連結，而不是告訴他『你哪有什麼毛病』是什麼時候了。看來，我還要下很大的工夫才行。」

我們對事情應該如何發展的期望，干擾了它們實際的樣貌。事實上，「干擾」一詞應該寫成「**恐擾**」，因為就是我們的恐懼導致我們逃離當下時刻。由於被我們內心的期望所桎梏，我們麻痺自己，不去回應生活在每個瞬間開展在我們面前的樣貌。

用心生活，代表我們對生活帶給我們的一切都保持開放的心態。比如說，我們原本期望孩子在迪士尼樂園會玩得開心，但他們卻哭了，我們能毫不抗拒地接受這個現實。或者，我們原本期待孩子考試考得好，但他們卻考差了，我們也能毫不猶豫地就接受這個事實。換句話說，用心體會，意味著我們允許生活融入我們，就像我們融入生活一樣。我們冀望人生一帆風順，但也能擁抱人生的每一次風波、每一個轉彎。

只有當我們能夠放下所有期待，才能心無罣礙地安處於每個當下，帶著好奇心與創造力，在每個新現實裡看見喜樂。當我們放下自己追求完美的執迷，就不會在現實不符合我們的期待時受苦。我們不再試圖操控結果，而是帶著臣服與自如的態度安處於當下。

每個瞬間都是一個新的開始，不管任何情況下，能給我們引導的，就是用心去傾聽。沒錯，我們有目標，也制定了計畫，但只要保持覺知，就能覺察到我們的孩子一直都在用他們獨特的印記來修飾我們的想法。這種源源不斷的創造力，對親子雙方都是值得珍惜的寶藏，也是追求新知、冒險及美好生活的一部分。

非二元論之舞，在黑與白之外

親子關係發生問題時，父母如果只看到問題的一面（往往就是站在自己的角度出發），幾乎不太可能做出明智的決定。超越非黑即白的思維，我們就能以自然的世界或整個現實為鏡子。環顧一下我們存在的這個宇宙。有多少是黑色的，又有多少是白色的？什麼樣程度的黑或白，才有資格被標上「純」黑或「純」白呢？特別是現在我們已經知道，即使是最黑暗的空間裡，實際上還是充滿了光，只不過我們的肉眼看不見。

大自然不是二元世界，它提供給我們的不是一切為二的黑白對立，而是濃淡紛陳的豐富色彩。宇宙充斥著無限的形狀、顏色、氣味、味道及聲音，以軟硬度為例，有硬度足以切割金屬的鑽石，也有脆弱到一碰即破的肥皂泡泡。或者以味道為例，酸甜苦辣各具滋味，讓我們得以享受各種各樣的美食。至於談到冷熱，從冰融化、水沸騰，到溫度高到足以將氫燃燒成氦。所有這些不同程度的多元性，以及其他無數的變化，都非以二元形式存在。事實上，自然界幾乎不存在真正的二元性，甚至形成宇宙的四種普遍力量，最終可能都是單一現實的不同表現。

讓我們將這個概念套用在孩子的行為上面。如果你細細回想，你跟孩子之間的任何一次衝突，就會看出來你們之所以會陷入負面的漩渦之中，就是因為你是用兩極化的視角來看待當下發生的情況。

舉例來說，當家裡的青少年忘記帶家庭作業回來，父母通常會認為這是個「壞」行為，應該給予某種懲罰。然而，當我們訓斥和懲罰孩子時，我們真的理解他們嗎？親子雙方互動的經驗，是建設性的或是威權性的？孩子會因此想通，真誠又興奮地在第二天把作業帶回家嗎？

當我們不以極端方式觀察情況，而是花時間縱觀全局，把事情看透，我們面對孩子的方式就會產生巨大的變化。關鍵在於，我們不會再把孩子的行為看成是壞行為，而是了解情況後找到有效的方法，避免同樣的事情再度發生。也許孩子忘了帶作業回家，是因為當時正在跟同學聊天，而這是一件好事，因為我們希望孩子擁有珍貴的友誼。身為父母，我們不妨問問自己，是要為了忘記帶回家的作業生氣，還是為孩子擁有朋友而高興？或許孩子忘了帶作業回家，是因為他忙著幫助別人呢！

當我女兒忘了帶某個東西時，她總會提醒我：「媽，至少我記得我忘了帶了！」忘記某事需要的是一個實際的解決方案，而不是道德判斷。一旦我們了解忘記無關「好」與「壞」，就能幫孩子解決忘東忘西的習性。我們可以教導孩子列清單、寫備忘錄或設鬧鐘提醒，尤其現在時代這麼進步，孩子很容易就能找到有用的輔助工具。

覺知教養何以會對孩子產生巨大的影響？它會讓孩子不用再活在失敗的恐懼中，因為他們知道，不管是什麼情況，父母會從各個角度來看待事情。因此，孩子不會因為怕失敗而不敢冒險，他們明白無論結果如何，父母都會認為他們勇氣可嘉。一旦孩子感覺他被接納且受到鼓勵時，就能成長茁壯。相反的，批評和懲罰則會讓孩子逐漸喪失內在的力量，最終犯下更多錯誤，而不是發展出良好的自我管理能力。

這種給孩子自由的教養法，會鼓勵孩子走出及擴大他們的舒適圈，實驗不同的存在方式，而不怕他們會受到責罰。當孩子知道自己真正的樣子值得被理解和認同，就能更具韌性，無畏地走向未來。

當你忘我時，才能得到真正的自由

在覺知教養下，難道不能對孩子或所愛的人抱有任何期待嗎？那麼意圖呢？難道心存意圖也不好？

我對許多客戶都說過這段話：「顯然的，你的意圖已經就位，但執行上有問題！」如果你看得夠仔細，就會明白你並沒有真正建立意圖，只是創造出一個期望。以最基本的觀念來說，意圖跟對他人的期望無關，只跟我們自己的願景有關。說實話，很少有人在產生意圖時能不帶著評判和條件，或是不抱有對自己、他人和生活的期望。

自始至終，這個世上我們唯一不帶任何評判的意圖，就是融入當下的生活且對現狀照單全收的意圖。正是此時此刻，也只有此時此刻，主動去承認現實跟我們設想的不一樣，改變才有可能發生。假如我們完全無法安處於當下，對未來所抱持的任何意圖都變得沒有意義。相反的，我們應該抱著就在當下覺醒的意圖，覺知到唯有穿行過這個當下，未來才能循序地表現出它應該有的樣子。

讓我們舉瑪莎的例子來說明。她為兩個十幾歲的孩子買了一隻狗，她覺得自己回應了孩子們的要求，所以她的本意是為了讓孩子快樂。然而，真相是：她買狗狗，其實是希望轉移孩子們的注意力，不要成天往外跑，多留在家裡看書、好好寫功課。幾個月後，情況卻變成瑪莎被困在家裡照顧小狗，而她的孩子們還是找不到人。她發現自己成了小狗唯一的照顧者，感覺自己被孩子騙了。她來找我時，哭著對我說：「我帶著最純粹的意圖養狗狗，不料卻換來了一場災難。」我打斷了她的話，澄清說：「你的意圖並不純粹，你的行為帶著期望。你不是真的決定要養狗，你假裝是為了讓孩子們開心才買下牠，但事實上你有個潛在的期望，不是嗎？」瑪莎終於察覺到她自己心口不一，看清她是如何把自己逼到死角。她搞不清楚意圖和期望有何不同，讓自己、孩子們及這隻可憐的無辜小狗，全都沒有得到好處！

在孩子認真生活時全心支持他，遠比用盡心機設定期望或是塞滿目標的意圖來得可貴。未來的願景往往充滿了空洞的承諾，反之，活在當下則是一種**存在方式**，隨之而來的是兼顧身心靈的有機生活方式。期望、有目標的意圖，著眼的都是未來；相反的，認真生活則是著重現在。實現目標的唯一明確途徑，就是在每個當下以清晰、協調且一致的方式認真生活。如此一來，未來的道路自然而然就會向前開展。很多人花了太多心力去想像未來，而不知道把心力聚焦在現在。要知道，當下才是唯一跟我們有關的事。無論我們有什麼偉大的意圖，如果當下昏暗陰沉，未來也必是如此。

如果瑪莎真的全身心投入跟孩子們的互動，就能跟孩子們心意相通，意識到他們沒有能力照顧狗狗，所以她將會是狗狗的唯一照顧者。她會看到她自己真正的打算，明白她不該指望用狗狗來滿足她對孩子的期望，因為將期望放在這個無辜的小動物身上，是完全不公平的。我們接觸孩子當下的樣子而非我們希望他們成為的樣子，拿出真誠對待自己與孩子；正是這種真誠，幫我們走向協調且有條不紊的生活。

當我開始感覺到自己有必要寫一本新書時，並沒有抱著會成為暢銷書的意圖。我的意圖是進入當下，就只是寫作。我的意圖只限於當下的覺察，純粹而簡單。如果我起了這本書日後會如何表現的心思，就會感覺到遲疑、擔心和壓力。這就是為什麼我寧可全身心投入當下，不去掛心未來而讓思緒遠離當下。後者單純只是一種對未來的虛妄想像。

當我們允許孩子投入充滿創造力的過程時，他們就會勇於冒險，而不會執著於結果。如果孩子能夠完全沉浸在自己手頭上的事，正是他們這個成長階段所需要的；在沒有壓力也不緊張的情況下，他們就會達成目標。身為父母，我們要緊緊依隨孩子在每一刻表達自我的方式，並讓他們繼續維持下去，而不是跳進應該看起來是什麼樣子的未來願景中。

我可以告訴你，相信過程比結果重要，不偏執於細節，是多麼棒的感覺。例如，當你用這樣的心態來看待孩子的課業成績時，你會這樣對孩子說：「不論你的成績是好是壞，那都不重要。對我來說，重要的是你肯坦誠對自己，發揮了你的水準，並允許自己以最好的覺知狀態投入學習。」學會在每個當下認真生活的孩子，會明白雖然他們的想法和想像可能讓他們相信關於自己的某些事情，但重要的，還是他們在當下的現實中所表現出來的樣子。如此一來，他們就不會執著於未來的任何事件，而是學會專注及安處於當下。接收到這種訊息的孩子立刻會感到安心，明白結果不能決定他們的價值，他們的努力與好奇心遠比結果更重要。

我的女兒麥亞在她第一次參加的馬術比賽中，經歷了一連串的情緒反應。一開始，她很焦慮。緊接著她失望，因為她在第一輪比賽中表現不佳。她淚眼婆娑地對我說：「我現在就想要退出比賽。」

我鼓勵她不要去想她要獲得的絲帶，並讓她回到賽程中，她再次感到焦慮。她在第二輪比賽中表現得比較好，讓她立刻舒服多了。一下子，她又開始笑了。

第三輪不如預期順利。事實上，她的馬拒跳。她罵了馬，然後開始哭。再一次，我向她保證，她是我眼中的贏家，因為她戰勝了焦慮，在情緒低落時依然越挫越勇。我告訴她：「你可以完成賽程，但那只是因為你想騎馬，名次無關緊要。」

於是她回到賽程。她在最後一輪終於成功，且表現得非常好，她欣喜若狂。她預期我會改變態度，為她贏得絲帶而感到驕傲。當她看到我還是維持一樣的態度，忍不住問我：「媽媽，你難道不高興嗎？」

我告訴她：「我既沒有高興，也沒有不高興。絲帶不會改變我的心情，也不會改變我對你比賽表現的感覺。」她看起來很困惑，於是我向她解釋：「參加比賽的重點，是你學會冒險，勇於挑戰未知。當你躍上馬背的那一刻，你就做到了這一點。任務已經完成，其他一切都是錦上添花。你的絲帶絲毫不會改變你是誰這個事實。你就是你，麥亞，無論你是第一名或最後一名。我會為你感到驕傲，是因為你能感受到所有真實的情緒，而且即使有這些感覺，你還是繼續前進。你沒有讓你的情緒和焦慮來左右你。」

對我的女兒，我所關心的是：

- 她勇於冒險嗎？
- 她願意嘗試嗎？
- 她學到了嗎？
- 她有去感受嗎？
- 她是否清楚地表達了自己？
- 她是否全心投入每個當下？

這和只想知道「她贏了或輸了」的單維期望非常不同！將重點放在對任務的當下投入程度，

不僅能讓孩子解除負擔，也讓我們自己免除對期待落空的失落。去除了結果會如何的心理負擔，孩子就會知道，全心投入才是重點。這種從期望到投入的簡單又深刻的轉變，是通往真正自由的門戶。

鼓勵孩子自我表達，而不是自我表現

我們的期望，是恐懼與未滿足的內在需求所偽裝而成的。只要我們沒有意識到這些恐懼是如何駕馭我們的，就會繼續逼孩子活在不健康的對抗互動模式之中。除非我們能看清楚自己的問題是如何投射到孩子身上，否則將會讓他們一直被我們自身的功能失調所綁架。

投入與期望有本質上的不同。期望來自於我們強烈基於小我的打算，而我們對孩子的投入則來自於非常不同的所在——我們的心。下面的例子，從親子連結的觀點說明了兩者有哪些不同：

期望：你是我的孩子，我希望你成功，成為我的驕傲，因此你必須拿好成績。

投入：我享受看著你學習的過程，放下我對於事情應該如何發展的想法，不把你的價值與成績牽扯在一起，讓你沉浸在無限可能之中，支持你努力實現內心的渴望，幫你打造一個可以讓你專心念書的環境，陪伴並引導你度過困難，減輕你的焦慮，並在你跌倒時拉你一把，在你走向未知挑戰時安撫你，你無需背負著取悅我的重擔，喚醒你對知識的自主學習。

期望：我希望你能對我為你所做的一切表示感激。

投入：我希望你能自我肯定，尊重自己又喜愛自己。我不需要你來取悅或滿足我的需求。我會給你一個懂得感恩而不是予取予求的環境，我容許你接收我的好意但不被寵壞，我會幫你去感受與天賦的連結，幫你練習成為懂得付出的人，讓你在接受的同時，也學會給予。

期望：我會確保我的孩子尊敬我和服從我。

投入：我將擺脫自己對於控制你的需求，放下我比你更優越的妄念，創造一個安全的空間，讓你能自由表達自己，給你機會聆聽和被聆聽，建立起一種互相尊重的關係，促進一種自然而然能豐富彼此生活的連結。當你做出不安全的選擇，我會帶領你回歸正軌，並允許你在親子關係這個容器中一而再嘗試、實驗和造反。

如你所見，期望會被僵化及二分法的思考模式困住，是從一種以上對下、高高在上的優越地位來主導孩子。可想而知，孩子當然會抗拒。當我們對孩子抱有期望時，我們就謝絕了任何自我改變的可能性，而這自然會導致孩子對我們日積月累的恨意。沒有人喜歡被當成壞傢伙，沒有人想要總是被責怪。然而，當孩子抗議和報復這種明顯的不公平對待時，就會遭到我們的嘲弄、譴責和羞辱。

當我們放下對結果的期望，轉而支持孩子全力以赴時，他們就不必再對我們的快樂負責。藉此，我們就建造了一個安全空間，容許孩子的內在自我以獨特的方式成長茁壯。這種方法從本質上理解了所有的人生經驗都是一次次自我追尋之旅，為進入更偉大的自我意識、自我發展和自我連結做足準備。其他一切都是淡化的背景，全都是為了促進孩子的真實自我和自我表達而存在。

～我的承諾：卸下對子女的期望～

我擺脫了自己的期望和設想，
也了解這些都來自於自己狹隘的腦袋瓜子。
相反的，我將進入廣闊的心靈領域，
讓你不必要再滿足我的需求，
而我唯一能設下的期望，只能是針對我自己。

當我看著你，我將不再映射出我的恐懼、
不安全感、渴望和情緒化。
相反的，我會清除內心遮蔽你耀眼光芒的蛛網，
讓我成為可以反射出你鑽石本質的一面鏡子。

當我放下自己的設想，我的空虛感消失了，
在原來的地方，只留下圓滿。

第十五章……

從無意識反應到活在當下

當我們對此時此刻充滿了警醒，就不再執著於任何念頭和設想，無論發生什麼事都能隨遇而安。我們觀照、投入、行動，然後放手。換句話說，我們跟隨著生活的潮汐流動，並同時在岸上保持警惕。

經常有人會問我：「何謂存在當下？」我總是發現我無法提供讓自己滿意的答案。因為存在不是可以用理論描述或理解的東西，只有經歷過才能體會。正如我們都知道，一個經驗在解釋的同時，也貶低了它的價值。這就像是試著跟從未看過落日的人描寫滿天彩霞的顏色，或是跟別人描述你第一次坐摩天輪的快感。生命的某些（或許是全部）元素，只能透過親身經驗來理解。

對我來說，存在於當下，意味著能夠充分意識到自己當下的狀態。它要求我們暫停所有的想法、念頭、意見和信念。我們只是單純**存在**著。在這個「存在」狀態下，我們不知道自己是誰，身在何處，以及我們是什麼，而是全身心投入活著的過程。如同前面提過的，假如你觀察過活得一無拘束的幼兒，就會發現他們大都反映出一種存在當下的狀態——每個瞬間都是全新的開始，不強加任何想法。

當我們對此時此刻充滿了警醒，就不再執著於任何念頭和設想，無論發生什麼事都能隨遇而安。我們觀照、投入、行動，然後放手。換句話說，我們跟隨著生活的潮汐流動，並同時在岸上保持警惕。部分的我們隨著世界的脈動而活躍著，但內在恆久安住。我們認真投入生活，但不會與我們豐富的內在失去連結。

處於當下使我們能夠與周遭所有事物連結，同時保持平衡與平靜。由於我們是以心而非腦來行事，不會被內心的小劇場所惑，因此能夠用一種沉穩開放的狀態，來回應人生的更迭起落。我們不要求任何人按照我們的方式生活，於是學會了順應而非攻擊他人。我們尋求在適當的時候加入他們的能量，或者在必要的時候自然而然離開。無論是哪種方式，都是在沒有劇本的狀態下發生，並渴望享受每個未知時刻的新奇。存在於當下的能力，幫我們與所有遇到的人事物（特別是我們的孩子）建立起深厚且持久的連結。

跟著心走，不要聽腦袋裡的小人說話

改變親子關係的唯一方法，就是學習進入當下時刻。正如我們在前面討論過的時區衝突，大部分時間裡，我們都活在過去或未來之中，而我們的孩子卻活在當下，這正是親子功能失調的主要原因。

進入當下時刻，意味著在沒有抵抗的狀態下參與一種「如是」的情境。一旦我們拒絕再以「為什麼不符我的原本設想」的「攻擊」能量進入當下，就能讓親子互動最常見的情緒化反應消失。

最近我發現，跟女兒在一起時，想要進入當下有多困難。她會不斷跟我談論時尚與美容，還有「成為時裝模特兒」會多麼有趣（可以理解，這挑戰了我的觸發點）。她說得興高采烈，滔滔不絕，把她在雜誌上看到的所有漂亮服飾倒背如流。我當下的想法是：「她好膚淺，太可怕了！讓她擁有這樣的價值觀，是我身為母親的失職。」像這樣的想法，不可避免地會在我們心裡造成罪惡感和壓力，導致我們去尋找控制這些不舒服感覺的方法。

我對女兒說：「麥亞，你這樣很膚淺耶！對你的人生，這些都是枝微末節，我不希望你以成為模特兒為你人生的終極目標。我希望你能思考一些更重要的事，比如你的生活目標或是你將如何為他人服務。」

麥亞的臉立刻垮了下來，閉上了嘴巴。我把她的反應當成默認了，所以繼續說出更傷人的話：「你不會希望長大後成為一個無腦的傻瓜，只對美容時尚一類的垃圾話題感興趣吧。相信我，你有更好的人生，你會關心這個世界，協助解決貧困問題和做有意義的好事。」

我的麥亞絕不是個能容許他人說東指西的人。聽完這些話，她對我大吼：「媽媽，我只是談一些好看的衣服，不是在討論我的未來。我只有十二歲，所有十二歲的女孩都在說這些東西。你為什麼表現得像是我做了什麼壞事一樣？」

麥亞說得沒錯，她當然沒有做任何壞事。她唯一做的事，就是違背了我自己身為覺知父母的神聖形象。我的小我對女兒的未來有更遠大的設想，比如解決貧困的大問題，或者找到治癒癌症的世紀新療法。

然後，麥亞用只有絕頂聰明的孩子才知道的做法，一劍戳穿我自以為是的小我：「從現在開始，我不會再跟你分享我心裡的想法了！」我知道自己完全搞砸了。我挖了切斷連結的坑給自己跳。瞧我教會女兒什麼了？我教會她十二歲是個危險的年紀，更危險的是跟父母分享心事，因為這可能會帶來被批評和被斥責的風險。

我到底該怎樣調整自己，重新與當下連結呢？我告訴麥亞：「你是對的，是我越線了。你當然可以不再相信我。我正被自己對未來的恐懼所操控，忘記了你只有十二歲，有符合你年齡的想法和感覺。我只是怕你忘記人生中真正重要的事。」

她對我說：「媽媽，你要相信自己。你已經教過我人生中重要與不重要的事了。但重點是，我不是你，如果我喜歡時尚，那只是因為我就是喜歡。」

正是這些時刻，孩子把我們送回屬於自己的地方，讓我們意識到自己混亂的價值觀和信任感。如果我真的信任自己的教養方式，就不會因為女兒所說的話而有絲毫動搖。會讓我覺得有必要確保女兒不會被誘惑的唯一原因，是因為我對自己的教養方式沒有把握，同時又對時尚美容抱持著模稜兩可的態度。我想像出來的恐懼，再次綁架了我在當下理解孩子的能力。

在麥亞談起時尚的當下，假如我記得自己的忠告，就會留心自己的觸發點。然後與其讓它壓垮我，我會先把它放在一邊，對麥亞說：「天啊，你說的這些會觸發像我一樣有時尚恐懼的老人家耶。但我聽到你說的了，知道你喜歡什麼東西，不喜歡什麼東西。身為你媽，我會害怕你可能沒有意識到這些東西都很表面，但我知道也相信你已經知道了。」我坦承了自己的恐懼，同時也阻止了恐懼破壞我們母女的連結。

你可能會問：「那麼，我們都不能糾正孩子嗎？難道無論發生什麼情況，都要接納當下的他們？如果他們真的做錯了，又該怎麼辦？」的確，這些都是很實際的問題。然而，這些擔心也是從跟匱乏有關的恐懼狀態而來的，源自於我們對控制、修正及管控的欲望。

我的回答是：「接受當下，不意味著你只能被動反應，或是放棄什麼。它只是代表你要將情緒的刺激源從狀況中排除。如果有必要，你當然可以糾正孩子，甚至立場堅定地設下界線。但在整個互動過程中，沒有恐懼，沒有驚慌，也不帶有絲毫羞愧或內疚的情緒。」

接納我們的孩子，不同於縱容他們為所欲為，這兩者天差地別。有一天，麥亞抱怨說她覺得她點的披薩「走味」了。雖然我尊重她的失望，但會教導她「解決問題，放下情緒，然後繼續前進」。假如她還是不停發牢騷或抱怨，我仍然會堅持我的教養方法。我會說：「披薩已經買了。你可以吃掉，或者我們找其他東西來吃。但我不會再另外買一份給你。」我不會因為她不喜歡這塊披薩而不高興，也不會強迫她吃——這是更糟糕的做法。我會提出一些選擇給她，並要求她自己做出適當的決定。父母千萬不要誤解，認為所謂的「接納」就是被動地允許孩子的所有行為。這是一個非常重要的教養觀念。同樣的，當孩子在餐廳表現出不禮貌的行為時，雖然我們不該責打或大聲斥責，但規範他們的不適當行為是必要的。有時候，這可能意味著你必須馬上離開現場，直到孩子平靜下來。然後以清楚直接的方式，告訴孩子他剛才的行為會對他人造成什麼影響。無論採取什麼行動，在這種情況下，父母沒有介入處理絕對不是有覺知的做法。

「萬一孩子正在做一些會造成損失的事，又該怎麼辦？」父母可能會問。「例如，明天有一場重要的考試，他還在玩手機？」

當下的覺知，要求我們在孩子向我們展現此時此刻的自我時，與他們同在。與其帶著認定孩子不聽話的心態去突襲他們的房間，我們可以請他們交出手機，並向他們解釋，無法放下手機的行為已經影響到課業。我們不需要跟孩子爭辯或做進一步解釋，只需要跟他們討論出一個使用手機的協議約定，並要求他們將手機放在不會影響他們的地方。即便孩子說出令我們討厭的話或發脾氣，這時候我們的任務就是擺脫那些干擾，不做出情緒化反應。要注意的是，情緒反應一出現或孩子的抗拒越大，親子關係的嫌隙就會加大。我經常告訴父母：「如果你的孩子不了解你的觀點，也無法遵守你設下的界線，這意味著背後一定還有其他原因在作祟，這才是真正阻礙你們關係的源頭。」在這些極端情況下，手機就不是主要的問題，親子關係才是。

這是個無常的世界，你要具有水的特性

我們經常會忘記，萬事萬物都不會恆久不變，這是一個無常的世界。所有事物都有一個開端，歷經演變，然後轉化成新的樣貌。這種過程時時刻刻都在發生，無論是在我們身邊，或在我們心裡。沒有什麼是恆久不變的，而且有些變化令人猝不及防，甚至上午的我們跟現在的我們也不一樣了。這指的是，不僅我們的細胞發生變化，我們的意識也不同了，即使我們沒有察覺。因此，執著於孩子在單一時刻的行為，就是忽視了他們改變和成長的潛力。事實上，父母的無意識反應會突顯出孩子個性裡的某些元素，並讓它們更緊抓不放。我們越是排斥這些元素，它們對孩子個性的影響就越大。回到我女兒熱愛時尚的那個例子，我可以這樣說：「嗯，我完全了解為什麼你會認為模特兒的生活很有趣，但我敢打賭，她們一定很累，因為隨時隨地都必須打扮得光鮮亮麗。」然後等它發酵，就能減輕女兒對於當模特兒的興趣。但我先前出於恐慌所用的方法，卻讓女兒對當模特兒有更多的執迷。我們往往就是因為這樣做，才擺脫不了痛苦！

每個時刻都是新的，而且一去不復返。雖然這一刻是前一刻創造出來的，但它本身也是個全新的時刻。正因如此，用某個特定時刻來標記和分類孩子的行為是不對的。當我們用孩子過去的樣子來認定他們的形象，就無法欣賞他們在這一刻的樣子。偏愛過去的樣子，只會讓我們錯過孩子每一刻不同的存在。

幼兒完全沒有這些困擾，他們不會掛心昨天發生的事。不同於身邊的大人，他們不會拖著前幾天、前幾週或甚至前幾年的沉重包袱。他們能夠原諒並忘記他們所受的委屈，這使得他們能夠興致勃勃地開始下一次的體驗。換句話說，孩子直覺地順應了現實無常的本質。

然而，孩子從一種狀態轉換到另一種狀態的天賦，卻激怒了父母。成年人的腦袋無法理解，為何一個擁抱、一句玩笑或溫暖的話語，就能迅速改變孩子的心情。我們試著去思考、推測、判斷和合理化這一切，然後發現我們無法得出合理的解釋而感到沮喪。這就是為什麼當父母堅持要知道，為什麼他們的孩子以不合理的方式行事時，我會聳聳肩說：「就是這樣。他們是當下的生物，你我永遠無法掌握他們從一種心情跳到另一種的力量。」

將自己扎根於此時此刻，意味著我們用充滿活力和全然接受的狀態進入每個當下，隨時準備好面對生活不斷提供給我們的新經驗與新課題。當我們的頭腦由於情緒化反應而變得糊塗或狹隘時，覺察世事無常的本質會提醒我們繼續呼吸，並讓我們說出：「這是個全新的時刻，我可以重新開始。」

孩子不喜歡父母將他們犯的錯小題大作，也對他們沒有任何幫助。「每當我做錯事，我的父母就會把我從兩歲開始犯過的所有錯誤再數落一遍。」有個孩子曾向我這樣抱怨過，也反映出許多孩子的心聲。「我自己連一半都記不得，」孩子繼續說：「但他們都記得牢牢的。」

另一個孩子則說：「如果某個晚上我說太累不想做功課，我的父母就會警告我說以後上不了好大學。他們談的是未來，而我只不過是在談那個晚上而已。」

當下「如是」的樣子，無比豐富，包羅萬象。只是我們出於恐懼，不允許自己在每個瞬間去親近、挖掘它豐富的本質。這是因為我們困在過去裡，麻木了我們的意識，損害了我們把眼光放遠的能力。

「此一時，彼一時」是我一再告訴自己的話。它提醒了我，停止去堅持我認為現實應該是什麼樣子，讓我獲得自由走進當下，不管等待我的會是什麼。

舉例來說，某天我們出門玩得很盡興，直到回家路上女兒因為太累或擔心功課寫不完而大鬧，毀了先前的好心情。此時我不會指責她毀了我們美好的一天，而是對自己說：「先前她心情也很好的，但此刻她的心情改變了。她只是表現出她此時此刻的真實情緒而已。」

建立良好親子關係的一種最有效方法，就是跟孩子在當下相遇。比如當他們下課回家，我們要做的，不是急著跟他們討論今天過得怎樣，或催促他們寫功課，而是單純以孩子的現狀來迎接他們回家。我們允許孩子以他們希望的任何方式來跟我們碰面。同樣的，在他們上床睡覺時，我們也是以他們的真實心情走進他們的世界。這種心與心的交會，讓我們更容易維持所設下的任何界線。

當我們對孩子說：「此一時，彼一時。」就是在幫他們轉移到當下這一刻，無論是指寫功課或是上床睡覺。有覺知地進入一個新時刻，會讓親子關係更明確，帶著孩子擺脫過去，進入全新的一刻。

不要形塑孩子，丟掉你手上的模具

有個客戶問我：「我該怎樣把自己的教養方法改得更有覺知？當我拿到孩子滿江紅的成績單，真的很想尖叫時，要怎樣保持冷靜？」

我對她說：「你不能偽裝自己的意識。最好的方式是告訴孩子，你好想尖叫，而不是假裝你沒事。雖然我們不應把感情發洩在孩子身上，但是當情緒很強烈時，偶爾允許自己有表達情緒的空間，這點很重要。然而，你不能讓它發展成一種常態模式，在大多數的時間裡，你應該要有能力去消化及整合自己的感覺。一旦你改變了自己的哲學，顛覆拿到C的成績等於失敗的想法，就不必再偽裝或憤怒地尖叫。當你真正看出C的智慧，一切就會改變。當C跟失敗、死亡不再牽連在一起，而是代表孩子自我意識的新生，以及你們母子之間建立更深連結的機會，那麼你所看見的就是它的豐富，而非匱乏。」

「我該怎麼把這個方法轉換成實際對話？」客戶問我。「這個嘛，」我回答：「你可以這樣說：『現在這個成績並不重要。讓我們試著找出你的優勢，以及你需要協助的領域。只要先做到這一點，問題就能迎刃而解了。每個學科都像一塊需要訓練的肌肉，想讓這塊肌肉更強健的渴望，比你自以為什麼都知道的得意自滿更加重要。』」

當我們把重心放在自我成長，並將它視為成功的唯一參數，外在成就的陷阱就不會威脅到我們。如此一來，每時每刻都會成為更接近真實自己的一次機會。摘掉所有用來偽裝的假面具。豐富我們的想法不設限，就會看見每個錯誤、失敗和出錯的風險，其實都閃耀著珍貴的光芒。

然而，這並不代表我們就該莽撞行事。事實上，恰恰相反，這意味著我們會堅持真正重要的，也就是真實自我的成長。當每個決定都跟我們當下的自己一致，怎麼可能會有事情是「錯的」或是「壞的」？因此，當我們看到孩子以他們當下覺知所允許的最好方式來運作時，就不應為了不可避免的失敗來評斷他們。一旦我們改變焦點，就能教孩子珍惜他們從每個經驗所獲到的成長。

我聽到許多人談論所謂的「吸引力法則」。他們被這種法則所承諾的財富和成功所誘，因此試圖讓這種「法則」在自己身上發揮作用，但在大多數情況下，都會以失望收場。願景板[1]則是強調了我們的夢想和欲望，的確可能對我們有幫助，這我沒有意見。但如果用願景板來取代我們處於當下的做法，對我們的教養就沒幫助了，因為這會讓我們只著眼於未來。

我們的每個思緒都是中性的，有能力引導出一堆信念，而這些信念就像在我們心裡擺一塊磁鐵，會把我們吸進能反映出它們的情境之中。假如我們任自己沉浸在某個想法中，而那個想法只能迸發出那些會削弱力量的信念和情緒，很可能就會發現焦慮及負面的人事物把我們壓得喘不過氣來。我們的想法似乎會給自己帶來接二連三的壞事，正如俗話所說的：禍不單行。

舉例來說，假如你的孩子體重增加太多，你可能會告訴自己：「我的孩子過重了。」這個念頭可以是中性的，但它通常不是。於是，它引發了你的焦慮發送信號到你貯存念頭的資料庫，釋出更多同質的信念。你的下一個信念，可能是「我的孩子在學校會不受歡迎」。然後這個信念再發出訊號，尋求其他類似的信念，比如「我是個失職的家長，沒有控制好孩子的食量」。想法和信念的連鎖反應如此不斷進行著。很快的，你會變得很焦慮，嚴重到讓孩子接收到並吸收這些情緒。由此所衍生的後果，可能永無止境。畢竟，我們的想法不能變成現實，但信念可以，因為它會從內部塑造我們的樣貌。宇宙會回應我們內心認定的信念，這也是為什麼形成一種可給予我們更多自由、不焦慮的信念，會如此重要。根據吸引力法則的角度來看，我們在對待孩子時，有必要改變自己由恐懼衍生的負面反應方式。

職是之故，當孩子體重增加時，我們毋需恐慌，而是用不帶任何批判的方式去如實接受現狀。我們仍然可以對這個情況做出回應，但不是用受到刺激的回應方式，而只是單純採取行動。

我們可以擬出新菜單，改變家人的飲食方式，不再購買加工食品；或是帶著孩子一起參加瑜伽或健身課程。更重要的是，我們要留意自己是否會用食物來麻痺或處理情緒問題。

如果我們能把這類情況視為自己覺醒的呼喚，就能將孩子從「修正」他們自己的重擔中解放出來。如果我們因此更在意身體健康，將會感謝這個事件給了我們改變飲食的機會。我們不再因為孩子的異常情況而積累怨氣，而是視為親子更深層連結及更緊密互動的契機。從這種充滿當下能量的狀態出發，我們就可以對孩子說：「我明白，你可能會因為體重帶來的壓力而感到不開心。我們可以來談談這事嗎？」或者我們可以提出建議：「我們一起來看看我們跟食物的關係，不只是你，也包括我自己。我們來談談正念飲食[2]這個新觀念，讓我們的飲食變得更均衡。」在某些問題上，我們會更容易進入「如是」的狀態；但有些情況則否。讓我們來看看一個大多數父母都會覺得很難忍受和應付的常見情況：孩子輕蔑、不尊敬我們。當孩子出現這種行為時，當父母的很難保持平靜。大多數父母都會被孩子的無禮態度激怒，並視之為人身攻擊。然而，與其因恐懼而開始帶出一連串激烈的信念來回應孩子無禮的態度，我們更可以選擇不再給這些負面行為添柴生火。如此一來，負面行為就會開始消減，因為只有依靠我們負面能量的供給，它才能持續增長。

---

1 願景板（vision boards）又稱夢想板，是《秘密》一書實現吸引力法則所使用的道具。在一塊板子上貼上任何想要的情境或物品圖片，並在圖片旁邊標註夢想的細節，如達成時間、數量、位置等等，然後放在常見的位置，每天經常觀想並配合行動，促進目標實現。

2 正念飲食是藉由認識自己進食當下的情緒，用不批判的方式來了解自身的飲食習慣，建立合適的進食模式，達到身體健康及心靈平靜的效果。也就是，覺察自己為什麼吃，比吃什麼、怎麼吃更重要。

如果反過來，我們不執著於孩子的不當用語，讓自己進入一種不同的能量狀態，並捫心自問：「為什麼孩子跟我互動時會有這樣的衝動？有什麼是我沒注意到的嗎？是我管教過度？還是我管教的前後標準不一？為什麼孩子會用這種有失格調的方式跟我說話？」

如果我們實在無法保持冷靜，可以選擇暫時抽身離開，但絕對不是怒氣沖沖地甩門離去！等到我們能夠完全控制自己情緒時，再來處理問題。如果我們當下就能溫和回應，可以建議孩子問問他們自己，他們現在是否處在高我（Higher Self）[3]的有覺知狀態。

例如，我會對女兒說：「你剛才無禮的態度，讓我感覺你可能發生了什麼事。你能告訴我嗎？」不在這種情況下攙入我個人的感受，就能給女兒有多餘的空間去自省。

如果不出意料，她可能會說：「我正在為朋友的事生氣，所以才會對你發脾氣。」或者她會說：「學校的某件事讓我感到很大的壓力。」或是更簡單的答案：「我累了。」

多年下來，我幫許多父母去看明白，無意識反應會如何形成吞噬每個人的負能量旋風。我向他們解釋，他們不必放棄自己的真實感受，要放下的是這種情緒帶來的負擔。不管你是用恐嚇、哄騙或咆哮的方式來回應，都只能放大那些我們欲除之而後快的行為。因此，有哪些想法可以放大我們所樂見的改變，那才是我們應該考慮採用的。當然，這都要以真心誠意為基礎，不包括對孩子品性的空泛讚美，在這樣的時刻，虛假的讚美沒有任何幫助。

當親子雙方一起進入相互尊重、理解和同理的狀態時，就會發掘孩子內在對成功及建立良好親子關係的渴望。我們可能會說：「我知道你想成功，我知道你想做到最好。所以，讓我們一起努力。」然後，不再把注意力放在孩子**沒做**的事，而是應該專注於他們**正在**做並想要更進步的事情上。這將會把能量轉移到正途上。

當孩子看到我們正在以一種引導和利用他們優點的方式來跟他們相處，就學會如何平靜地處理生起情緒化反應的那個時刻。因為沒有人會給他們羞辱、責備，也沒有人會讓他們心生內疚，孩子就能自由自在地專注於他們所希望的改變。身為父母的我們，越能夠擺脫負面的想法和說法，就越能提供孩子開放的空間，促使他們正面的能量流動。

在孩子輕蔑無理的時候，我們需要挖掘他們行為背後的真正感受。然後我們可以向孩子揭示，他們輕蔑無禮的態度會直接以負面方式影響到他們的生活。我們可能會說：「我知道你在試著表達自己的想法時受挫了，但現在我比你更沮喪。有沒有另一種方式，讓你用來表達自己，滿足你的需求？我們可以一起來看看，我們是如何開始針鋒相對的？我們一起來找出這種模式，然後看看我們怎樣互相幫助。」

這裡有個關鍵因素，那就是不要把孩子的行為跟我們自己牽扯在一起，例如感覺到失望、受辱或受到傷害。如果我們把孩子的行為牽扯到自己身上，最後孩子會針對我們的能量起反應，而不是專注於自己身上。

全然接納的心態，能夠拔掉負面能量的毒刺。接納如其本然的現狀，會帶來善意、臣服，最重要的是讓我們心懷感恩。所有這些元素會在我們的心靈帳戶輸入一個正電荷，帶著巨大的力量一層層泛起漣漪。

接納不是被動消極的，它與放棄截然不同。接納讓我們積極主動地去了解我們如何共同創造出當下的情境，以及它要教導我們什麼。如果我們的人生需要做任何改變，那就是我們有必要不

3 高我就是真正的自我，是自己最真實的存在。

帶任何負面感受地去面對如其本然的現實。

接納經常會被忽略的一個面向是：所有事物都是連續體，因此如果要創造出改變，可以反其道而行，把注意力重新聚焦於平時吸引我們關注的另一端。我們在前一章曾提到過這一點，我會再次強調，是因為這是一股父母可以運用的強大能量。比如說，如果你感受到孩子輕蔑無禮和反抗的能量，你通常會專注在這種行為上，但這樣做只會更強化孩子的行為；不如把重點放在這個連續體的對立面。如此一來，你就能在無需認可不當行為的情況下去接納孩子。

要做到這一點，方法是更用心去留意孩子溫順有禮的時刻，然後放大這些理想的行為。例如，當我女兒安安靜靜地吃午飯時，我就會抓住機會說：「我好喜歡你現在這個平和的樣子，像現在這樣彼此陪伴，我感覺跟你更親近了。」在這樣的時刻，我們不該做的就是做比較——拿孩子以前讓我們吃不消的樣子跟現在對照——這是為人父母很容易掉入的陷阱。這樣一來，原本的稱讚反而會變成反效果的說教了。

我們越是強調孩子的尊重和善意，隨著時間一天天過去，他們就會表現出更多的尊重和善意。當我們順勢轉移對孩子負面行為的關注，負面能量就不會再增強，也能對孩子釋出更多的尊重和善意。

你的反應，就是孩子的觸發點

你的孩子會不斷模仿你的語氣、能量，以及非語言的信號。你可能已經對於引爆自己情緒地雷的觸發事件有了更清楚的了解，但是你是否意識到，你可能也是引爆孩子情緒的元凶？最重要的是，孩子會以特定方式對你做出回應，其實是因為你以某種隱諱或明顯的方式來對待他們？

我們給孩子施加的壓力，比他們給我們的更多。比如說，孩子什麼時候會像我們一樣用清單和行程表開始每一天？他們不會為我們制定一堆計畫，也不會逼我們去不想去的地方；當我們不吃他們喜歡的食物，或不穿他們為我們選的衣服時，他們也不會威脅我們。所以，是我們開啟了這種互動方式，固執地用我們的標準強加在孩子身上。我們理所當然地用一些暗示性的語句來提出要求，例如促進健康、給他們一個好機會、打開眼界，或是「我都是為了你好」等等。如果我們對自己夠誠實，就會坦承所有這一切都只是操控孩子的手段，讓我們可以按照自己的意思為所欲為。

我們的能量和存在方式，會跟熟悉的人產生心靈及情感的高度感應。身為父母的我們，必須了解即使從來沒有說出口，我們的存在還是會影響孩子的所作所為。這也提醒我們，時時刻刻都要問自己：「造成這種情況，我的責任在哪裡？我的能量或行為是否鼓勵了孩子用這種方式做出回應？」當我們理解，每種情況都是親子雙方共同創造出來的，以及我們在每種情況中所扮演的角色，就不會再責怪對方。

一旦我們承認，所有發生的事情都是交互作用的結果，就會明白，為了孩子的行為去懲罰他們，是一種太過簡化的處理方式。

沒有任何行為是憑空而來的。某件事情觸發了孩子的行為，就像某些事情會觸發我們一樣。源頭可能來自外界，也可能來自父母；同時也可能隱藏在孩子的心靈深處，超出了他們覺知的範圍。簡單要求孩子去負起責任，而不去同理他們並探究行為背後的原因，不但殘酷無情，而且也毫無建樹。

當我們明白，讓人感到不滿的行為是其他問題的徵兆時，就會提醒我們要以更有意義的態度來跟孩子建立連結。透過因果角度來觀察孩子的行為，就不會對他們的先天特質做出批判，而是對他們的感受和經歷感到好奇。這種新觀念的確在建立親子互信上有不可思議的效果，可以把孩子拉近我們身邊。

我的客戶康拉德是一名五十七歲的父親，他在心臟病發作後，患有類似於創傷後壓力症候群（PTSD）的症狀。心臟病發作的經歷對他影響很大，造成情緒障礙，嚴重到幾乎不能出門，因為他害怕自己萬一外出時心臟病又發作，會沒人幫他。他處理焦慮的唯一方法，就是留在家裡。沒多久，他幾乎一整天都躺在床上。他的孩子見他遲遲無法恢復健康，也開始表現出各自的症狀。

康拉德八歲的女兒布蘭達，課業表現一落千丈，而且也開始抗拒出門。同時，他六歲的兒子丹尼爾，則開始在學校惹是生非，變得越來越刻薄挑釁。一開始，康拉德夫婦沒有把孩子的問題跟父親無力應付自身病痛連結起來。他們找上我，是因為覺得自己需要學習更好的方法，來防止孩子的問題變得更糟糕。直到我指出康拉德的壓力後，這對夫婦才意識到父親健康問題如何直接影響了他們的孩子。

生病後，康拉德選擇了自我封閉，而不是主動面對他的心臟問題，讓自己陷入一種焦慮無助的狀態。除了越來越退縮之外，對於解決問題束手無策。他的孩子們就是吸收了這種無助感，然後表現在各自的生活上。顯而易見的，除非康拉德解決了他的焦慮，否則孩子們長大後也會相信自己無法應付生活的挑戰。

康拉德的問題是，他看不到生命仁慈地先示警，提供給他一個提醒改變生活方式的警訊。他把心臟病發作看成是極端負面的事，所以認為這整個經歷不僅是一大災難，還帶著濃濃的惡意。我跟他解釋，除非他能接受這是生命給他的一個成長機會，否則他將會毀滅孩子的人生。由於心臟病發作的經歷，催生了他無法安享天年的恐懼，但這只是他不相信自己具有復原力所導致的結果。他想像自己很脆弱，導致他相信最好能不動就不動，才能平安度過每一天。

我告訴他，即使他的心臟不健全，仍然有能力正常生活，而且心臟病不會摧毀他，反而是讓他變得更好的催化劑，促使他成為更具人性和悲憫心的人。聽完我的話後，康拉德透露他自己是在極度管控的環境下長大的，同時也接手父母的信念：你對人生掌控得越多，就會越安全。

簡單來說，他的心臟病摧毀了他整個世界，破壞了他的基本價值觀，讓他只能像胎兒一樣蜷縮著求生。他需要一個全新的世界觀。但是，要如何發展出新的世界觀呢？

我們很少會因為知道自己需要改變而改變。一般而言，只有當人生遇到難關時，我們才會想要改變。這些難關，可能是婚姻觸礁、工作岌岌可危、健康亮起紅燈，或者孩子陷入困境。在許多情況下，似乎只有危機才有能力改變我們。

我們有時候十分冥頑不化，即使是遇到危機也不能讓我們開竅。康拉德就是這樣的人。他花了很長的時間才放下了他認為自己喪失行為能力的信念；事實上，他遠遠不到這個程度。最後當他面對自己的焦慮，並允許自己去體驗自己的感受，而不是讓這些感受壓垮他或操縱他後，他才終於承認本我並沒有因為心臟病而遭受損害。

那些真正擁有成功人生的人，知道如何在感到焦慮時不讓焦慮主宰他們。我們做父母的神聖責任，就是要解構以下這個愚蠢的概念：身為萬物之靈的人類，我們不應該感到焦慮。這就像是在說每天都應該是陽光普照的好日子，不該颳風下雨或閃電雷鳴一樣。就像康拉德憤怒的哀號：

「我還這麼年輕，怎麼能得心臟病！」

我們接著來看看，改變如何發生。當我們的能量在內部轉移時，這些變化就會從內往外滲透出來。一開始，改變可能並不明顯。正如大峽谷是一層一層雕鑿出來的一樣，我們所做的每個改變，也是一點一滴累積出來的。當我們挖掘出宇宙提供給我們的豐富能量後，就會越來越有能力去創造我們所尋求的改變。我們越是感覺富足而不是匱乏，我們的人生就越會往富足的方向走。

我們的挑戰，不是企圖去改變孩子，而是在對富足有充分的認識後，如何將我們自己的能量從需索狀態，轉變成培力充能的狀態。我們可以問問自己：「我想要孩子成為那樣的人，我自己可以做到嗎？」透過這樣的問題，我們開始把我們希望孩子吸收的特質一一體現出來。

這不僅適用於教養，也能用來改變我們整個人生。我們想看到世界改變，我們就要先改變自己，而主要的配方就是增益自己的能力。我們的內在就有現有的能量，我們的挑戰就是去發掘它、親近它。我們需要問自己的問題是：「我相信自己能做到這件事嗎？」

當我們不再抗拒生命帶來的挑戰，我們臣服的，不僅是所發生的一切，也包含了我們的感受。正如我對康拉德所說的：「當然，你會感到失望，甚至極度害怕。這是人之常情。然而，因為你害怕去體會你真正的感受，你想擁有不同感受的渴望就會阻止你活在當下。相反的，如果你就單純地接受你也會有崩潰的時刻，視為人生課程的一部分，就能夠教會孩子，他們有時會有不好的感受是很正常的事，並不代表他們的內在就會崩潰瓦解。」

你是否認為「生活總讓我們猝不及防」，如果你把這樣的觀點轉換成生活是為我們而開展，化消極被動為積極主動，就能找到每個人生經驗的珍貴之處。一旦我們開始用共同創造者的身份融入生活，充分扮演好我們自己的角色，就能快速成長並適應當下的需求。放下「這是該我的」

這種理所當然的心態，我們就會意識到結果未能落實，有部分原因是出在我們身上；也因此，只有當我們願意經歷蛻變，所期望的目標才能開花結果。每個瞬間都提供了我們無限多的可能路徑讓我們跟隨，需要我們的覺察力去分辨有意識的選擇及無意識的選擇，才能量身打造我們的能量，來滿足我們對目標開花結果的渴望。一旦我們了解自己擁有選擇的力量，對自己的人生就握有更多的自主權。如此一來，一個剛毅、堅韌、充滿勇氣及創造力的人生就誕生了。

講真話的力量，坦率說出你的感覺

許多人都會覺得在孩子的行為惹火我們的時候，除了對他們做出情緒化反應之外，我們別無選擇。我們的直覺反應是痛斥他們一頓。如果有人激怒我們，我們也不會停下來思考，只會做出無意識的反應：「嘿，你有什麼毛病？看看你做的好事。」而不是這樣的反應：「為什麼我現在這麼激動？我能以更好的方式溝通我的需求，了解對方並非出於惡意嗎？如果我感到難以忍受，可不可能先抽身離開眼前的局面？」

外在的世界在許多方面都反映出我們內心世界的狀態。我想，很多人都是由內在生活一塌糊塗的父母所扶養長大的。因此，我們會在自己的成長過程中反映出來，並極可能將同樣的混亂傳給我們的孩子。這些籠罩著迷霧的靈魂鏡像，以及無意識的遺毒，會一代傳過一代。許多人不知道這一切是怎麼回事，往往會歸咎於外在世界遇到的某個人某件事，而不理解這是由我們的內在映射回我們身上的。

我們的孩子是一面特別有效的鏡子，因為我們可以跟配偶離異、放棄朋友，但孩子總是在我們身邊。由於親子關係比其他任何關係都更具有挑戰性，迫使我們有必要去檢視我們通常會否認或逃避的問題。當我們能夠檢視孩子為我們提供的鏡像，並解決我們的問題，不僅能清除自己視野上的迷霧，也能開始看見孩子真正的樣子。透過這樣的方式，我們將成為孩子真實自我的映射。

父母經常會害怕，假如不被「允許」做出情緒化反應，將會感到窒息、虛偽，或懷著恨意。其實，還有其他跟情緒化反應非常不同的回應方法。只是許多人根本不知道，如何用不帶情緒的方式彼此溝通。我們不習慣跟自己真正的感受共處，讓它們有機會橫衝直撞；我們也不知道如何不帶攻擊性地堅持立場。我們之中，很少人學會用直白的語言來說出我們真實的想法。

假如我們小時候就被允許以「如是」的方式為自己發聲，就能連結內在真實的聲音，而不需要訴諸操縱、控制，或被各式各樣的情緒騷動所困。說真話應該是世界上最簡單的事，但是對我們的照顧者來說，說真話會帶來威脅，所以我們發現，現在說真話反而變成了一件最難做到的事。帶著孩子一起回歸到真誠表達的溝通方式，是我們可以給他們的最美好禮物之一，因為坦率真誠原本就是孩子的天性。

將我們的情緒化反應，轉變成真誠的溝通表達，可以在親子關係中產生強而有力的變化。我們一起來看看一些現實生活中的例子，如何從被引爆的情緒化反應，轉變成真誠的表達方式：

反應：當我跟你說話時，不要玩手機！我不敢相信，你居然還沒有開始準備考試。放下你的手機，否則我永遠沒收。

真誠的表達(1)：我知道你沒有注意到自己分心了。我可以看出來，你是不自覺地在逃避考試。我可以幫你定計畫，讓你為考試做最好的衝刺嗎？

真誠的表達(2)**：**現在你恐怕還懵懵懂懂，不知道你的選擇會帶來什麼後果，身為你的母親，我很擔心。我需要你幫我，告訴我你知道自己的選擇會造成哪些影響。我們可以談談你為什麼決定不念書，以及我們要怎麼改變你的能量嗎？

真誠的表達(3)**：**我看到你無法控制自己不玩手機。我會再給你五分鐘，你要負起你該負的責任。如果五分鐘後，你仍然允許自己推卸責任，我就有必要拿走你的手機，直到你完成該做的事情為止。我不想要做到這個程度，但我需要知道你能夠約束自己。

反應：你既不聽話又沒禮貌。不准再用那種語氣跟我說話！這個週末你被禁足了。

真誠的表達(1)**：**我看得出來，你覺得需要用這種語氣跟我說話。很明顯的，你感到不安，否則不會這樣說話。我會離開五分鐘。在這段時間，我建議你花幾分鐘想想，你想要怎樣滿足你的需求。

真誠的表達(2)**：**我看得出來，你現在出離憤怒。我想聽聽看你的感受，但是當你這樣對我說話時，很難聽出你的心聲。等你準備好能夠用不侮辱我的方式來分享你的感受時，我隨時都在這裡。

真誠的表達(3)**：**聽到你對我說出這一連串無禮又難聽的話，我真的難受又傷心。我現在要離開房間，各自給我們一些空間。當你準備好能用平靜的方式來討論這個問題時，我們可以再試一次。

一旦我們真實地表達自己的想法，就能帶來善意、正念和責任感。我們會讓孩子知道以下幾件事：其一是他們很聰明也完全有能力；其二是我們覺知到自己當下的感受有強烈；其三是我們願意做出需要的改變，來轉變親子之間的互動方式。當孩子看到我們的所有作為都是發自內心，而且沒有硬把他們當成壞傢伙看待，就會放下心防，跟我們一起找到解決問題的雙贏方案。

身為父母的神聖職責，就是要記住，每個孩子都渴望被看見、被聽見和被理解。事實上，正如我先前所說的，孩子最深的渴望就是知道這些問題的答案：「我很好嗎？我沒問題嗎？我很重要嗎？」孩子渴望我們能理解他們的世界觀、他們的看法，以及他們的感覺，這會讓他們覺得憑藉與生俱來的能力，他們就能活得很有意義。孩子希望他們的聲音被認真看待，他們的意見被當成一回事，還有他們的貢獻被認為是有價值的。

我們的孩子非常能夠傾聽自己的感受，因此能體會到自己真實的感覺，也不怕說出口。但是，當我們面對他們的感受（特別是那些會讓他們痛苦的），我們通常是怎麼做的？我們不但不理解，反而漠視他們的感受。我們要求孩子「噓，安靜」，不要哭鬧。或者，他們覺得父母看不起自己，覺得丟了父母的臉，或甚至覺得他們會有這樣的感覺應該是瘋了。結果是，孩子越來越相信自己不對勁。當然，這也反映出身為父母的我們感受力變差，或是無法擁有自己真實的感受。當我們能夠擁抱自己的光明面與黑暗面，同時也允許孩子這樣做時，我們就提醒了孩子，真正的勇氣在於坦率與真實做自己。

～我的新承諾：擺脫過去～

即便我想要維持原樣，

即便我認為生活的面貌就該這樣那樣，

但我明白自己對現實的抗拒是源自於恐懼，
讓我看不見當下有多珍貴。

如果我能放下我的控制欲，
就可以帶著勃發的活力走進未知。
以一種堅韌有力量的姿態順勢而為，
我可以成為行動者，
創造出我所希望見證的轉變。

我將不再抗拒，
用覺知與喜樂來迎接每個當下。

第十六章……

從混亂到平靜

靜默，容許我們進入內心，找到另一種表達方式。與其盲目地對孩子發出一連串責問，我們可以運用這個無反應的空間接近孩子，而不是跟他們對抗。即使只有幾分鐘的寧靜，也有機會放下一開始的對立心態。

從我們的呼吸到季節的變換，大自然遵循著一定的規律。即使表面上一切都在變動，但整體總是與它背後不變的基礎相連結。雖然在每一刻，生活都毫不費力地在改變，但變動的基礎卻是靜默（stillness），需要的只有「如實存在」，別無其他。

我還記得，小時候在孟買老家附近的沙灘上散步時，我曾問母親：「海浪要去哪裡？」我母親回答：「海浪要回到海洋的懷抱。它們來跟你打聲招呼，然後說再見。一來一往，潮汐流轉。雖然有這麼多的浪潮離去，但你看看，海洋還是那麼遼闊！」這是一個為了小女孩而準備的簡單答案，但它卻留在我的心中。我母親無意間教會我，生活中的一切都有起落更迭。真正有智慧的人，不論起落都不會被迷惑，因為他們懂得了所有實相背後的靜默。當我們能這樣做，就不會隨著人生的推拉起舞。

當孩子看到我們因為加薪而高興，或因為朋友的稱讚而開心，就會吸收這些外在事件左右我們的方式。同樣的，當他們看到我們因為失去工作而沮喪，或因為胖了幾公斤這種小事而不開心，也會吸收我們的心情很容易被外在事件主宰的方式。反之，當孩子看到我們面對困境仍然沉穩且不屈不撓時，就學會如何順應生活的起伏不定，而不是與之對抗。他們會了解到，人生自然有高低起伏，但無論是起或落，都不會影響我們真正的核心自我。我們感受一切，但沒有任何事物可以定義我們。我們只由自己的本質所定義。

明白生命遵循了一定的節律，能幫我們在面對孩子出問題時，仍然保持安適沉穩。我們知道孩子不會永遠處在這樣的心境下，而這樣的心境也不能定義他們是誰，如同我們不會用心境來定義自己一樣。只要我們允許心情自然起伏，情緒就會來得快去得也快。所以，心境或情緒都不能定義我們是誰。

海洋的本質不會因為浪潮起伏而改變，我們的本質也一樣。它不會隨著時間改變，也不會被我們的心情、成敗或外觀所煩擾。如果身為父母的我們，能夠放棄表面化的小我，潛進我們的本質，就能脫離大部分的混亂和失調的狀態。這全都與我們如何看待自己和所愛有關，不在於表面所呈現的樣子，而是更深層的不變本質。

靜默的力量

我們人生中未開發的最佳盟友之一，就是靜默。大多數人害怕進入靜默的狀態，認為靜默代表一無所有，只因為它無所**作為**。於靜默中安坐會讓多數人感到不適，不僅因為這違背了我們從小接受的教導——想成功就要多說多做，保持忙碌，也因為這會讓我們痛苦地觸及內在的空性

（emptiness），那是一切現象的真實本質，也是真實自我存在之處。

直接與靜默相對，會讓我們覺得不舒服，導致我們暴飲暴食、盲目交際，並在生活中塞進一堆活動，好迴避面對靜默的狀態。這種馬不停蹄的忙碌，造成我們不和諧且失衡的心理狀態。當我們被無以計數的意見、批評和想法包圍時，我們的心靈就無法發揮它的最佳狀態。

每天騰出幾分鐘的時間，就只是安靜地坐著，能讓我們察覺到自己的本質，並為自己重新充電。花幾分鐘時間坐下來，把意識放在呼吸上，就可讓被資訊流灌爆、不斷要做出回應的頭腦暫時獲得喘息。這幾分鐘的定心，會提醒我們生命真正重要的事，就是自己與他人之間的連結。就算我們累積了各種成就，假如沒能建立連結，基本上等於什麼都沒有。

陣雨過後，空氣變得清新可喜，十分鐘的呼吸和靜坐也有同樣的效果，而且我們的孩子會立刻感覺到我們的能量開始有了轉變。每一天不忘時時自我檢視，能讓我們在開口前暫停一下，確保我們把注意力拉回到溝通方式上面。假如我們想要做到覺知教養，這種集中的注意力是最基本的關鍵。

靜默的意思，就是外在與內在的絮語同時都安靜下來。這意味著要去覺察我們內心的雜念，但不要深陷其中。每天練習，這些雜念最後就會虛化消失。只有我們持續與雜念不停互動，它們才會沒完沒了。一旦我們停止與它們互動，只是允許它們存在，它們就會慢慢消失。

想要練習靜默地安坐著，我要求父母在靜坐的時間段內盡量不要跟孩子說話，除非靜坐過程中，孩子迫不及待需要他們。這不代表我們忽略了孩子或不管他們；相反的，這是一份邀請，邀請父母不帶任何塑造或改變孩子的欲望，進入孩子的存在狀態。我請父母把他們用來談話的能量花在觀察孩子上面，建議他們仔細注意孩子的坐姿。孩子的肩膀是下垂的嗎？然後注意孩子的眼睛、微笑，以及孩子的聲調。留出充分的時間讓自己沉靜下來，對我們如何回應孩子影響深遠。

當父母問我一些很具體的實際問題，比如「如果孩子沒蓋上牙膏，我該怎麼辦？」我的回答是：「安靜五分鐘。」

「如果他們離開房間沒關燈呢？」

「安靜五分鐘。」

「如果他們考壞了呢？」

「安靜五分鐘。」

「如果他們對我或其他人沒禮貌又大小聲怎麼辦？」

「安靜五分鐘。」

「如果孩子打我或互相打架怎麼辦？」

「安靜五分鐘。」

現在，我猜你心裡已經警鈴大作了。這聽起來很瘋狂，不是嗎？當有人要求我們停止某個習慣時，心生恐懼是很自然的現象。或許你覺得我剝奪了你為人父母的權利，變相在支持孩子的負面行為？或是覺得我太縱容孩子了？還是覺得這樣會讓孩子做錯事，卻不用承擔後果？

「安靜五分鐘」的意義，跟以上這些想法都不一樣。靜默片刻，並不代表我們束手無策，而是騰出空間，讓最有智慧的行動進入我們的意識。因為只有當我們把自己從現場抽離一小段時間，直到自己從容平靜後，處事的智慧才會浮現。安靜片刻代表你拒絕倉促做出判斷，即使你認為對錯是顯而易見的。一旦你明白這種方法能改變你和孩子的力量，自然就會給自己幾分鐘的靜默，來允許最好的回應自然浮現。

我的客戶奧莉薇亞描述了以下的事件。奧莉薇亞有個四歲兒子崔斯坦，有天晚上她帶崔斯坦跟她的父母一起外出用餐。席間，崔斯坦開始變得不安份起來。奧莉薇亞警告他：「現在立刻安靜下來。坐好，不然我們就要走了。」

崔斯坦回答：「我現在就想走了。我們走吧！」

崔斯坦的回答讓奧莉薇亞不知怎麼辦，她只發現自己氣炸了。「你最好立刻坐下來，」她告訴孩子：「否則你就不准去外婆家過夜。」當崔斯坦開始尖叫，奧莉薇亞把他拎起來，帶出餐廳，取消了他到外婆家過夜的計畫，直接帶他回家。她後來說：「他因為不能去外婆家而受到打擊。我以為他會學到教訓，但第二天他還是表現得無禮又討厭。我不知道該怎麼辦。」

我向奧莉薇亞表示，她太快做出反應了。她感到很驚訝。「我以為我當時應該及時回應，這不是你告訴我們的嗎？」

我向她解釋：「以正念去連結孩子需要什麼，和心不在焉因為自己的不適做出情緒性反應，兩者是不同的。崔斯坦一直動來動去，顯然是需要有人幫他安靜下來。你沒有想辦法幫他，而是莽撞地用威脅和懲罰來回應他。他當然會反抗。而他越是不服，惹出的麻煩也越多。想一想，假如一開始你沒有說那些情緒性的話，事情會變得怎樣？假如你讓出空間多為他著想一下，比如你讓他坐在你的腿上，或者只是靜靜地抱抱他，會怎樣？這難道不會比你對他大吼大叫的結果來得更好嗎？」

奧莉薇亞終於看清楚問題所在。忙了一天的工作下來，累積的壓力已經磨光了她的耐性，因此會隨時攻擊任何不符合她期望的人。當她看出自己的憤怒是如何造成孩子的偏差行為後，她說：「我要怎麼學會採取這種有意義的暫停方式？我需要學會這個方法。」

我回答她：「這是我們所有人都該養成的技巧。保持靜默不代表默許或被動，只是意味著要花點時間來釐清發生了什麼事，並針對當下的特定情況找到適切的回應。」

靜默的片刻，容許我們進入內心，找到另一種方式來表達我們的希望。與其盲目地對孩子發出一連串責問，我們可以運用這個無反應的空間接近孩子，而不是跟他們對抗。即使只有幾分鐘的寧靜，也有機會放下一開始的對立心態，開始用不同方式來看待眼前的情況。

靜默讓我們能以全新的方式看待自己，也看待我們的孩子。藉由觀察孩子，我們體會到他們非語言的能量，也會注意到他們所發出的訊號。對於他們如何融入生活，以及跟我們如何建立連結，我們都會變得更敏銳。「人生是什麼」的這個問題，漸漸會被「如何生活」取代。我們會提出一些與當下情境相關的問題來問自己，而這些問題在我們分心或陷入混亂時都不可能想得到。值得考慮的問題包括：

- 這是生死攸關的情況嗎？
- 從更宏觀的角度來看，對於這個情況更透徹的看法是什麼？
- 這是跟孩子討論這個問題的最佳時機嗎？
- 我能不能用另一種方式來表達我的希望，讓孩子能夠接受？
- 我可能做了什麼，造成了目前的處境？
- 我可以用來處理這種處境且最具人性的方式是什麼？

在這一段簡短但關鍵的靜默片刻，我們能夠超越小我意識，觸及到心靈的智慧。通往心靈的旅程可能需要的不只是五或十分鐘，有時候，可能需要相當長的一段時間。無論如何，靜默片刻使我們能夠培養出清楚的判斷力、同情心和勇氣。因此，它是直接導向我們孩子內心的一條明路。

當談話製造出麻煩時——深度傾聽的價值

事情往往不會按照我們為孩子所做的計畫發展，每次一發生這樣的情況，我們就會認為有必要跟孩子談談。雖然親子對話和互動在某些方面有用，但有時我們想要把每件事談清楚的直覺，並非來自於真實的連結，而是來自於自己內心的焦慮，以及我們跟孩子中斷了連結。把事攤開來講，會讓我們感到舒坦，因為我們認為我們跟孩子已經達成協議了。西方文化也鼓勵我們發洩、表達和談論一切困擾我們的事。我們會對「討論」上癮，多半可以視為我們內心感到不舒坦的跡象，而不是真的想以和為貴，建立夥伴合作關係。由於這出自匱乏感，因此「我們談一談」經常是來自被認可、被肯定和被理解的需求。當我們被內在的匱乏感驅趕而滔滔不絕時，孩子會感到困惑混淆，反而讓他們離我們越來越遠，而不是越來越靠近。

然而，這並不代表克制情緒是一種更進步的做法。不論是談話或隱忍，只要是出於逃避不舒服的動機，而不是針對當下處境的真實反應，同樣都是無意識的反應。孩子正是因為常被要求去回應這種無意識做法，讓他們覺得必須保護自己，不要受到我們強加的想法左右；而很多時候，身為父母的我們甚至沒有意識到自己真正的打算是什麼。

當孩子躲在自己的房間裡，拒絕離開他們的庇護所時，很多父母都不知道為什麼。他們不懂「我已經敞開雙臂，等著他們來跟我談一談，為什麼我的孩子不想跟我談？」孩子會遠離我們，原因是他們感到我們的「談一談」，全都是為了我們自己：滿足我們的管教焦慮和控制的需求。

寶拉很難對兒子湯姆放手，湯姆已經十四歲，不再像小時候那樣依附母親。就像同齡的許多男孩一樣，湯姆更喜歡和朋友一起玩，而不是花時間跟媽媽待在一起。寶拉的不安全感讓她過度補償，每次母子在一起時都會一直跟他說話。假如她發覺到湯姆很安靜或有情緒，就會神經緊繃而說出諸如此類的話：「有什麼地方不對勁嗎，湯姆？你生氣了嗎？我正在跟你說話，所以請告訴我發生了什麼事。我真的很希望你能自在地跟我聊聊天，所以請你跟我分享你此刻的心情。」如果湯姆不置可否，只是聳聳肩，什麼也沒說，寶拉會把這當成湯姆在拒絕她的訊號。

她來找我時，是真的無計可施了。她向我抱怨：「我覺得他漸漸離開我的身邊了。我真的希望我們像以前一樣有深厚的連結，可以坦白告訴對方所有的一切。我覺得我正在失去兒子。」她會有這樣的感覺，是因為她相信談話是她跟湯姆建立連結的唯一方式。

羅莎莉，一個九歲女孩的母親，也有同樣的感覺。每當女兒泰瑞莎因為學校或朋友的關係而感覺到壓力時，羅莎莉就會開始長篇大論，並認為自己正在進行親子連結。她會說像這樣的話：「哦，親愛的，我知道你感覺有多糟糕。我完全明白你在難受什麼，我會在這裡陪著你。告訴我，為什麼你會有這樣的感覺，讓我來幫你。」表面上看來，她的這番話聽起來是安慰，甚至是帶著覺知的理解。然而，泰瑞莎卻變得更沉默。由於得不到回應，羅莎莉聲音漸漸大了起來。最後，她的女兒開始尖叫：「媽，別再說了！我討厭跟你說話，因為你從來不聽我說。我討厭你總是告訴我要做什麼、怎麼想和怎麼感覺！」

女兒聽不進去羅莎莉的話，所以我們要問的是，她說的話是否真的是為了女兒的需要，還是只是為了她自己。跟湯姆的情況類似，泰瑞莎給母親發出的訊息是：她需要有人傾聽，而不是對她長篇大論。兩個母親雖然都帶著最好的意圖，但是她們的孩子所接收到的，卻是一股源自「糾正」的能量。

當我們的交談是為了滿足自己的需求，而不是為了建立真正的連結，孩子所接收到的只是我們想要控制的企圖，因此他們會關閉心門而非敞開心扉。我總是告訴父母，他們所說的話究竟是因為控制欲或是想建立連結，明確的指標就是看孩子如何回應。孩子是願意坦白和分享，還是變得越來越激動和沉默，甚至完全拒絕溝通？

為了打破沉默所說的話，只會造成跟建立連結相反的結果。正如我對寶拉和羅莎莉所說的：「表面上你想要跟孩子建立連結，但假如你對自己夠誠實，就會承認你真正想要的，是讓孩子了解你的想法，或改變孩子的某些行為。孩子接收到這個訊息，立刻就打造了一層防護罩來拒絕溝通。除非你鼓起勇氣去檢視你為什麼說這些話，釐清你的意圖，否則孩子將持續對你封閉自己。」

我鼓勵父母，只有在必要時才跟孩子談話，特別是當孩子長到十幾歲的時候。到了十歲左右，孩子已經非常熟悉我們說話的方式和內容。他們不需要我們的建議或告誡。他們需要的，是我們的傾聽及理解。我們要做的，就是創造出足夠讓孩子喘息的空間，讓他們主動來找我們。為了實現這一點，我們需要進入靜默狀態來吸引孩子跟我們建立連結。

身為父母，我們需要停止犯這些常見的錯誤：挖掘、試探、質疑、給意見、教訓、說理、假設、下結論、批評、仲裁、責罵，以及其他會讓孩子疏遠我們的事。相反的，我們需要在大部分的時間裡保持靜默，抱著開放的心態，不批評也不論斷，小心謹慎地不踏進不屬於我們的領域。

用心而非用腦來說話，意味著我們要做到言簡意賅。心與心的溝通不需要靠語言，開誠布公才能帶來接納和溫暖。我們所做的一切，全都是能量上的交流。這是一種感覺，是非語言的深度互動。一旦我們放下對口頭溝通的執著，一次握手或一個眼神交會，就能發揮強大的力量。假如孩子選擇開口表達，我們只要深刻地傾聽，不論說出口或沒說出口的感覺和願望，我們都能聽出來。我們什麼都不說，直到這些感覺從這種深刻的傾聽中浮現。

當父母因為親子關係感到挫敗時，我會告訴他們：「這是因為你沒有做到真正的傾聽。」他們往往會把我的建議誤以為凡是孩子的要求，他們都應該做到。為了澄清這一點，我會進一步說明：「我不是說你需要屈服。深度傾聽與縱容一點關係都沒有。深度傾聽完全是為了傳達我們對孩子的關心、支持與覺知。」

當我們深入傾聽孩子的心聲時，就改變了自己的溝通頻率。當我們能跟孩子心意相通，就不會焦慮、分心，或者產生控制談話的意圖。就以最近我跟女兒的互動為例來說明。我十二歲的女兒，已經可以獨立完成所有的日常工作，例如個人衛生，對於打理好自己這件事，她很少會尋求我的幫助或建議。然而，某天晚上她刷牙時，在浴室裡叫我。「你還記得我小時候，你是怎麼幫我刷牙的嗎？你能再幫我一次嗎？就當是重溫舊時光？」

我一開始的反應是：「別傻了，麥亞。你完全有能力自己刷牙。」但我根本不用說出口，她看到我肩膀緊繃並皺起眉頭，立刻就接收到我的頻率。我注意到她的嘴輕輕在顫抖，臉上布滿失望的表情。她的頻率為了配合我而改變了。

看到她這樣，我問自己：「為什麼我要拒絕她興高采烈的要求？」我需要傾聽她的心。透過她的要求，我能看出她究竟想做什麼嗎？答案顯而易見。她想要我們一起回到她童年時期最美好的時光，她想要我們以她珍惜的方式建立連結。我感動莫名。「沒問題，」我讓步了。「這是我的榮幸。我也很想念那段時光。」麥亞激動不已。於是，我們假裝她又回到四歲，共度了一段親子親密連結的時光。

把我們典型的控制頻率，轉換成適合連結的頻率，是讓我們對孩子敞開心扉的關鍵。由於我們欠缺對自己或孩子溝通頻率的覺知，導致我們的親子關係無法發揮功能。例如我們往往認為，只要說出來的話是安慰性質或鼓勵性質的，孩子就不會接收到我們藏在背後的焦慮。但事實上，焦慮卻可能是他們唯一接收到的訊息。

打開耳朵，好好傾聽我們的孩子說些什麼，這讓我們不再持續試著去糾正或解救他們。容我再次重申，傾聽孩子不代表我們要縱容孩子，或向他們屈服。傾聽真正的意義，是讓我們站在一個能深刻理解孩子的角度，然後用孩子最需要的方式來回應他們。我們不會一廂情願到昏了頭，而是允許自己履行覺知教養的一個主要功能，也就是當個觀察者。冷靜的觀察者是這個任務能成功的關鍵，只有透過覺察能力的覺醒，我們才能充分理解每個瞬間我們的孩子正在經歷什麼，或有什麼我們幫上忙的地方。

發現你存在於當下的力量

當我的客戶佩琪學會如何在靜默中利用自己安住於當下的強大力量後，驚訝地發現，改變與孩子之間的關係居然變得輕而易舉。在學會處於當下之前，她時常威脅和懲罰孩子，並且認為能影響孩子的唯一辦法，就是把東西沒收或罰他們禁足。因此，即使是平常又簡單的親子互動，也會迅速升級成權力之爭。

在我的診間進行諮商時，我觀察到一個情況。佩琪要求兒子們把手機放下，但因為他們沒有習慣去注意聽媽媽說什麼，所以沒有理睬。佩琪馬上就從他們手上把手機搶過來，並用書裡提到的每一種懲罰來威脅他們。孩子們的反應是看著她，彷彿她的頭上冒出熊熊烈火。然後，其中一個繃著臉，另一個則踢了她一腳，就離開了房間。

佩琪絕望地轉過頭來看著我。「事情總是變成這樣，」她說：「我只是要他們做些小事情，等回過神來，我們家就已經成了戰場。」

佩琪看不出她所用的方法並不合理，因為身為父母，我們彷彿獲得了尚方寶劍，幾乎能夠以任何我們想要的方式去對待孩子。當我告訴她，在這個情況下她對待孩子的方式，相當於朋友因為她遲到而揪住她的耳朵，或者因為她忘記朋友的生日而賞她一巴掌。佩琪當場開竅了：我們不會用這種可怕的方式去對待同儕。

我們沒有意識到，自己基於恐懼的表現對孩子有多麼負面的影響。正如我對佩琪所說的：「從你提出要求到威脅他們，這之間只有幾秒鐘。明明有那麼多其他的可能性，你為什麼沒有考慮過呢？」

佩琪不明白我在說什麼。她問我：「你指的是什麼樣的可能性？」

我向她解釋：「你之所以會做出那樣的反應，是因為在你提出要求，但孩子沒有回應的那一刻，內心裡產生了某種變化。一旦你能辨認出這種變化是什麼，我們就能夠繼續。想想看，當你要求他們放下手機時，你的感覺是什麼？」

「這不難了解，」佩琪說：「我感覺很丟臉。我認為他們可能會在你面前做出什麼事而覺得難為情。在要求他們放下手機的時候，我知道他們一定會反抗。我害怕他們的反應，也預料到他們會發脾氣。」

「你說得沒錯，」我同意。「你預料他們會反抗，所以當他們沒有立刻把手機放下時，你就把這個行為解讀成抗拒。由於這樣的解讀，你立刻把要求升級成威脅。」

「沒錯，就是這樣。」佩琪承認，思考著發生了什麼事。

「假如你預期他們會聽話，你的反應又會是怎樣的？」我提醒她。「你會採取不同的方式來處理這個情況嗎？」

佩琪說：「我猜我可能會變得更放鬆，也更有耐心。」

我繼續說：「如果你抱著不同的心態，堅守本心，就不會害怕孩子們的回應。當你放鬆下來後，孩子們就能接收到你在當下傳遞出來的力量。舉例來說，在你請求孩子遵照你指示的同時，你可以走到孩子面前，拉低他們的手機螢幕，直視他們的眼睛。因為你是在充滿力量的狀態下引領他們，他們就會被你清晰有力的存在所感化，這將使他們沒有選擇地只能跟你步調一致。真實存在，比任何策略或威脅更有效。」

佩琪對這種方法抱持著懷疑的態度。因為這個方法沒有大張旗鼓，讓人感到無足輕重。她需要親自體驗如何在現實中操作。我向她保證，當我們的聲音、目光和確切的存在感，都植基於內在的靜默時，我們與他人就能深刻建立連結。當我們與自己的內在力量分離時，給人的印象就是無能為力，因此就需要小題大作地來引起孩子的注意。這就是發生在佩琪身上的問題。

為時間騰出時間

雖然我們的欲望可能很強烈，但事物在物理宇宙中要發揮作用還是需要時間。時候到了，事情自然會發生。因此，我們不能操之過急，才能紓解我們的不安全感和焦慮。事實上，我們越是感到不安和焦慮，越是會干擾我們發出的正面頻率，反而拖延了事物體現的時間。

單純的觀察，就是明白凡事自然都會在對的時機出現。我們越堅定這樣的信念，就越不會躁動不安。事實上，我們所需要的，正好與躁動的能量相反。我們需要的，是由靜默產生的能量。

很多人根本坐不住。只是安靜坐著，觀察事情如何自然發生，猶如度日如年，是很難捱的。其中一個主要的原因，是我們害怕自己的願望不會實現。就因為我們害怕，於是不願意播下必要的種子，相信它們會在適當的時候發芽。信任是關鍵，我們之中有多少人真正相信我們自己以及宇宙會提供我們所需要的一切？

在回應孩子方面，我們所有的懷疑、困惑和比較，都是出於恐懼而非信任。

信任的最大障礙之一，就是我們不斷地被生活中的許多「應該如何」所擺布，阻礙了我們運用自己內在的羅盤來指引方向。因為我們不認同值得信任的天生自我，所以總是太快插手，介入了我們不應該干預之處，焦慮地團團轉，並且大小事都管。我們所有焦慮的行為，都會阻礙孩子去找尋自己的出路，解決自己的問題，以及設定自己的目標。

當我們期待孩子出生，在等待的九個月裡，害怕沒有任何幫助。同理，與其擔心事情是否會自然地應運而生，還不如做足最適當的準備（例如把嬰兒房準備好、購買新生兒的用品）。等在孩子出生後，我們就要肩負起養育孩子的責任。我們的任務就只是播種，然後退開一步，滿懷喜悅地看著孩子灌溉那些與他們產生共鳴的種子，並忽略那些沒有引發共鳴的部分。只有當我們試著為孩子選擇應該灌溉哪些種子時，焦慮才會出現。但是，我們又有什麼資格決定孩子應該灌溉什麼呢？

播種是珍視整個旅程的價值，勝過達成我們幻想的特定目標。我們珍視的是過程，而非我們對於完美成品的夢想；而「完美」又是以表現如何為衡量標準。即使孩子沒有獲得高成就，我們也能禮讚他們的存在，讓他們知道，他們是被無條件地尊重著。矛盾的是，這種教養法卻有激勵孩子達到新高度的效果。孩子對自己的感覺越好，就越有可能毫不猶豫地跟隨他們內心的召喚。孩子相信他們自己，因為他們在成長過程中親眼觀察過我們的所作所為。在有疑問的時候，他們會搜尋自己過去的情緒檔案，並靠著我們對他們的信心，記得對他們自己寬容，花時間去享受人生的旅程。

教養不是策略性介入的心理遊戲。這是一段信任之旅，只有當我們真正臣服於宇宙和它豐富的能量時，才會奏效。我們越是能夠信任，對孩子的未來就會越少焦慮。由於完全相信所有事物都會在適當時機生發，一旦事情不照我們的設想發展時，我們不會產生懷疑。我們臣服生命所給予的一切。凡是成長不需要的，都不會出現在我們的生命中。我們接受大自然中所有美好的事物，都需要時間和空間才能出現。

在繁忙的日程中，我們騰不出時間做應該做的事。如果我們有預設一些緩衝時間，碰到塞車的時候，就不會抓狂；在孩子拖拖拉拉時，也不會突然發火。在現今這個瘋狂的世界，創造延遲時間本身就是一門藝術。那些在生活中能夠安排充足暫停時間的人，其實是給了自己充電的機會。有覺知的父母不會把這些不作為的時刻看成是虛度光陰，而是視之為連結、創造和製造樂趣的寶貴機會。我們的孩子需要知道，工作不是生活的全部，玩樂也不是。在兩者之間取得平衡，是覺知生活的一部分。

～我的新承諾：擺脫「做」的狀態～

稍微與外在世界脫鉤，
拋開滿檔，放下憤怒，
擱置該做的事。
撤退到內心世界的時候到了，
進入靜默，撫平喧囂。
這是創造轉變的唯一方法。

不要害怕走進自我。
在雜念背後，是燦爛的珍寶：
處於當下、自信、堅毅與靜止。
外在的虛假需要逐層剝離：
首先是羞愧，再來是自我貶抑，然後是恐懼。
當你到達空無時，你將會知道，你已經很靠近了。

當你觸及到位於最深核心裡的真實自我，
才明白什麼是真實和自由。
從恐懼中解放出來後，你更為堅強與肯定，
準備迎接我們孩子無牽無掛、無拘無束的狂野靈魂。

第十七章……

父母不是標籤，而是指路的旗子

孩子的存在就像一朵重瓣花，有著層層疊疊的花瓣。如果我們只觀察單一層次，就無法發現整朵花的美麗。身為父母的任務，就是支持孩子充分探索自己內在的美麗，把潛力視為日常經驗，而不是推動孩子走向未來的工具。

在缺乏覺知的狀態下，我們所**認知**的自己，大部分是從我們的**外在條件**而來——性別、種族、社會階層、手足排行，還有我們有多漂亮、英俊或聰明。即使在孩子兩三歲之前，父母也會想知道孩子的性向究竟是偏向運動、藝術，是奔放外向或是安靜內向。我們需要用標籤和角色來識別自己和孩子，沒有了標籤，我們就會覺得無法跟世界連結。

「排除了名字、角色、宗教和身份，我是誰？」這是個值得思考的重要問題，特別是在對當父母的人來說。這個問題在親子關係中非常重要，因為我們對於角色與其他外在價值的執著和依賴——你是「什麼」，而不是你是「誰」——在某些方面可能很便宜行事，但最終卻會導致武斷、固執和缺乏彈性。

我的客戶萊拉，是十八歲琳賽的母親，她突然缺席了跟我約好的療程。我問她為何沒有來，她告訴我她心情很低落，提不起勁。她不是有憂鬱傾向的人，所以我知道她的憂鬱是出於對某件事情的反應。等她終於擺脫陰霾，回來赴約時，才說出讓她憂鬱想不開的原因。原來是因為琳賽正要從高中畢業，準備去上大學。對萊拉而言，女兒離家並以成人姿態進入自主狀態的未來，讓她很惶恐。女兒日漸成熟沒有為她帶來任何喜悅，她也不覺得有何可以慶賀之處。這種即將失去她「母親」身份的想法，讓她覺得很失落。藉由這個身心反應，她想表達的是：「我還沒準備好接受這個改變。我不想承認。我拒絕欣然接受。」

萊拉開始哭了起來：「我沒辦法接受她不再是我的寶貝，我想念當她媽媽的日子。我是這麼喜歡養兒育女，我喜歡照顧她，陪著她一起經歷所有的事。現在，她不需要我，自己就能繼續前進了。」

我理解萊拉的失落感。當孩子離開我們，開始進入自己獨立生活的時候，會感到悲傷是人之常情。而對於那些依賴為人父母做為身份認同的人，自然更難面對這一切。儘管如此，這是每個父母都需要做的調適。我們越是能夠巧妙地轉換成孩子在這個人生階段所需要的角色，就越能夠帶領他們進入漸趨成熟的下一個成長階段。

萊拉繼續說：「因為我一直很難過，所以幾個月以來我疏遠了我的女兒和丈夫。我沒有陪伴和支持他們，反而讓他們擔心。」

我柔聲回答：「你的女兒因為擔心媽媽，所以無法心無罣礙地進入她的下一個人生階段。或許，這就是你用來與女兒保持連結的方式。把她留在身邊，讓她繼續倚賴你。這樣，你就會感到仍然被需要。你對被需要的渴望，戰勝了你女兒跟你分享邁入人生下一階段的能力。如果你不留心，就會完全剝奪她的快樂和自由。」

萊拉倒抽一口氣，幾乎不敢相信，她製造出自己的憂鬱症，以此來對抗女兒正在經歷的人生轉變。我提醒她，她對於身為母親角色的全心奉獻，讓她養育出一個優秀的女兒。現在，就是琳賽把她從母親身上學到的一切學以致用的時候了。

於是，我問她：「現在，就是收穫你所有辛勤耕耘的果實，欣賞女兒綻放的時刻，你真的想綁住她的翅膀嗎？難道你不想看到她成為你所教養出來的成熟女性嗎？該是放下你個人需求的時候了，不再希冀她像個孩子一樣依賴你，而是要跟她同心協力，一起進入人生旅程的下個階段。」

萊拉會感到如此受傷，原因是這些年來她沒有進行必要的心理建設，讓自己離開母親的角色。現在她被迫要放手，這對她來說不容易做到。一旦我們執著於為人父母的角色，沒有把自己看成是孩子的精神導師，不僅局限了孩子的個人能力，也限制自己以最親密盟友的身份跟孩子用互惠關係相處的能力。

許多父母會告訴我：「這麼多年來，我二十四小時都要扮演母親的角色，現在要我怎麼放手？我不知道要怎麼樣只做一半。」

我向他們解釋：「成為精神導師，就是能夠養育孩子並陪伴他們，同時具有敏銳的覺察力，使他們能夠發展成為一種精神存在。」當父母成為孩子的精神導師，不只要把自己的角色看成是「爸爸」或「媽媽」，還要專注於孩子的精神發展需要些什麼。他們會問自己：「對於孩子的靈性發展，哪個方面需要注意？我要怎樣開發自己的意識來幫孩子自然表達他們最真實的自我？」

要勝任精神導師的角色，就需要脫離我們一直攝取的教養迷湯。我們關心的，不是孩子有沒有把題目都做對，而是當他們考不好時對自己有什麼感覺。我們關心的，不是孩子是否能適應某個團體，而是當他們孤獨時對自己有什麼感覺。我們的焦點，從傳統的成功標籤轉移到主流社會通常會忽略的事情上。我們有興趣知道的，是孩子笑得有多大聲，他們的感覺有多深刻，他們的愛有多無畏，以及他們如何毫不掩飾地哭泣。

當個宇宙型父母，無為而為

我用宇宙這個比喻，來幫父母擺脫對自己角色的依賴，並引導他們接受親子不同的相處方式。為什麼選用「宇宙」呢？因為它是我們內心狀態的反映。如果我們將自己視為宇宙富饒的鏡像反射，就會在自己的存在中挖掘到這種無限的資源，並鼓勵孩子也去探尋他們自己的。我們終將意識到，天堂確實存在於世界，只因我們自己的無意識，才阻擋了我們享受這種幸福的現實。當我們探尋宇宙的豐富性時，就會意識到它有多麼無邊無際，多麼輝煌耀眼，多麼包羅萬象。我們不僅可以獨自享受到這種豐饒，還可以在人際關係中透過探尋我們的完整性來體會，特別是我們與配偶及子女的親密關係。

想要體會現實的豐饒本質，就要從接受我們真實的自我開始。這跟把自己視為某種特定的角色（比如父親或母親），在根本上就有很大的區別。雖然有些時候認可特定的角色對我們有幫助，但還需要以純粹本體（pure being）[1]的整體性來打底及支撐。否則，認定某個角色容易導致能量的嚴重失衡，因為我們有可能會被鎖在自己想像的父親或母親的形象中，而不是我們真正的模樣。

維持平衡是我們生活中不可或缺的，而大自然在其中發揮了強而有力的作用；這種平衡，將

1 純粹本體是我們內在的終極創造之源。

會傳承給下一代。我認為這點非常重要，因為以我身為治療師的經驗，新世代往往會跟自然世界中斷連結，導致許多兒童身心發生問題，造成精神憂鬱及身體機能失調。因此，我會鼓勵父母要經常帶著孩子接觸大自然，同時也讓孩子體會自然運作的法則。我們的孩子是宇宙之子，我們希望他們能跟隨自然以有機方式成長及發展，而不是在強迫或規定的方式下成長，就像我們就常在孩子身上強加角色。

我將孩子的存在視為一朵重瓣花，有著層層疊疊的花瓣。如果我們只觀察單一層次，就無法發現整朵花的美麗。同樣的，孩子也有許多不同的面向，我們的任務，就是支持他們充分去探索自己內在的美好。正如本書先前所強調的，我們應該視潛力為日常經驗，而不是某種我們推動孩子走向未來的目標。

擁抱大自然的能量，讓我們能夠擺脫狹隘僵化的角色，進入人類經驗的普同性。這種人類共通的感覺，讓我們能夠打破隔閡，不帶任何規則及預期心理，只是單純與他人相處，這種全新的自由及歸屬感，讓我們開始了解什麼才是真正的連結。

當父母，你要學會淡入淡出

正如我們所見，我們對教養「應該如何」的執著，跟僵化的角色相輔相成，讓我們遠離自己的真心，從而阻礙了我們與孩子的深刻連結。

我發現，傳統所認定的自然界關鍵元素，有助於我們拋棄小我的角色，並扎根在自己的本質上。當然，這些「元素」遠不及現代科學用來理解宇宙的方式，但這些我們賴以維生的大自然元素，它們永恆不朽的幾個關鍵特質，正是我們有必要學習的。以下就讓我們來看看這些元素，並從中借鑑它們最基本的性質。

大地——包容性

大地的能量是沉穩、栽培、扎根和穩固。大地是我們存在的基石，慷慨地孕育及生產各種形式的生命。當我們把這種能量引進家庭，就是在提醒我們必須腳踏實地，站穩立場，並像大地般地包容孩子的各種情緒和心情，而且不會隨著他們的心情起舞。當我們決定為孩子設立一個對生活有積極影響的界線時，就必須立場堅定，並且抱持著信任及自信的態度。

與此同時，當孩子經歷失敗或挑戰他們的極限時，我們也要帶著充滿關懷和悲憫的心態來支持他們。而在他們感到害怕或焦慮時，我們要做為孩子的堅強後盾。

這個帶著大地形象的概念，實際執行起來是什麼樣子呢？舉例來說，假如孩子花太多時間盯著螢幕看，我們不會為他們貼上「壞」標籤，跟他們對立，因為直接的對立總會帶來相對的抵抗。相反的，我們應該問問自己：「就整體來看，我的孩子還需要發展什麼？」如果答案是他們需要少花點時間在螢幕前，我們就會幫助他們轉移注意力，投入到其他遠離螢幕的活動。我們這麼做，不是因為盯著螢幕是壞事，而是因為孩子的發展正在變得偏斜失衡。

同樣的，假如孩子花太多時間獨處，我們可以告訴他們我們的經驗談，並幫他們介紹幾個朋友。反之，如果我們的孩子是一個非常喜歡往外跑的社交小子，花很多時間跟其他人相處，我們同樣也需要幫他們平衡發展，鼓勵他們留出一段短暫安靜的自省時間，甚至可以帶他們去上兒童瑜伽班，或者安排一個小時的親子共讀時間。

我的意思並不是要父母幫孩子安排時間和活動，就像樂團指揮一樣，放大某些標準來壓低其他部分。我上述建議的做法，是鼓勵父母扮演好孩子精神導師的角色，留意孩子發展裏足不前的地方。幫助孩子擺脫執拗，跟強迫他們用特定方式做事，從根本上來看就完全不同。我要再次強調，這一切都取決於我們與孩子相處時的能量流動。如果我們用糾正、控制和操縱的目的來經營親子關係，就像自動開闢了一個戰場。相反的，如果我們的互動方式是站在支持孩子自己努力成長的立場，就幾乎不會受到任何抵抗。

不管是什麼時候，我們都是孩子生活中可以依賴的恆常存在，為他們提供一個基礎，讓他們能夠以平衡的方式成長茁壯，發展出完整的人格。

空氣——能量流動的空間

空氣就是環繞萬物周圍的無形空間，此空間散發著輕盈及延展的特性，是我們希望孩子能體現出來的特質。然而，回到現實生活中，我們卻經常遭遇到與此相反的能量：匆忙、疲勞和擔心，體現出來的就是沉重、束縛、壓抑和限制。空間一方面體現了靜默，反映出我們內在本質的平靜；另一方面，充滿於空間的空氣則是強而有力的，當它以颶風的形式出現時，沒有人能夠抵擋得住。

空間的象徵給了我們機會去仔細思考，我們是否允許孩子擁有自己的空間，不僅僅是尊重他們個人的隱私，也給了他們依照自己的興趣、喜好及熱情，來擺放私人物品的權利，同時也表示我們尊重他們天生的節奏與生活步調，在必要時調低我們自己的能量。

藉由讓孩子做自己，我們鼓勵他們與宇宙建立一種不取決於成績、成就或「好」行為的私人關係。當孩子感覺到了這種跟私人空間與處所的親密連結，就會產生追求夢想與目標的責任感。

火——浴火重生的力量

我個人認為火是用來燃盡我們生命殘骸的一把光明火炬。火的速度快又具破壞性，往往一發不可收拾，可以強迫我們面對逃避了很久的改變，而我們的角色常常會掩護和助長這些逃避。因此，當我們碰到不想處理的問題時，可能就會說出「因為我是你媽」之類的反擊。

然而，火同時也是溫暖、吸引人和可以活命的。我不覺得火的能量是威脅，反而認為這是一種強而有力的象徵，可以用來掃除我們生活中所有的負面力量，使我們充滿愛與溫暖的心可以發光發熱。

當我們把火的能量引進家裡時，就在提醒我們要熱切地擁抱改變，同時又快速地面對不安全感、無節制、浪費、仇恨、拖延和懶散等負面特質的挑戰。當我們允許一把火將我們自己對過去的執著或對未來的擔心燒盡時，就使用了這些能量來充分支援我們自己及孩子存在於當下。

火教給我們的功課是，生活中的每件事物都同時具有積極影響和破壞性，端視我們怎麼去利用。基於這個比喻，我們能夠理解孩子的缺點也可以成為優點，反之亦然。

特別敏感的孩子會學到，雖然他們比較容易受傷，但也讓他們比別人更善良，更富有同理心。侵略性較強的孩子會學到，雖然這種特質會為他們帶來生存優勢，但也可能讓人疏遠他。過度自信的孩子，則可以在不同的情況下學習耐心，以及團隊合作。根據同樣的道理，我們可以溫柔地邀請害羞的孩子去嘗試某種程度的冒險。

我的重點不是要反對孩子的天生傾向，而是要平衡孩子的成長，使他們的人格完整發展，人生能有更圓滿的狀態。

所有父母都有平衡孩子能量的潛力。如果我們看出孩子非常敏感，可以讓孩子加入學前預備班等集體上課、活動的課程，讓孩子跟同齡的小朋友一起打打鬧鬧，來平衡天生害羞的這個特質。或者，透過同情心的引導，來幫孩子發展出稍微不敏感的習性。如果我們的孩子比較遲鈍或少根筋，我們則可以刻意讓他們待在能培養同理心的情境下，中和一下他們反應慢半拍的特質。

當我在自己的生活中落實這種平衡原則時，我會試著把自己放在孩子感受的對立面，以便補足她的能量。比如說，如果我女兒感到焦慮，我會讓自己充滿自信；她生氣，我就進入靜默狀態；她感到挫折，我就平心靜氣。如果我任憑自己的衝動行事，跟她的能量互相抗衡，只會放大她的這些負面能量。相反的，我努力抵抗自己的衝動，發散出跟女兒不同的能量，以這種方式來解套。這種靜默又深刻的能量轉變，讓我女兒能夠自然回復平衡，並讓她自己去找出能量回歸到她身上的方法。

因此，火提醒了我們，要尊重每一個人所擁有的創造或毀滅的力量。而這一切，都取決於我們選擇要點燃哪支火把。

水——潤物細無聲

水象徵了與生命之河一起流動的能力。流動是我們如何進行日常活動的一個重要概念，處於流動的狀態，意味著不再掙扎於焦慮與恐懼之中，生活成了我們不會再為之苦惱的事。

在老子的《道德經》裡可以看到這個立身處世的原則，書裡是這樣寫的：「為無為，事無事。」運動員把這種流動感稱為「境界」，當你身在其中時，攀向顛峰狀態變得毫不費力，因為你整個人都已經融入運動，成為一個無為而為的「化境」了。當我們的能量流動時，就能在完全無壓力的狀態下，完成無數的成果。我們是處於放鬆的狀態，但完全投入其中。

也許你偶爾也有這種流動感的體驗，是不是很令人振奮？我認為這些顛峰時刻打開了一扇窗，讓我們看見用類似方式來度過整個人生的可能性。

水也會喚起其他聯想。江水滔滔不絕，但湖面是靜止的，小河是緩慢流動的，大洋是澎湃洶湧的……這隨著情境而變動的水的特性，提醒了我們，跟孩子相處的情況也是一樣的。由於身為父母這種身份的限制，我們有必要與孩子的自然狀態一起流動，而不是抗拒他們真正的樣子。我們要做的，是越過孩子設置的障礙，到達遼闊的海洋。此外，我們也要像水一樣，潤物細無聲地溫柔對待我們的孩子，並充滿力量地陪伴在當下。換句話說，水要求我們散發出或平靜溫潤或強烈集中的能量，至於是哪一種則取決於特定處境的需要。

相信很多父母都曾經有過對孩子恨得咬牙切齒的經驗。然而，這種負面能量對我們傷害很大，雖然我們通常沒有察覺到。只有當我們願意擁抱自身的存在，而不是守住嚴格定義的角色不放，才能做出我們所需要的轉變。無論孩子真正的樣子如何，我們都需要從全心接納開始做起。

父母可能會問：「但是，當孩子失控鬧脾氣時，我要怎樣看出他們的整體性？」這是個很合理的疑問。

假如我們能接受在我們生命中的每個人都有權擁有屬於自己的感覺和行為，我們就會把抗拒與恨意轉變為全然接納。這並不意味著我們不尊重和不認可自己的行為和感覺，我們所做的，就只是停止抗拒孩子的行為和感覺而已。

學會解套，出離你的情緒

大自然有它自我平衡的方式，包括了冷與熱、明與暗，以及生與死。在每個實相的背後，都埋藏著對立的事實。如果我們能夠記住這個至關緊要的真理，或許就能夠徹底改變親子關係。

我們來舉例說明。假如孩子不想去洗澡，在父母給了最後通牒後，開始尖叫。在這樣的情況下，父母很可能會提高音量，努力跟孩子講道理。萬一道理講不通，極可能就會開罵。當孩子聽出來父母生氣了，會感到緊張，於是開始尖叫和踢人。然後父母會變得不耐煩，用盡全力吼叫。最後，孩子會躺在地板上耍賴，開始打父母，讓父母火冒三丈，打孩子一巴掌。

剛才我們目睹了一場發生骨牌效應的親子大戰，很顯然的，是從孩子拒絕洗澡開始。但是，推倒第一枚骨牌的並不是孩子，而是父母的反應。這就是為什麼孩子在這種情況下，會打死也不想改變主意，特別是幼童。這是父母必須肩負起的責任。你看，在整個過程裡，父母都在隨著孩子的能量起舞。當孩子提高他們的音量，父母也跟著提高；孩子發脾氣，父母也發脾氣，還幾乎變得歇斯底里。父母沒有為狀況帶來平靜，而是小題大作，徒增緊張。

這就是我們可以從自然中學習的事情，跟孩子站在相對的能量，而不是回饋給孩子無意識的反應，以牙還牙。在孩子因為焦慮而抗拒洗澡的情況下，我們的做法應該是創造出平靜且有趣的解套能量。例如，我們可以用好玩的方式將他們的尖叫變成一首歌，同時在水裡用泡泡遊戲讓孩子放鬆，或者我們可以溫柔地與孩子一起進入水中，用肥皂泡泡安撫他們。一旦孩子感覺到父母的焦慮，即使只有一點點，都會放大他們自己的焦慮。孩子需要從父母身上感受到相反的平靜能量，才能讓他們轉換心情。

我們與孩子的問題，不是因為與他們的能量相衝突，雖然表面上看起來是這樣，但是當父母和孩子都表現出**一模一樣**的行為，就會變成了一場貼身的肉搏戰。避免引起衝突的方式，不是堅持己見，認為訂立規矩是我們「身為父母的權利」，而是要站在相對的能量，也就是解套的能量。因此，如果孩子非常焦慮，你就需要降低自己的焦慮。如果孩子特別具侵略性，你可以藉由減少自己的侵略性來幫助他。

當我們試著用孩子所擁有的相同情緒能量與他們交談或連結時（這往往是身為父母通常會有的傾向），我們無意間就加強了這種能量，而不是安撫它。正因如此，帶著同樣的焦慮情緒跟孩子溝通，幾乎不會有任何用處。這只會讓他們的腦袋（也就是所有焦慮存在之處）更是一頭熱。即使我們表現出關心、同理或同情，很可能我們的意圖，只是打算結束孩子正在經歷的不適感。然而，對一個焦慮的孩子說：「看看事情的光明面」、「讓我們談些別的事」或者「我了解你的感受，但是……」絕對讓孩子的焦慮感有增無減。

我們不能期望孩子控制自己的行為。但透過轉變父母自己的能量，就能為他們撐起一個舒緩的空間，容許他們去改變行為。當他們反彈我們的能量時，我們不僅需要注意我們在表面上表達自己的方式，更重要的是，我們必須注意自己的能量是否可以為他們當下的情緒解套。

學習做孩子情緒的容器

要知道怎麼培養和限制孩子的一個關鍵，就是能夠在他們出現破壞性的能量時，為他們提供一個情緒容器。如果孩子累了，說出：「我累了，所以忍不住發脾氣。」我們必須接受他們的心情。但是，如果孩子因為累了，對你或家裡其他的人沒有禮貌，比如說出「我討厭你」這類的話時，他們的情緒就需要被收斂。容器可以是簡單按下暫停鍵，或者更強的指示，像是「停止」的命令。成為孩子的鏡子，意味著當他們脫序時要給他們回饋，讓他們回到覺察狀態。

做為孩子的情緒容器，與從權力位置壓制他們，完全是不同的事。如果是訴諸父母的權威角色，就會說出：「我是你爸。你得尊敬我！」這一類的話。然而我們完全不需要盛氣凌人，仍然繼續當孩子情緒反應的觀察者，而不是被捲入躁動的能量之中。為了做到這一點，每當我女兒有較大的情緒反應時，我會提醒自己，她現在只是被情緒淹沒而不知所措。她內在那個靜默的空間，已經被她恐懼狂潮淹沒了。

佛陀談過要如何脫離情緒起伏的牽引，他的方法是觀察這些狀態，而不被牽扯進去。以這種方式，他教導我們如何從無常經驗對我們的影響中解放自己。這是我們能夠教導孩子非常寶貴的一課。當我們看到孩子迷失在自己情緒反應的風暴裡，我們要避免自己被捲進他們的能量中，接著做出無意識的反應。我們要處之泰然，保持沉穩，讓孩子知道他們的情緒狂潮終將會過去，然後他們會再重返內在核心的那個靜默空間。然而，如果孩子看到的是我們不斷被自己的心情左右，又怎麼能學會這個道理呢？

要做孩子情緒的容器，不是件容易的事，需要我們進入自己內心靜止平和的神聖空間。把這個神聖空間看成是前面所提的大地能量，腳踏實地，站穩腳步。這個聖殿的能量是寬廣的，虔誠的；高山的能量，是立足於高點而不可動搖的；而海洋的能量，是無邊無際又遼闊寬廣的。當我們進入這樣的強大狀態，就能成為孩子在他們失控時所需要的安全容器。

我發現，每天花十五到二十分鐘，讓自己坐在一個安靜的空間裡，純粹觀察自己的想法，能幫我潛入內在的靜默中心。如果你還沒試過這種方法，想要嘗試看看，初學者可能會覺得十五分鐘漫長到難以忍受，因為除非是睡著了，否則很少人會習慣自己處於一動又不動的靜止狀態。或者，你可能會發現自己打起瞌睡來了。堅持一段時間，神奇的事情就會發生。你會發現，你保持警醒的時間維持得越來越久；而且也發現，你能夠越來越清楚地觀察自己的想法。此時，就是你意識到自己不需要對每個想法做出反應的時候。最重要的是，你會意識到，想法只是進出心靈的能量模式，沒有任何力量。想法唯一會擁有的力量，就是當我們鎖定了它，並把它變成一個故事的時候。只要我們不這麼做，想法自然會過去。

因此，當我們為孩子反覆無常的情緒提供一個容器後，這些情緒也會自然過去。隨著我們在這方面的技巧逐漸增加，就能夠以孩子真正需要的方式與他們建立關係：有時建立界線來約束，有時則鼓勵他們往外拓展。等時機成熟時，這種收放之間的拿捏就會成為第二天性，父母跟孩子都能夠直覺地配合彼此的節奏，展現親子之間的默契。

容器這個形象告訴我們，當我們不焦慮時，就不會再被我們自己的想法和情緒反應所困擾，這使得我們在面對孩子的行為時能夠保持中立。我們不會盲目地做出情緒化反應，而是用幽默、講故事、角色扮演以及其他許多相關的方式，來消除孩子的情緒反應。如此一來，容器幫助了孩子度過他們的感覺，允許他們能越來越忠於真實的自己。

創造一個能共同分享的輕鬆空間

當我們的內心充滿混亂與算計，而感到緊張壓力時，表現出來的態度，就是分心、不耐煩和挫折感。我們的容忍度會變低，跟孩子談著談著，很容易一下子就提高音量。對身心俱疲的我們來說，教養子女不再是充滿樂趣或富有意義的事，我們只想知道，什麼時候能鬆一口氣，重新體會輕鬆的感覺。此時，就是我們被誘惑，又回到我們「父母角色」、堅持權威的時候。然而，如果我們能沉靜下來，只是觀察，而不是冒然採取習慣性反應，內心的寧靜就能創造出空間，讓親子關係走入更深一層——這是單靠角色無法達成的境地。

以下我概略說明一些我們可以在內心裡創造空間的方法：

好奇的空間：一旦停止了言語攻擊，我們處於不受威脅的狀態，就會發現對孩子的行為感到好奇。我們不會試圖控制他們，而是去理解他們。因此，我們可能會說出以下的話：

「我很好奇你對這件事的想法。能跟我分享一下嗎？」

「我想知道你的感覺，可以請你告訴我嗎？」

「我很想知道你是怎麼得出這個結論的。你能跟我分享你是怎麼想的嗎？」

「我被你的想法和感覺所深深吸引了，我很想知道更多。」

「聽起來好像你真的體會到一些很強烈的感覺。你願意跟我分享嗎？」

用這種不具侵略性又開放的方法，我們邀請孩子表達他們最深刻的感覺，同時也鼓勵他們擦亮自己內心世界的鏡子。我們不需要在孩子身上強加自己的見解，就能做到這件事。我們讓他們自己得出結論。當他們走偏了，如果他們願意接受，我們可以溫和地提供其他選擇——我強調

「提供」，是因為他們可以考慮，這與硬塞給他們，強迫他們接受，完全不同。

如果孩子還沒有準備好，就強迫他們用我們的方式看事情，完全沒有意義。在這種時候，明智的做法，就是只透過溫和的建議或提問來播種。雖然表面上看起來，這麼做可能不緊不要，但我們的孩子或多或少會留意。他們會以自己的進度，進入內省的過程。能夠做到這一點，對他們將會大有幫助，特別是我們沒有陪伴在他們身邊的時候。

分享的空間：一旦我們處於一種不是情緒性反應的心態下，就可以像孩子一樣沉浸在自己的體驗裡，並問問自己，是否在某些方面與孩子有類似的情形或感覺。也許我們將會受到啟發，分享我們自己在生活中可能與孩子產生共鳴的故事。只要我們不用這些故事來說教，或許可以用下列方式幫助他們：

- 讓競爭環境變公平。
- 分享我們自己的人性。
- 不妖魔化行為。
- 以人對人的方式連結。
- 把我們的某個私人觀點交付給孩子。
- 保持溝通管道暢通。
- 置入我們所學到的教訓或心得——我必須再次強調，千萬不要說教。

當孩子觀察到，我們沒有用罪惡感去羈絆他們，而是向他們張開雙臂，就會感到安全，在舒適的親子關係中準備好與我們相依相偎。當我們敞開心扉，傳遞給孩子的訊息就是，他們也能夠安全地向我們坦白。彼此深刻的分享創造了強大的連結時刻，為孩子提供了他們可能會珍藏很久的回憶。

幽默的空間：一旦我們撤回自己控制的觸角後，甚至能夠用幽默的方式看待當下的情況。這將使得我們可以採取更輕鬆愉快的方法，來溝通強而有力的經驗及教訓，例如：

- 人生不是一齣悲劇，即使你表現很糟，或犯了一個滔天大錯。
- 人生在世，總有一些值得微笑或開心的事。
- 沒有什麼事會糟糕到世界末日的程度。
- 天塌下來，還有高個兒頂著。
- 輕鬆看待事情，會讓我們學會放下與成長。

當我們從更寬廣的視角帶著幽默感來看待事情時，孩子也會學習以同樣的方式看待生活。他們不會為事物增添戲劇性或悲劇性的色彩，而是學著用輕鬆愉快的方式生活。

實踐創意的空間：在冷靜的狀態下，我們更容易記得孩子是可以犯錯的。重點是，我們不是要給孩子一個完美的童年，而是一個不斷學習及成長的人生階段。冷靜也給了我們空間，允許我們採行創造性的策略，來幫孩子內化我們希望他們學習的道理。我採用以下幾個創造性的方式，來幫助孩子吸收一些他們在生活中所需要的價值觀：

- **角色互換：**讓孩子扮演父母，而父母扮演孩子。這種反轉方式，可讓孩子從我們的觀點去看事情。同樣重要的是，我們也能深入了解孩子這麼做的原因。這個活動可以促進親子間的相互了解。
- **角色扮演：**當孩子需要學習或掌握某項技能時，沒有比我們陪著一起練習一段時間更好的方法了。有時候，練習需要幾天的時間，有時則需要幾個星期。當孩子大到需要出門上學時，為了幫孩子做好上學準備，可以陪他們練習自己睡覺或自己上廁所，這點非常重要。此外，這樣的教養法也幫孩子去理解，每個技能都像訓練肌肉一樣，需要投入時間和精力。採用這種方法，全程陪著孩子學好某項技能，而不是只會對孩子發脾氣或覺得丟臉。

身為父母，我們很容易不加思索地採用懲罰和威脅的方式來管教孩子，沒有去想或許存在著一種完全不同的方式，可以更好地處理問題；而且這種方法，不會削弱孩子的自我感覺，反而會增強。有許多聰明的方法，能教導孩子採取適當的行為。當然，要利用這些方法，我們必須先拋開自己的情緒化反應。

花點時間暫停一下，就能立刻獲得回報。我們孩子的眼睛發光，肩膀放鬆，而他們的心在說：「謝謝你用對待人的方式來對待我，了解我應該有從錯誤中學習的機會。」

～我的新承諾：擺脫父母的威權角色～

定義是界線，同時也令人窒息；
角色是規範，同時也是控制；
頭銜很吸引人，同時也貶低人；
標籤是讚美，同時也是破壞。

所有這些身外之物
支撐著虛假的自我，
我們內心那個空性之地，
為深層苦澀的問題
提供暫時的庇護所。

除非我們願意碰觸自己的瘡疤，
否則，這世上所有的珠寶、皇冠及盛宴
永遠都無法填補內心的空洞。
因此……
我們需要的，
不是精緻華麗的外衣，
不是堅固厚實的面具，

而是勇於揭開面具，
脫下偽裝，褪去表皮，
因為在赤裸裸的自我中
我們可以完全坦誠相見，
並發現一直都在的，真實的自己。

第十八章⋯⋯

按下暫停鍵，多給自己餘裕的幾分鐘

許多人經常會與自己真正的感受脫節，不斷做出破壞性的反應，而不是建設性的回應。只要我們能接收到自己真正的感受，並能意識到情緒反應開始掩蓋感覺的那個時刻，就不會將情緒投射到孩子身上。

人們常常將情緒與感覺混淆，以為兩者是一樣的。但我認為兩者有很大的不同。簡單來說，當我們無法處理自己的感覺時，就會做出情緒性反應。當我們感到不舒服時，就會創造出情緒性反應的障眼法，例如大吃大喝、抽菸、責怪別人、有罪惡感、亂發脾氣等等。這些看起來像感覺，但實際上卻是在逃避真實的感覺。

事實上，感覺只有從我們內在最深刻靜默的地方才能體驗得到。它們需要用哭泣、陪伴、觸摸，甚至顫抖的方式被體驗。感覺只能在高度個人的層面上被承認。然而，由於大多數人沒有受過體驗感覺的訓練，因此會以情緒化反應的形式，發洩在我們親近的人身上。

當我們真正感覺到自己的感覺，其實是沒有時間去做出情緒化反應的。我們會忙著調整自己，讓感覺跟我們對話，洗滌我們，並改變我們。一旦覺察到自己正處於感覺的浪潮中，我們會做出對立的情緒。於是，我們靜止下來，並讓感覺的意義帶領我們成長。

然而，由於我們被完全相反的做法制約了，因此待在戲劇性和動態的情緒中會感到更自在。而孩子就是我們擺脫不適感的預設目標。然而，他們還沒有能力處理我們的情緒投射。對孩子而言，成為父母擺脫感覺的對象，負擔太過沉重，會壓垮他們的靈魂。因此，我們有責任處理自己的內在狀態。如此一來，孩子就不必扛著這些重擔度過以後的人生。

首先，我們必須探求情緒**背後**的感覺。例如，當我們注意到自己不耐煩，開始謾罵孩子時，就應該立刻暫停下來，馬上留意自己的狀態。「我為孩子感到煩惱，但是我現在真正的感覺是什麼？」

如果我們為了讓孩子上床睡覺而對他們吼叫，或許該捫心自問：「我大吼大叫是為了什麼？」表面上看起來，我們似乎是因為擔心孩子會睡眠不足，或者只是生氣他們不聽話。但如果我們深入來看，可能就會發現，事實上是因為我們累了，需要一些獨處時間，好讓自己從一天的辛勞中恢復過來。換句話說，雖然我們的情緒是針對孩子的，但真正的感覺卻是來自於我們需要時間照顧自己。在這種情況下，我們可以用平靜的聲音說：「我今天過得很辛苦，現在我累了。我已經沒有力氣，需要好好休息一下。這就是為什麼我開始有不耐煩的口氣，並且幾乎不能理性處理事情。可以請你幫忙嗎？你也需要休息了。」當我們能夠誠實地告訴孩子我們的情緒反應時，就進入了心的空間，完全掌握我們所經歷的一切。而如果我們的回應是來自於心的空間，孩子就比較可能理解我們，並同理我們的感覺。

讓我們假設，我們真正擔心的是孩子的睡眠需求。即使我們不向孩子表達擔心，就只是留意他們睡眠不足時我們所體驗到恐懼，就會讓自己平靜下來。我們察覺到這種焦慮而稍微抽離一點，或許我們會說：「當我因為這種焦慮而反應時，反而導致自己和孩子更多的焦慮。親子之間失去連結，遠比孩子少睡幾分鐘要嚴重得多。」我總是告訴客戶：「保留真實的感覺，忘掉無意識反應。」

在這種安靜聆聽和感覺的過程中，我們的焦慮會被鎖定，而我們被孩子不聽話所觸發的情緒就會受到整合。這些被釋放的能量，可以重新投入我們和孩子的生活裡。由於不再被頑強抵抗或情緒波動所糾纏，這些能量就能成為創造的強大動力。

十四歲的泰勒有一項大型的專題作業，需要在週末完成。然而，根據他拖拖拉拉的習慣，他總是要等到最後一分鐘才開工。這讓他焦慮的父親亞倫快被逼瘋了。星期六，泰勒在房裡待了一整天，理論上他應該在做專題，但晚餐時，泰勒承認他其實玩了一整天電動，甚至連書都沒打開。亞倫天生就是高度緊張型的人，這件事讓他的焦慮整個爆發。

到這個時候，亞倫情緒失控了。「你，禁足一個月！」他大吼：「我不敢相信你竟然這麼懶！你這學期要被當了！」

泰勒抗議：「但是下週末我要打足球決賽。我努力了一整個學期，才得到這個機會的！」

「你早該想到這一點，」亞倫大聲喝斥他。「你的功課比足球重要多了。我已經決定禁足你一個月，沒什麼好說的！」

泰勒不退縮，也開始大聲起來：「我討厭這樣的作業。我才不在乎功課呢！我只想踢足球，而且我很拿手。有一天，我會成為職業選手。所以你不能讓我錯過重要比賽！」

亞倫發火了：「我不能讓你？你以為自己哪根蔥，敢這樣跟我說話？你敢再說一句，我就禁足你整個學期！」

泰勒站起身，走向樓梯，準備回房間。「我討厭你！」他轉頭大吼：「你總是認為我會失敗。如果我會失敗，都是因為你總是插手我的事。這全都是你的錯！」因為這樣，亞倫把他禁足了整個學期。

星期一亞倫去上班時，他的同事告訴他：「亞倫，你一定對星期六的比賽感到很興奮吧。泰勒那麼厲害，你肯定知道他會成為職業的足球選手。」

亞倫早已有點後悔，希望他當初沒有做得那麼極端。他知道泰勒對足球很有天份，也鼓勵他去追求自己的興趣。然而，由於他對泰勒寫作業拖拖拉拉感到很生氣而小題大作，讓自己陷入了困境。現在，他該怎麼樣解除禁足令，同時又不會失去孩子的信任呢？

亞倫在這次事件發生前的幾個星期開始來找我治療，因為他很擔心兒子的學業成績。他認為泰勒對課業缺乏動力，沒有發揮出自己的潛力，因此他想讓我見見他的兒子。一如往常，剛開始我只是為父母做諮詢。亞倫在事情發生後那週來到我的診間，告訴我發生了什麼事。我幫他了解他所扮演的角色是如何直接影響了泰勒，讓孩子持續對學業充滿抗拒。

「我真的很希望泰勒能踢出好成績，」亞倫說。「但我也希望他能同時兼顧課業。假如他無法成為職業選手怎麼辦？到時候他就需要靠文憑找工作了。」

就像大多數父母一樣，亞倫的出發點是為了孩子好。每個人都想看到自己的孩子展翅高飛。我們投注了那麼多的心力，為了讓孩子成功，幾乎可以做出任何事情，就像亞倫在我診間向我保證的一樣。

問題在於，就是因為期望孩子能表現良好，我們懷著害怕他們會失敗的心情跟他們互動，結果孩子就吸收到這種恐懼。我們要如何避免讓恐懼主導呢？失敗不是無中生有，而是非常實際的一種可能性。

恐懼很容易擦槍走火，造成與我們所希望的完全相反的結果。以泰勒為例，他感受到父親的焦慮而氣憤，因為這讓他背負了沉重的壓力。這種壓力，沒有促使他想要做學校的專題作業，反而導致他逃避責任。換句話說，當他說這是他父親的錯，因為他總是插手他的事時，事實上他精準地剖析了問題所在。

「你的出發點是為了幫你的兒子，這個本意卻因為你的焦慮而變得模糊了。」我向他解釋：「當你害怕自己不能控制他，你的情緒就接管了一切，綁架了你公正客觀的能力，掩蓋了你真正的感覺。因此，你非但沒有跟兒子一起找到解決問題的創造性方法，反而使自己成為他的敵人。現在，他的焦點已經轉向跟你對抗，而不是處理他自己對於學習過程的抗拒。換句話說，泰勒和他學校課業的關係，應該是他跟老師之間的問題，但你卻把它攬在自己身上。」

「我真的不是故意要這樣的，」亞倫承認：「我只是想幫忙。我不知道整件事情怎麼會變得這麼嚴重。我真的不希望他在這個週末錯過比賽，我甚至已經對他沒那麼生氣了。我只是想成為最好的爸爸。」

「要搞清楚這整件事情，要從你最初的感覺出發。」我更進一步說明：「你的感覺與情緒反應非常不一樣。你的感覺是關心泰勒，希望保護他，不要被壞成績影響。問題是，你為他感到著急，深怕他的懶散會拖累他，讓他在學校惹上麻煩。當你聽從內心裡這種焦慮的聲音，它壓得你喘不過氣來，這就是為什麼你會以憤怒反應的原因。你的情緒掩蓋了你真實的感覺。」

亞倫說：「我以為情緒和感覺是一樣的東西。」

「你的感覺是要支持你的兒子，希望把最好的一切給他。但是當你變得焦慮時，恐懼的情緒主導一切，帶領你走入一條跟你的意圖背道而馳的路。你對泰勒的關心，很自然地提高了你的焦慮。關鍵是要容忍焦慮，而不是對它做出無意識反應和被它激怒。」

「你說『容忍』是什麼意思？」

「當我們能夠注意到自己的感覺，不論它是什麼樣的感覺，就只是讓它漫過我們但不被它淹沒，我們就學會容忍了自己的感覺狀態，而不會陷入情緒化反應之中。」

感覺是對生活處境的有機反應；而焦慮是一種自然的感覺。然而，當我們不知道如何單純與焦慮共處，安撫自己，焦慮就很可能會主宰我們。一旦這種情況發生，情緒浪潮就會淹沒我們，掩蓋過我們真正的感覺。情緒是攜帶電核的阻力，是一種非建設性的感情，例如嫉妒、愛生氣、控制欲、出離自己的衝動，或者對某個人大發脾氣的傾向。這一切，都只是因為我們無法與自己的感覺共處，從內在好好安撫自己。

那麼，當你覺得焦慮時，該怎麼辦呢？

首先，要辨認你實際的感覺。許多人過著跟自己感覺脫節的生活，這意味著我們不斷地以某種方式做出破壞性的反應，而不是做出建設性的回應。只要我們能接收到自己真正的感受，並且能夠察覺到情緒反應開始掩蓋感覺的時刻，就不會將情緒投射到孩子身上。

當我向亞倫解釋這個道理時，他問我：「所以你是說，如果我能夠跟原本的焦慮感共處，學會安撫，就不會因為處罰泰勒禁足而陷入困境？」

「沒錯。因為我們從來沒有學會怎樣與焦慮共處，只是單純地感覺和觀察它，所以很容易會被激怒而發火。如果你明白泰勒的學業成績是引爆你情緒的地雷，就可以避免你陷入無意識的反應。反之，你就只是讓焦慮存在，但不要讓它成為主角。如此一來，焦慮只會是一種感覺，不會污染你跟兒子的關係。」

「這有點像幫自己喊暫停，」亞倫敏銳地說：「在做出任何決定之前，讓自己有空間能平靜下來。如此一來，我就不必後悔我說出口的話。」

你可以幫自己喊暫停，好好跟自己相處，問自己下列的問題：

- 我兒子的學業成績為什麼會引發我的焦慮？
- 為什麼我要把這件事攬在身上？
- 這對我的自我價值有什麼意義？
- 為什麼我要把自己的感覺和兒子的表現綁在一起？

像這樣的問題，可以讓我們明白，焦慮是來自於我們的小我。它與我們的權力欲息息相關，讓我們想要控制孩子。我們認為，因為是我們把孩子帶到這個世上，所以他們就像我們的複製品。這種想法導致我們相信，我們對他們的期望是天經地義。由於我們自己不夠堅定，當我們從孩子那裡收到的回應不符合我們的期待時，就會讓我們感到不安。這就是為什麼我們會想要操控孩子，支配他們，以及被他們激怒的原因。

當我們感覺自己的情緒沉穩不起波瀾時，就不會進入小我的不安全區，也不會啟動相對應的防禦機制。我們可以單純做自己，不需要用小我的方式把自己想像成某種特定的人。當我們有堅定的自我，就不需要外在的自我形象。我們**完全**不需要特意去考慮自己，因為我們就是在**做自己**。

從內在圓滿的狀態出發，而不是小我的匱乏感，我們就能體會到生活處處是恩典，遭遇困難時總有人伸出援手。我們的信任會滋生出平和喜樂，並以此來經營生活，但這不是指我們要努力去試著相信自己，因為嘗試就又回到小我的造作。不需去嘗試。我們不必一再向自己保證，加強信心，或者努力對自己正面思考。我們只是單純享受做自己這件事，當這種喜悅滿溢出來，我們就能欣喜地見到孩子的人生從他們的內在展開，而不會覺得我們需要安排整個過程。

我們的本我不需要尋找價值——不論是從孩子身上，或者我們自己。我們甚至不需要去思考自己的價值，因為它是與生俱來的。這是我們的自然狀態，我們之所以會懷疑，是因為家庭、教育制度和社會不相信自我價值的緣故。

我們跟自己的感覺安坐時之所以會感到不舒服，最主要的原因是我們不相信自己能夠做得到。正如我們先前討論的，靜靜坐著對很多人是個可怕的概念；我們寧願在大量活動中奔波。我們感到不舒服的時刻，我們的無意識反應會向外尋找。我們沒有把所產生的感覺當作自我沉澱的動力，反而做了完全相反的舉動。我們尋找方法，來逃避我們正在經歷的不適感。

「一旦我能跟情緒相處，讓我再度感受到與泰勒的連結之後，下一步該做什麼？」亞倫問我。

「支持他，」我向他解釋：「最好的辦法，就是把你自己抽離，不因他的選擇結果而悲喜。你為孩子的幸福用了幾分力，就該用幾分力來把自己抽離。當你們父子建立了深刻的連結，他能感受到你對他深切的愛，並確信你關心他的幸福，你就開啟了一個空間讓他的動機自己浮現，他就有動力自動自發去學習。只要你還壓著他做事，這種事就不可能發生。當你抽身，但仍然對他付出，他就會找到自己內心的聲音，去做任何他的靈魂引領他做的事情。」

當我們對孩子施加壓力時，無論是有意或無意，孩子的動機都會因此休眠一段時間。這就是我們該安撫自己的時刻，經過一段適當的時間，當孩子從我們所施加的壓力中恢復後，他們就會找到自己的路。這就像在秋天播種，然後等待整個冬天，直到春天的溫暖和陣雨使種子萌芽。假如在種子休眠時，我們因為焦慮而失手挖掘種子，檢視它在做什麼，就會扼殺了它。

這種錯誤的變異版本，是我們對孩子說：「你有必要去犯錯，然後再對自己選擇的結果負責。你已經夠大了，能夠理解成績不好的後果。要面對成績不好後果的人是你，不是我。在對你的努力和表現在意的人，也是你自己。」我們以為這麼說，就是放孩子自由，讓他們學會獨立，但其實不然。事實上，我們只是改用一種更巧妙的說法，試圖去創造出我們預期的結果。這種做法，就像我們在關鍵休眠期間把種子挖了出來。

亞倫的焦慮再次浮上檯面：「你是說，我除了用愛陪伴他以外，不能做任何事來幫他？如果他在應該做功課時繼續玩電動怎麼辦？我只能視而不見嗎？」

「你給泰勒一點時間，讓他學會獨立。假如他沒有完成作業，讓他的老師去做適當的處理。必要時，學校一定會跟你聯絡。到時候，你的介入可能會有幫助。由於打電動很明顯的已經成了他的逃避工具，你可能會冷靜地說出類似下面的話：『假如我看到你吸毒，卻什麼都不做，也不出聲，那麼我就是個失職的父親。或者，假如我看到你喝了酒要開車，卻沒有拿走你的鑰匙，我就辜負了你。學校通知我，你沒有給予學業應有的重視。你應該給自己一個機會，去試著完成你的專題作業。如果需要，我會介入，提供我認為你需要的界線，但我希望你能自己主動建立這些界線，因為你已經夠大了。』」

一旦泰勒看出亞倫是他的夥伴而非敵人，才比較可能會有正面的回應。他需要的是選擇，而不是強迫。只有當我們把自己從結果抽離時，才能真正得到支持——正如我們所見，孩子能夠本能地區分出哪些人是真正關心他們的幸福，而哪些人是在為自己打算。此外，我們介入或插手處理一定要看時機，而只有透過真正存在於當下的覺醒意識，我們才能知道什麼是適當的時機。對於一個有覺察力的人來說，適當的時機總是會給予充分通知，提供大量的線索。

實際上，孩子內心很希望跟我們合作，儘管許多父母都沒有意識到這一點。當孩子感覺到我們跟他們同步，願意幫他們實現自己的計畫，而不是我們的計畫時，就會歡迎我們加入。孩子需要知道，我們的所作所為都是出於對他們的良善深具信心，而不是出於他們可能會失敗的恐懼。再次強調，氛圍的營造非常關鍵，因為我們每次都說不過孩子。

「話說回來，對於這個星期六的足球比賽，」亞倫問：「我該怎麼辦？」

我回答：「說出你的真心話。告訴泰勒，你讓自己的恐懼小題大作了。對他承認你很焦慮，不知道該怎麼處理自己的感覺，所以你才這樣反應。跟他解釋，你知道他是值得信賴的。最後告訴他，你很期待他週末的比賽。」

後來，亞倫聽從我的建議這麼說了，而泰勒也給了良性的回應：他們商量出一個計畫來完成專題作業。

我們的感覺是靈魂的氣壓計，而我們的情緒反應則是小我被啟動的指標。如果我們能真心感覺，並單純讓反應在內心起伏，不讓它把我們捲進去或因此驚慌，我們將能轉變到一種更完整的平靜狀態。

覺察到我們發生了什麼事，對覺知教養相當關鍵，因為這讓我們不會把懸而未決的問題發洩到孩子身上。只要我們維持覺知狀態，我們的問題就不會投射到孩子身上。當我們與自己內心混雜的情緒共處，靜靜觀察，不帶評判，沒有劇本，我們就能安定下來，把來自過去的另一片拼圖拼起來，讓我們變得更有智慧，也更加堅強。

一旦情緒吞噬我們的情況越來越少，我們就會發現，自己遠比小我所想像出來的樣子更加強大。我們內在所擁有的力量和資源，超越了我們迄今所知的一切。

這都要感謝在我們與孩子之間出現的問題，對他們跟我們而言，這是禮物。最後我們將會發現，身為自己這樣的人有多麼美妙。

問問自己，你是否綁架了孩子的感情？

不論是我們生活上發生的衝突或世界上發生的衝突，所有衝突背後的問題都是：我們不被允許去感覺自己真正的感受。相反的，我們被教導去扭曲這些感受，並拿它們跟別人對抗。

執著於我們的孩子如何感覺，實際上跟容許他們去感覺，是對立的。我們誤以為對孩子的感覺有興趣，就是接受他們的感覺，以為這是給孩子空間。然而，當我們被孩子的感覺以任何方式牽著走時，或者對他們的感覺表現出任何指責時，就會給孩子一個印象：他們的感覺是令人恐懼的。我們應該對孩子的感覺保持中立，用正常或甚至是必然的態度來看待，然而，我們往往反而表現出無意識的指責，導致孩子被困在感覺裡，有時甚至會因此失控。

我們的孩子需要接收這樣的訊息：感覺是日常生活的一部分，就跟恐懼一樣。感覺和恐懼必然會存在，就像我們的想法一樣。允許所有的感覺和想法存在，不去干涉、控制，也不加以迴避，就讓它們自然來去。只有當我們插手干涉並設法管理感覺時，一切才會出錯。

一旦我們有了明確和直接表達感覺的路徑，就不會再害怕；當我們只是單純根據需要去反映出這些感覺時，就不會被它席捲吞噬。我們可以說：「我現在很傷心」或「我感到很挫折」，簡單明確地承認我們的感覺，使我們能夠辨別這些感覺，而不被它們的力量所淹沒。

當孩子看到我們以自私、反覆無常，甚至野蠻的方式對他們做出反應時，不僅學會了不信任我們，還會開始害怕我們。不幸的是，當我們在孩子眼中看到恐懼時，卻常常把它誤認為是尊重。事實上，我們被教養迷思所惑，認為我們需要控制一切，而微妙的是，我們實際上還很享受讓孩子害怕我們所造成的服從假象。這強化了我們的小我，讓我們感到自己深具力量，因此我們很重要。

當我們訴諸威脅（這是一種情感勒索），孩子的恐懼可能導致陽奉陰違，並不能夠讓孩子行為的改變有長期持久的效果。如果在表象下，孩子有可能被怨恨或憤怒等情緒淹沒時，而我們又持續用錯誤的方式來對待他們，最終我們迎來的只有痛苦。相反的，當孩子感覺到他們與父母處在一種沒有算計的安全區域時，他們就能自動提升我們對他們的信任程度。不過，發展這種信任需要時間和精力，而且只能是父母本身夠成熟時才有可能出現。

如果我們希望與孩子建立連結，就需要重新訓練自己停止對他們的控制。要實現這一點，我們必須以「如是」的狀態來接受當下。例如，看著眼前凌亂的房間，我們處理自己無意識反應的方式是問自己：「為什麼地板上的衣服會影響我內心的穩定？為什麼我個人會感覺受到威脅，嚴重到想把孩子痛打一頓？」

由於我們以教養迷思的標準，來看待「事情應該要怎樣」，因此經常覺得我們別無選擇，只能做出情緒化反應；我們是被迫的。然而，透過檢查每個反應，並辨別出是哪個迷思驅動它（通常不止一個），我們就能夠開始馴服自己的無意識反應。我們所需要的，是觀察我們在這種情況下對自己說了些什麼。這讓我們能夠辨別出，自己是困在哪些文化迷思或教養迷思的魔掌之下。

這是否代表了我們不會再對孩子生氣？完全不是。問題不在於我們是否感到不快，而是我們如何回應自己內在湧出的情緒。我們是否因為盲目的反應，而對孩子施加可怕的懲罰？還是有一種更健康的教養方式，有利於溝通並建立連結？

當我們在任何情況下排除了情緒因素，並呈現出我們真實的感覺時，就創造了一種合作的氛圍。跟孩子一起分享我們的感覺，跟情緒化的反應基本上完全不同。這樣的方式排除了責備，以及其他所有反覆無常的情緒。這使我們能夠在意識到雙方都有權對某件事情表達同意與否的情況下，一起討論問題。透過創造團結意識以及用平靜的方式進行協商，我們最終將能達成一項共同決定。而這個協議，是由雙方共同承擔責任。換句話說，因為孩子看到我們真的不是以控制來運作，而是真誠尋求他們的幫助，他們就會想要支持我們一起做的任何協議，甚至可能會提供我們沒有想到的建議。

如果你先前認為我倡導的是不干涉的自由放任式教養，或許現在你會開始看到，覺知教養其實需要父母更多的參與，花更多的時間和精力，以及分享我們的感覺，並反覆討論問題，直到我們跟孩子達成共識，而不是說「我說了算」。在指揮和命令下，孩子都不會有好的回應。事實上，也沒有人會。

不帶負面情緒，表達出真實感覺的對話，應該是什麼樣子的？我們該如何允許孩子發聲，好讓他們認同協商所產生的任何決定呢？

下面的對話，說明了如何讓孩子參與決策的例子，甚至早在他們兩三歲時就能實行：

父母：當你的房間很亂的時候，會讓我感到不舒服，因為我喜歡東西整齊乾淨。你的房間有哪裡讓你覺得不舒服嗎？

孩子：不會，我覺得剛剛好。

父母：如果我們的房子都跟你的房間一樣髒亂，你覺得怎樣？你會有什麼感覺？

孩子：我不喜歡。我喜歡房子乾乾淨淨的，但我喜歡我的房間亂亂的。

父母：所以你對自己和我有不同的標準囉？我想用同樣的標準來對待你和我自己，我喜歡房子保持乾淨，所以也希望你保持房間的乾淨。我們能不能共同訂立一個計畫，來同時滿足我們的需求？我希望你的房間能乾乾淨淨，這樣你才能學會有條理的生活方式。我的生活不會因為你的房間很亂而改變，但我想教會你這個寶貴的生活技能。對我來說，重要的是你學會整理這件事。就像你喜歡媽媽把我們的房子打理得整齊乾淨，我也想讓你為自己把房間整理乾淨。我能幫你什麼忙嗎？

孩子：我每個星期整理一次房間。如果我沒整理，你能提醒我嗎？或者幫我一起整理？

父母：當然可以。

一旦孩子感受到我們非情緒化反應的能量，就會更願意讓我們參與他們的生活。他們會積極參與我們所關心的事情，並找到方法跟我們合作，而不是跟我們對抗。所有的一切，都從承認和馴服我們的情緒化反應開始，如此一來，孩子將能傾聽我們真實的感覺，而不是害怕我們情緒爆發而遠離我們。我們不再需要反覆責問：「你有在聽嗎？」或是「你聽見我說的話了嗎？」

處理感受是最難掌握的事情之一，特別是當我們感到恐懼的時候。那麼，在現實中真正去感受恐懼會是什麼樣子的呢？

感受：因為孩子動作太慢，你感到不耐煩。你感覺無助、挫折和無能為力。

反應：你想催促他們，甚至對他們吼叫。

承認恐懼：注意到你已被觸發。這是一個紅燈警訊，警告你該停止所有的動作。按下你內在的暫停鍵。注意你自己的急躁不安，深呼吸，然後讓自己內心平靜下來。如有必要，你可以先離開房間。問自己以下的問題，來檢視你的恐懼：

- 我所經歷的恐懼，本質是什麼？
- 我怕會發生什麼事？
- 這件事情真的有這麼糟嗎？
- 這會是世界末日嗎？
- 我能承認我的恐懼源自於我的過去嗎？
- 我能看出我的恐懼與孩子無關嗎？
- 我能讓這種感覺過去，進入深層的信任嗎？

當你檢視自己的恐懼，只需要單純去觀察它。在你這樣做的時候，請確認下列的事情：

- 我的恐懼來自於我所失去的內在自我。
- 我的恐懼源自於我需要是完美的想法。
- 我的恐懼依附在我不夠好的信念上。
- 我的恐懼跟我想要教出一個模範生的壓力有關。
- 我的恐懼很自然也很正常。
- 我的恐懼並不會定義我這個人；它只是我的其中一面而已。
- 我允許自己的恐懼就這樣存在於日常當中。
- 我很害怕這個事實，不必要去耗損我的能量。
- 我所需要做的，就是觀察自己的恐懼，並允許它以原本的樣子存在。
- 我允許自己的恐懼靜靜地存在。處理它是我的責任，而非別人的責任。
- 一旦我允許恐懼單純地存在，它就會漸漸消失。
- 假如我拒絕承認或做出情緒化反應，我的恐懼就會變得更強烈。

藉著允許你的恐懼以原本的樣子存在，並認識到它的真實樣貌，你就能將之整合。現在，你可以用平靜且專注的方式來解決孩子的問題，讓他們感覺被聆聽和被滿足。

沒有人能保護孩子避免受到我們情緒化反應的影響。他們別無選擇，只能夠屈服，或者反擊。無論是採取哪種方式，他們都必須花費大量的精神能量來對抗我們，而那些能量，是他們原本應該花在做白日夢與玩遊戲上的。我們需要認真保護孩子的靈魂，他們來到我們身邊，讓我們可以傾聽並尊重他們真正的聲音，以及培育他們真實的自我，而不是讓他們成為我們的翻版。

～我的新承諾：擺脫情緒化反應～

我與憤怒關係雖然親密，
也能暫時從中獲得力量，
但它已不再符合原來的目的，
也因逗留過久而不再受歡迎。

當憤怒不再帶來轉變
也不能鼓舞勇氣，
就失去了它的效果。
我們需要放開手，
擺脫它所造成的混亂、雜念和情緒化反應。

留下的安靜
將誕生出真理。
最初，沉默可能震耳欲聾，
但是，一旦全然擁抱接納，
將從中誕生出如革命般的怒吼。

第十九章……

物理課沒教的事，談情感的交互作用

當我們更具有正念時，就會開始整理腦海中的雜亂思緒。就像把所有襪子從洗衣籃裡拿出來，重新擺放整齊。從家庭角度來看，我們會停止把感覺投射到孩子身上，並將這些感覺放回到它們該去的地方——我們的內心。

瓦洛莉是我的客戶，她跟我說：「我不斷督促我兒子丹尼爾，希望他在學校表現得更好，因為那是個弱肉強食的世界。我知道像丹尼爾這樣的黑人小伙子在現實世界裡的處境，我也知道這個世界有多麼無情。就因為我明白，所以才試著幫他做好準備。」瓦洛莉希望幫兒子做好面對「現實世界」的準備，她不斷把自己對於這個世界的殘酷和不公正的詮釋，以及她所經歷過的情緒都強加在兒子身上，同時也把恐懼和焦慮帶進了孩子的世界觀裡。

對瓦洛莉而言，這個世界既不安全又不公平。她害怕兒子會因為他的膚色而受到歧視。她的恐懼在她眼裡天經地義，假如告訴她，這些恐懼無中生有，絕非明智之舉。先前許多心理治療師都告訴過她，他們覺得她仍然活在過去，嚴重的種族歧視只是她個人的看法，不是現實，這讓她覺得很受傷。瓦洛莉覺得她被輕視了，因為似乎沒有人了解，她為什麼會這麼想。

我對她採用了不同的方法：「我完全了解你為什麼會這麼想。你是對的，這個世界的確殘酷又不公平，特別是對於有色人種。我完全能了解你的感覺，你想保護你的兒子，並盡你最大的努力為他做好一切準備。」

「真的嗎？」瓦洛莉很驚訝，也鬆了一口氣。終於有人能理解和認同她的感受了。

「你的感覺絕對有道理，也是真實的。不管別人怎麼說，這就是你的感覺，它們本來就屬於你，而且你也有權這樣感覺。」

「別人都說，我太偏執了，這會讓我的恐懼成真。」

「你不是偏執。這種說法，是對你的感覺下評判。但感覺永遠不能被評判，它就是存在著，就是會給你這種感受。我們只需要『如是』去感受它。你只要明白一件事，那就是你並沒有去體會你的感受。」

「我沒有嗎？」瓦洛莉很不以為然。

「你已經習慣對這些感覺做出情緒化反應，並投射到你兒子身上。因為如此，你讓他變得很神經質。」

「我要怎麼去體會自己的感受，又不會讓兒子緊張？這是我最不想見到的事，我想要他變得堅強、有力量。我以為這是我一直在做的事。」

「你要跟自己的感受共處，才能真實體會你的感受。這些感受是你的，不是孩子的。你需要跟它們做朋友，並允許它們起起伏伏，不加以修正或改變。現在，你正在想辦法修正你的感受。你想讓它們消失，就像你上個治療師所做的。基本上，你跟她都在做同樣的事，也就是否定你的感受。」

「我有嗎？」瓦洛莉很訝異。

「你因為擔心兒子而變得焦慮，所以盡你所能地把他變成一個讓你可以停止焦慮的人。你整天督促他成為一個不同的人，不斷告訴他，他現在的樣子還不夠好。你討厭自己變得焦慮，而你相信如果你努力督促兒子，讓他改變，你就不用再焦慮了。換句話說，你所做的都是為了自己。」

「我不敢相信，我一直在利用他來解決我的問題。我以為我是在幫他。我現在明白了，我只是在控制他，好讓我能夠解決自己的痛苦。」

「你的痛苦是真的，恐懼也是真的。這些感受是真的，不是因為大家覺得它們是真的，而只是因為對你來說，它們是真的。雖然如此，也不代表對你兒子來說，它們也是真的。因為那是你的感覺，你應該接受，但不該覺得你就有權利讓兒子也擁有一樣的感受。它們不是你兒子的現實，你不該把你的經驗投射到他身上。你要做的，是去學著與這些真實的痛苦感覺共處，以及如何處理它們。這意味著，你可能會因為無助而痛哭，或者去找志同道合的人說說你的感覺。但最後，還是要你自己去理解，這些感受來自你的過去、你的觀點，以及你對現實的看法。沒有人能對你的觀點置喙，有爭議的是，出於這些觀點你對兒子所做的一切。」

「但是，我要怎樣確保我兒子不會被這個殘酷的世界不公平對待呢？」

「你沒辦法保證任何事，這就像在問『如何確保我搭的飛機不會墜機』一樣。生命本無常，同時擁有破壞力和創造力。明白事物的本質，就不會再需要尋求保證。你所擔心的，不只是兒子沒有被公平對待，更重要的是，他是否能堅強到去處理這種狀況。同樣的，這又是你自己的投射。我們無法得知孩子面對問題能有多強韌，但恐懼能量的傳遞，自然會讓孩子沒有太多韌性。是父母的焦慮，讓孩子抗不住種族或性別歧視。說到底，讓孩子變弱的，正是我們的焦慮，而不是現實。與其保護孩子免除這些痛苦，更有用的，是改變我們的方法，讓孩子知道這些不樂見的事一定會發生，但他們的內在有足夠的資源可以應付。

「現實中，有些孩子可能成為性騷擾或霸凌的受害者，因此我們要教導孩子去堅守界線，信任內在的聲音，並且能安心地馬上回報任何侵犯人格的情況。有些孩子會被同儕用最不公平的方式排擠，因此我們要幫他們為這樣的現實做好準備。然而，我們不能用會引發他們焦慮的方法，而是讓他們感受到自己的力量。我們給他們工具來辨識霸凌，並用言語來反擊。我們不要求女兒減肥來符合社會的審美標準，避免被排擠；而是教導她們認識自己，明白她們現在的樣子就很好，如果她們被點名羞辱，就有能力處理這樣的情況。讓孩子明白他們現在的樣子已經很完美，孩子就能堅強自立。」

「如果他成績不理想，我該做什麼？難道就隨他？」

「你要關心的，不是結果或他的表現如何。你要把焦點放在自己身上，問問自己：『我是否有讓孩子自己去體驗成敗？還是我一直介入？我要怎樣指導孩子，又不插手他的學習？在這種情況下，我的能量起了什麼作用？有多少不好的事是因為我而起？我教孩子的，是自信或自卑？我的恐懼又是如何阻礙了孩子的成功？』」

瓦洛莉仔細想想後開口：「這都是因為我的緣故，對不對？我的恐懼綁架了孩子，他現在一副自暴自棄的樣子，連試都不想試。我沒能給他足夠的希望和信心，反而在他身上創造出這種令人討厭的感覺。他應該恨透了為考試而念書，因為我把他逼得快發狂了。我需要停下這一切，希望我能做到。」

瓦洛莉那天學到了一個深刻的教訓。她看見了父母沒有處理好的感受，是如何轉變成破壞性的情緒反應，對孩子的真實自我造成了永久的傷害。

感情好到水乳交融？小心，情感融合的陷阱

當父母發現無法把自己的感覺跟孩子的感覺區分開來，親子之間的情緒糾纏混淆、互相牽動時，就是專業術語所說的「情感融合」（emotional fusion）。

一旦我們變得更有正念，就會開始整理腦中的雜亂思緒，這就像把所有的襪子從洗衣籃裡拿出來，一雙雙擺放整齊一樣。此時，我們會停止把感覺投射到孩子身上，讓自己的這些感覺回去它們該待的地方——我們的心，而不是孩子身上。這個過程可以讓我們看清楚孩子真正的樣子，把孩子從我們對他們的想法中拆離開來，真正去了解他們。

將我們的情緒從孩子身上抽離，乍聽起來似乎很可怕。因為這可能意味著，我們的期待、渴望都會一併離去，或是讓親子之間的關係變得陌生而疏離。但我所描述的，是一種完全不同的分離，這種形式的分離，反而讓真正的連結成為可能。我所說的是——終結「情感融合」，結束糾纏不清的情緒牽扯，讓我們自己的情緒歸我們的，孩子的情緒歸孩子的，我們的經驗歸我們的，孩子的經驗歸孩子的，還有也把我們內心上演的小劇場跟孩子分開。

很多時候孩子無法跟我們親近，是因為我們總是把自己的內在狀態投射到孩子身上，而不是單純面對他們真實的樣子，欣賞他們由內而外的韌性。我們對這種內在狀態再熟悉不過了，因為它是從我們內在生發的，然後再投射到孩子身上，給我們一個跟孩子很親近的虛假感覺。我們很少意識到，其實我們完全沒有跟孩子建立連結；真正跟我們連結的，只是一道我們投射到孩子身上的影子，還有我們自己的想法。只要孩子能滿足我們的既有想法，我們就會感覺親近。然而，等到這種想法與現實出現落差的那一刻起，親密感就結束了。

正是由於這個原因，在孩子進入青春期後，很多父母都會備感威脅。青少年會用這樣的聲明來對付父母的管教：「我要做自己的主人，我要用自己的方式來表達我的獨立自主。因為你們不允許，所以我需要擺脫你們。」鼓勵孩子成為自己的主人，脫離我們自立，看似會威脅到親子關係的親密感，但實際上這才是建立真正連結的途徑。因為只有兩個完全獨立自主的個體，才能建立真正的連結。

提高自我意識的過程，會帶來完全跟「情感融合」不同的健康結果，因為我們的內在更清明也更條理有序。我們對自己看待現實的方式更有把握，也能欣賞包容他人不同的意見。我們的內在景觀清晰明朗，一目了然，我把這種狀態稱為「情感分離」。我們不會再覺得生氣、難過、沮喪都是孩子引起的，要求孩子對你的情緒負責。所以，終結情感融合雖然聽起來令人害怕，卻是兩個有著獨特心跳脈動的個體建立連結的唯一方式。

獨立人格的必修課，發展情緒自主

當我們將自己的感覺與反應分開，並控制自己不再對孩子抱持著自以為是的想法和設想後，就開始改變了自己的存在方式。在此之前，我們是從匱乏感和需索狀態出發，但現在則是從自我實現和培力充能的角度來融入生活。突然之間，我們不再需要倚賴他人的認同，不再靠別人來肯定自己了。

情緒自主（emotional autonomy）對覺知教養非常重要。情感分離的第一階段發生在幼兒期，而後續階段則吻合兒童發展的所有關鍵過渡階段，包括幼兒園、小一、中學，以及高中時期的終極試驗。一旦父母發現自己無法認清這些關鍵階段，就是在提醒他們應該允許孩子擁有更多的自主權，讓他們自由去體驗失敗、跌倒。當孩子情緒無法自主，就會一直無法擺脫孩子氣，而造成對父母一種不健康的依賴。孩子會覺得，如果沒有父母在身邊幫他們處理事情，他們的生活就會分崩離析。

對嬰兒期的孩子來說，依附關係是他們生存所必須的，但隨著孩子漸漸長大，這種依附關係就超出了孩子需要的範圍，而且往往跟父母不願放手有關，此時孩子就會受苦。我們怪罪青少年叛逆，但事實上，是父母在對抗青少年越來越多的自主需求。父母因為孩子尋求自主權而感到威脅，因此試著施以更多的控制來與他們對抗。然而，孩子只是在做他們那個年紀該做的事，要求他們那個年紀該有的權利而已。真相是，當孩子反抗得越激烈，就是在喚醒父母不要再把自己的內在狀態投射在他們身上。孩子不是變「壞」了，事實恰好相反，由於父母沒有順應孩子的需求進行情感分離，才讓孩子必須出面爭取並承擔了這個責任，主動去脫離對父母的依付。

想要建立真正的親子連結，我們必須辨認自己對孩子想成為獨特自我的渴求，是否產生了危機感。當我們保持覺知，就能意識到每個人都是獨立的個體，有權擁有他個人的感受及體驗。我們越是認知到這一點，就越能尊重孩子原本的樣子。我們不會再灌輸自己的想法，而是尊重孩子的感覺、價值，以及他們所選擇的生活方式。我們會將孩子視為跟我們不同的存在，並且理解我們有能力幫他們走上獨一無二的路。

凡是被允許去感受自己真實的感覺，用自己的方式去體驗生活的孩子，都能獲得力量，勇於挑戰適當的風險，並把生活當成一場冒險之旅。因為他們對自己的存在方式感到安全，所以能夠用寬容的心去相信和熱愛這個世界。也因此，他們會在需要我們時勇於承認。事實上，他們的情緒和感知越是獨立，在必要時，他們就越有能力用健康的方式來依靠我們。

身為心理治療師，我有必要讓自己時時保持清醒，不讓客戶無意識地倚賴我。我的客戶伊麗莎白在最近一次的諮詢中，幾乎全程都在哭。我告訴她，在下次會面之前，如果她需要找人說說話，可以打電話給我。在我們下一次會面時，她對我說：「你都沒有打電話或發電子郵件關心我的狀況，一開始，我感到很傷心，覺得被你拒絕了。後來我想起你總是教我不要扮演受害者的角色，然後我就意識到，如果我需要你，一通電話就能找到你了。你並沒有不關心我。事實上，恰好相反，你是在告訴我，我足夠堅強，有能力可以自己處理。」

即使是最細微的小地方，只要一個動作或一個眼神，我們所愛的人都能感覺得出來我們對他們的看法，比如不信任，或不相信他們夠堅強，可以自己把事情處理好。就像今天，我一直都在跟我的直覺對抗，強忍著不對女兒說：「你還好嗎？」或「你感覺如何？」我必須相信我們的連結足夠親密，知道如果她有什麼事情要跟我分享，她會自動說出來。我總是提醒父母，當孩子把自己關在房間裡時，他們就不應該插手。孩子這麼做，就是在告訴我們：「我現在需要獨處。」父母對孩子自主權的尊重，表明了我們對親子之間的連結有安全感。不過，當孩子應該寫作業或吃飯時間到了，我們當然可以走進他們的房間表示關心。但要提醒的是，當你這麼做時，不該是出自於你自己的需要。

我的客戶經常會說：「我真笨，不敢相信我竟然會做這些事。」我不會急著表態，我通常會順著他們的看法，告訴他們：「我知道你覺得很蠢，你有這種感覺很正常，因為這代表你想要做得更好。但請記住，你的感覺只是一種心態，沒有什麼好害怕的。」然後我們一起探索這些感覺，而不是被其中的恐懼所挾持。

傳統對待孩子的方式，就是反駁他們的負面言論：「不，你不笨。你很聰明。」然而，這一類的反應，真的能消除孩子的憂慮和覺得自己不夠好的自卑感嗎？剛好相反，這只是把我們的想法強加在孩子身上而已。孩子在這一刻最需要的，不是突然覺得自己變聰明了，而是學會處理他們覺得自己「很笨」的感覺。

就是在這點上，身為父母的我們常常會搞錯。因為我們不希望看到孩子煩惱或受苦，於是就急著當第三者，介入孩子跟內在自我的關係。我們需要記住，感覺就只是感覺而已，感覺不會定義一個人。當我們清楚這一點，在任何時候，我們對自己或孩子就不會那麼焦慮，可以讓我們更有能力地去幫孩子充分體會自己的感受。

虛飾的和平比吵架更可怕

當孩子了解，他們有不同意見未必是哪裡出錯了，就會發展出接納自己及表達自己意見的自信心。他們學會在人際關係中廣納各方意見，進而擁抱協調不同聲音會出現的不適感。他們會將這種情形視為健康的正常現象，而不是出了問題或挑釁、找麻煩的表現。

以下莫琳的例子，就可看見這樣的結果。莫琳會來找我，是因為她跟十七歲的女兒總是在爭吵，讓她覺得很痛苦。我問她為了什麼吵架，莫琳說：「哦，什麼都可能吵。我說是藍色，她就說是紅色。我說是義大利文，她就說是法文。然後，我們就莫名其妙地開始用髒話互相對罵。我擔心我會因為這些爭執，失去我的女兒。」

莫琳很驕傲地說，她們母女以前非常親近。「我們簡直形影不離，從來不吵架。她就像我的影子一樣，無論我去哪裡，都跟著我。但到了今年，情況就完全不一樣了。現在她不認同我說的任何話，離我越來越遠。」

莫琳一直都在控制著她的女兒，已到了女孩無法發展真實自我的程度。莫琳之所以會這樣，是為了支撐她自己薄弱的自我意識。事實上，這個聽話的女孩，多年來為了替母親填補自我意識，一直違背自己的感覺和意見，幾乎就像她本能地知道她是母親的命脈一樣。莫琳非常依賴為人母親的身份，到了一種如果沒有這個角色，她將什麼都不是的程度，因此她牢牢抓住女兒不放。然而，她的女兒現在已經走到了人生的另一個階段，想要擁有自己的意見，想掙脫母親溫暖的羽翼，想要自由飛翔。這就是導致母女爭執不斷的原因。

幾個星期後，莫琳學會了去包容不同意見，視為尊重他人獨立個體的一種方式。她不再因為出現不同聲音而感到地位受到威脅，並且開始把這種新觀點融入生活之中。她發現，會切斷母子連結的不是爭執本身，而是無法容忍彼此有不同的意見。

真正的親密是一種健康的依附關係，在其中，父母和孩子雙方都能彼此欣賞和相互幫助，不用刻意示好，不會感覺到自己被委曲。在這種健康的關係下，留有足夠的喘息空間，彼此不會把對方壓得喘不過氣，在賦予力量和自由做自己之間，同時保持親密的連結。真正的連結跟前面提過的情感融合不一樣，因為對親密的需求與控制欲截然不同。真正的連結，會讓我們自由，而情感融合則會麻痺我們的感受，分不清你我。

擁抱痛苦，面對它，接受它

如果說有什麼事能讓父母糾結不安，那就是看到孩子痛苦。然而，我們卻可以藉由這種感受來自我成長。

在我女兒八個月大時，有一天我們母女兩人在床上玩，不料我剛一分神，她就掉下了床，一頭撞在硬木地板上。撞地的那一聲巨響，現在還讓我餘悸猶存。她的臉一下子就失去了血色，還翻白眼，幾乎昏了過去。我慌了手腳，不敢相信我居然那麼粗心大意。我聯絡了醫生，他告訴我先觀察看看，如果她一直無精打采，隔天就會幫她做些檢驗。

我把女兒抱在腿上好幾個小時，每次她一哭，我的心就怦怦跳得好快，簡直快從嘴巴跳出來了。我努力要放下情緒，卻做不到，當時又沒人可以傾訴分擔，只能被迫去感覺這個經驗的全部壓力。但，這是件壞事嗎？剛好相反。正因為沒有管道發洩情緒化的反應，我對痛苦的看法完全改觀了。

在那個星期，每個我見到的客戶，都說我看起來很不一樣。他們發現我更能安處於當下，心胸更開闊，也更少說大道理。我也感覺自己不一樣了。在哭了幾個小時，坦然去面對每個「如果……就不會」的念頭之後，似乎內在已經發生了轉變，後來我心中僅存一個「活著就是奇蹟」的念頭。這種從用腦到用心的轉變經歷，也幫助我跟其他父母建立了連結。現在，我可以帶著更少的批判、更多的人性，透過諮詢療程來關懷他們的分心、判斷失準，以及情緒化反應。

我所體驗到的恍然大悟，還包括了「多大的痛苦，都不會毀滅我們」。經歷痛苦，還能教會我們同理心。事實上，我更了解到，痛苦或許比「快樂」更令人深刻，足以讓我們進入更深層次的自我。痛苦提醒我們，父母不是萬能，也會犯錯。所以，沒有誰應該高人一等，父母如是，子女如是。

～我的新承諾：擺脫害怕痛苦的恐懼～

我謙卑地請求，
願每個痛苦的經驗能改變我。
雖然過程很痛苦，
我會保持信任和臣服，
毫不保留地面對痛苦，
不尋求減輕或逃避。
之所以這樣做，
是因為我知道抗拒只會加深痛苦。
但如果我能擁抱痛苦的現實，
它將會帶領我去體會
人性的深刻意識，
從而讓我
與人生旅途中所有結伴同行的人
產生更具意義的連結。

第二十章……

懂得尊重孩子，還能同理孩子

同理心是跟其他人的感覺相連結的能力，需要我們去接受另一半、孩子或朋友也能擁有他們的感覺。這是健康關係的基本要件，我們不需改變對方，只需承認對方的感覺是理所當然的，即使我們希望自己的感覺也獲得認可。

那一天，天氣很好，萬里無雲，馬兒在綠草如蔭的牧場上吃草，孩子們到處跑來跑去。這是我女兒在紐約長島的夏季馬術營中典型的一天。那天，是父母來欣賞孩子在年度馬術表演上大展身手的日子。每個孩子都搭配了他們最喜歡的馬，快樂又忙碌地為他們的馬兒拴繩、上馬鞍和餵食糧草。

就在馬上要入場時，我聽見了一個孩子大吼大叫。「我不要騎這匹馬！我要騎蘿西。我只要騎蘿西！」聽聲音，是十歲的莎凡娜。

「哦，真糟糕，」我心中暗暗想著，謝天謝地那不是我女兒。「麻煩來了。她的父母會怎麼處理呢？」

我看到莎凡娜的父母蹲在她身邊，完美的標準程序，用充滿同理心的聲音說：「我們了解，你因為沒有跟蘿西配成對而感到難過。但是我們可以一起試著找到一個解決方法，然後……」

莎凡娜打斷了他們的話，她抗議得更大聲了：「我不想，我不要！我想要回家了。現在就帶我回家！」這一次，她更大聲了。這樣的場面，讓一群孩子都圍了過來。

對於自己造成的場面，莎凡娜毫不在意，繼續對著父母大叫：「你們不能強迫我！我討厭你們！我要走了啦！」

這時候，她的母親說：「莎凡娜，如果你今天願意騎這匹新馬，我們將為你感到驕傲，然後週末帶你去水上樂園玩。」

我在心裡笑：「利誘來了。」這個母親還會承諾什麼來賄賂她的女兒騎上新馬呢？

莎凡娜似乎對水上樂園不感興趣。母親繼續哄她：「然後我們可以去你最喜歡的店裡，買你一直想要的那些可愛短褲。」

莎凡娜仍然沒有反應，於是母親提高了價碼。「如果你騎你的新馬，」她懇求著：「我們可以去蘋果專賣店，買新的 iPad 保護套給你。你一直很想要這個的，不是嗎？」

莎凡娜抵死不從，大喊：「我才不在乎！別煩我！我要上車了！」

於是父親插手了。他抓住莎凡娜的手臂，用力把她拉過來。他粗暴地抓住她的肩膀，咬牙切齒地對她咆哮：「不准你這樣對我們說話！別再無理取鬧了！」

「我沒有無理取鬧！我只是不想再待在這裡了。我們可以走了嗎？」莎凡娜懇求著。

父親繼續說：「我們花了好幾千塊送你來參加這個營隊，當初是你求我們讓你來這裡的。所以，現在你就去騎今天指定給你的馬，否則我再也不會付錢讓你騎馬了。」

莎凡娜搖了搖頭，嗚咽著說：「對不起，爸爸，但我真的做不到。」

「現在說對不起太晚了，」母親打斷了她的話。「說對不起也不能讓死人復活。看看你造成的局面。你讓我好丟臉，我對你很失望。我們現在就走，永遠不要回來了！」然後，莎凡娜的母親拖著手足無措的莎凡娜，氣沖沖地離開了。

在我能夠整理好我的思緒之前，我的女兒和一群朋友跑到我身邊來。「她的爸媽對她太過分了，你有看到嗎？」麥亞說。

「可憐的莎凡娜，我為她感到難過。」艾莉森說，眼中含著淚。

「為什麼他們就不能讓她留下來看我們表演？這有什麼大不了的？」寶拉忿忿不平地說。

我幾乎要同意他們所有人的看法，並說出我完全不贊成莎凡娜的父母處理這種情況的方式。如果是五年前的我，就會沉溺在一種自以為是的批判中：「他們怎麼能這樣做！如果是我，就會用完全不同的方式來處理。我永遠不會在這種情況下提高聲量。事實上，我根本不需要大聲，因為我的女兒永遠不會這樣亂發脾氣。」就像孩子們用單純的方式看待這件事情，我可能會責怪父母怎麼會把孩子養成這般自戀。然而，在我真正身歷其境，見識過自己的反應之後，我現在對這種情況發展出了更加謙卑和更具同理心的體會。

我向孩子們解釋：「對我們來說，批評莎凡娜的父母很容易，而且你們說得沒錯，他們的確不該反應這麼激烈。但你們要了解，他們之所以會這樣，是因為他們感到很無助，不知道該怎麼做才好。他們不是故意要這麼過分的，而是陷入了一種他們看起來不可能解決的處境之中。等你們當父母後，就會了解他們的感受。」

雖然我理解孩子的情感，但重要的是要讓他們知道，人際關係中的問題不會總是單方面的責任，或者像他們想得一樣簡單。孩子經常會對父母做出情緒化反應，對他們說：「你們太過分了！」雖然他們感覺遭到背叛，背後的情緒可能是理所當然的，但感覺到自己被人傷害（尤其是父母），到頭來對他們並沒有任何幫助。

在莎凡娜的例子裡，父母和孩子都讓自己被焦慮所挾持，導致他們排除了擺在眼前的幾個選擇。雙方都因為認為對方是錯的，而讓自己失去應變能力。這就是衝突怎麼導致僵局，讓我們感到無力改變局面的原因。我們很容易相互批判，以善逐惡。但我發現，這種看待世界的方式，並不會讓我們進步。

當我們提出問題，例如什麼是導致女兒大發脾氣的原因時，我們毫無疑問地會在一開始做出某種判斷，例如：「她只是無理取鬧。她被寵壞了。她需要學會不是所有事都要順她的意。她應該更懂得感恩。」換句話說，我們面對負面情況時，初步反應往往都是負面的。彷彿我們原本的設定，在碰到這種情況時只會做出負面反應一樣。一旦我們做出這種判斷，自然就會得出這樣的結論：整治「無理取鬧」的唯一方法，就是責罵孩子，或用某種方式操縱他們。在父母心裡，覺得這麼做是合情合理的；然而，我們卻很少意識到這樣的判斷是錯的，完全是偏見。

要解決像莎凡娜這種情況，第一步是去認清我們如何將自己的偏見、觀點和判斷，投射到他人的行為上，而沒有去試著了解傳達出來的這些內容，背後還有更深一層的意義。因為是「我們」的孩子，我們會根據自己在特定時刻的心情，單方面地將我們的推測強加在孩子身上。當孩子反抗時，我們會認定為冒犯，並把他們捍衛自己的行為稱做是「沒有禮貌」和「不尊重」。原因在於，我們期望孩子被動地接受我們的判斷，只因為他們是孩子。這樣的方式不僅本質上就不公平，而且會破壞孩子將來保護自己免受不公平待遇的能力。然後在事情發生時，我們卻想不通，他們為什麼會默許自己被霸凌，或讓自己陷入虐待的關係裡。

同理心的真正含意

如果想要提高察覺力，看出教養常見的陷阱，我們必須超越是非判斷。現在，讓我們一起用不同的方式來檢查。我們不該把焦點放在行為上，而是去探問個人在內在層次裡的遭遇。我們的所有行為，追根究柢都來自於我們的感覺。只有深入了解自己的感覺，我們才能發現是什麼在驅動行為，並且認清我們所需要採取的行動。

莎凡娜的感覺是什麼？一開始，她顯然無法承受當下的狀況。她的情緒已經被大家對她的期望綁架了，她的焦慮超過了她所能應付的程度。所以她的父母越是限制她，她的反應就越大，直到她最後受不了，終於崩潰了。莎凡娜的父母錯過了所有這些重要的信息。

不同於她父母所認定的，莎凡娜不是故意要這樣的，甚至沒有意識到這些後果。這完全出乎她意料之外，是無意識產生的焦慮能量。一旦焦慮大到讓人承受不了，所有合理化的嘗試都是徒勞，強制的語言會完全被忽視。我們需要使用不同的語言來跟焦慮溝通。但，她的父母還沒有學過這種語言。這是一種以心為中心而非以腦為中心來控制的語言，是一種直率、充滿勇氣，而不是控制和操縱的語言。

教養書教導我們的技巧，似乎真的能帶領我們去協助孩子，但實際上，主要是教我們操縱孩子，讓他們迴避去體會他們真正的感覺。教養書的目的，是呈現「幸福快樂」的結果，而不是教我們如何去體會自己和孩子「如是」的感覺。

莎凡娜的父母首先試著用教科書上的標準方式來回應，試圖同理女兒，但顯然的，他們沒有幫助她處理困境。即使他們看似同情和同理她，但從情況變得更糟來看，很清楚的，他們沒有做到感同身受。相反的，同理只是他們的一種手段，讓莎凡娜去做他們想要她做的事，才是他們的真正打算。

當我們真正同理別人時，是沒有任何目的的。一個真心同理的回應，會立刻意識到對方跟我們處於極大差異的狀態，而為了要跟他們建立連結，我們不得不完全放棄自己的打算。這種迅速的放手，需要一種存在當下的敏銳度，明白與對方的連結是每一瞬間能量往復的流動，因此無法保證事情的最後結果會如何。我們了解這是溝通的**過程**，而不是我們需要得到結果，或者是要達成誰的目的。這種方式，是充分認識到過程中每一步的重要性，雙方都投入其中，也同樣具有影響力。

有個母親告訴我，她能夠同理女兒，跟她感同身受。「我明白我的孩子正在經歷什麼，」她很堅持：「我察覺到她很焦慮，於是想幫她不要緊張。」這真的是同理嗎？這個母親宣稱她明白女兒正在經歷什麼，聽起來像是做到了換位思考。但隨後她急轉直下，對女兒表明，實際上「我不喜歡你的感覺。我想讓這些感覺消失」。喔不，這不是同理心。

我們的孩子聽到了這種口不對心的「雙言巧語」，就會搞不清楚他們應該怎樣去感覺。大多數人都犯了這樣的錯，認為我們正在感同身受，但實際上我們並沒有。我們認為自己很了解，但事實上，我們什麼也不懂。這就是為什麼很多孩子會對父母大吼：「你根本不了解我！」他們完全是對的。我們不懂他們。

同理心是跟其他人的感覺相連結的能力，要能站在對方立場設身處地思考，需要我們接受另一半、孩子或朋友可以擁有他們自己的感覺。他們當然會有自己的感覺，因為我們是不同的個體。同理心是健康的人際關係中，會有的自然法則。我們不需要改變對方，只需要改變自己。我們只需要承認對方的感覺是理所當然的，即使我們希望自己的感覺也得到認可。一開始，要在我們心裡維持兩個不同角度的空間是極富挑戰性的。只有當我們不被自己的情緒所圍困，才能做到這一點。焦慮會限制我們的內在空間，很快就化身為控制，然後又轉變為憤怒。這正是在莎凡娜父母身上所發生的情況。

孩子可以感覺到，什麼時候父母是跟他們真正連結，而什麼時候是在操縱他們符合父母的期望。後者只會讓孩子覺得自己的話沒有被聽進去，自己的願望不重要，因此更進一步加深孩子的焦慮。當我們不以真正同理的方式跟孩子連結時，只會讓事情變得更難辦。一旦孩子感覺到他們沒有被聽見，就會關上心門，停止合作。只有當我們知道如何真正同理孩子，才能為親密、連結及攜手合作的關係打造出一條康莊大道。

在莎凡娜的例子中，假如她能夠傳神地說出她的心聲，她可能會說：「這就像是我的心裡颳起了一場風暴吞噬了我，而你們讓它變得更糟糕。我需要你們冷靜下來，跟我一起對它一笑置之，告訴我用另一種方式來處理我的恐懼，而不是對我吼叫。」事實上，莎凡娜的父母只注意到她的焦慮，因此想找出一種方法來迴避，讓女兒按照他們的意思做決定，也就是趕快回到馬背上。然而，他們越是想盡辦法要莎凡娜做出讓他們高興的事，就會讓她變得越焦慮。

這件事的背後潛藏了一個深意。真正的問題，並非莎凡娜是否要騎新的馬，而是要如何幫她駕馭自己的焦慮風暴。父母的策略，不論是同情、命令、利誘或威脅，都無法解決這個問題。因為莎凡娜的焦慮，引發了父母自己的焦慮，讓他們開始露出真面目。在這種狀態下，他們不可能幫女兒去克服她的感覺。

莎凡娜的父母需要跟她的情緒建立連結。要做到這一點，他們必須學會放下，把自己的感覺擱置一邊。如果他們被自己的感覺所淹沒，就需要先抽身離開一下，先照顧好自己的感覺，等它平靜下來。正如我在前面幾章所提到的。

莎凡娜的父母需要把注意力轉移到女兒身上，設身處地為她想。要做到這一點，他們必須把自己對女兒「應該」做什麼的信念放一旁，只需要去接受她的現狀。他們可以說：「如果你不想騎也沒關係，還有很多機會。一起去散散步吧。」這就是我們對另一個人做到有同理心的感覺。我們不驅逐對方的感覺，但也不會讓自己變得失控。相反的，我們冷靜地面對孩子的感覺。如此一來，我們讓孩子明白，焦慮沒什麼好怕的。

這種接納，必須是**真正**接受。我們不再試圖讓孩子去做我們希望他們做的事，騎馬不再是我們關心的重點。唯一重要的是，我們與孩子一起處於當下，用平靜和接納陪伴著他們。我們完全放棄了自己的打算。

我建議的方法，與一般的處理方式大相逕庭。在這樣的情況下，常見的方法是告訴孩子「不要害怕」。與其敦促孩子盡快面對和克服焦慮，我的建議是向他們保證：「感到焦慮是正常的，所以不要擔心你很焦慮的事實。把它跟興奮或快樂的感覺一視同仁。就讓它存在，別否認也別抵抗。」否認或抵抗，會讓焦慮變得更糟。比較好的方式，是面對它原始的自然狀態。然後，它會以自己的速度和方式慢慢消失。這並不是因為我們強行驅逐，而是因為我們用感恩的心從中成長。

如果我們能同理當時莎凡娜的處境，對他們的焦慮感同身受，就會浮現以下的念頭：

- 其他家長會怎麼看？
- 我的孩子跟別人比起來如何？

• 其他孩子會嘲笑她嗎？
• 眼見錢都要白白浪費了，怎麼辦？
• 如果我們現在答應她不騎馬，會不會讓她日後遇到困難就輕易放棄？
• 對於她以後成功立足於世界的能力，這件事說明了什麼嗎？

假如莎凡娜的母親沒有被觸怒，她可以「請」莎凡娜帶她去馬廄，讓她看看所有的馬。這裡我說的是「請求」，因為我不贊成用強迫的手段要求孩子。如果莎凡娜同意了，就表示她對所學的一切是真正抱著好奇心，認可她自己的成就，而不再專注在她未完成的事情上。莎凡娜母親也可以請孩子告訴她關於這些馬的故事，還有她跟馬在一起的經驗。於是，整個焦點都會轉到孩子的學習過程上，而關於表演的事就算過去了。

因為真心不介意莎凡娜是否要表演，莎凡娜的母親接下來可能會問女兒，要不要去看一下不是她喜歡的那匹馬。母親可能會建議莎凡娜，騎上那匹替代的馬幾分鐘，試試看她是否覺得舒適——但要完全出於孩子自願，而不是哄騙。或者，也許孩子比較喜歡牽著這匹馬在馬場中散步呢。要特別說明的是，這整個過程中，母親絕對不會試圖去說服她騎馬表演，要不要表演都要由莎凡娜自己決定。

最重要的是，莎凡娜對自己選擇旁觀表演，完全不介意。因此，她很有可能重拾能量，不再去執著結果了。吸收了這種放鬆的狀態，她可能會意識到，自己是個夠格的騎士，因此除了蘿西，她也能夠跟其他任何一匹馬配合表演。然而，如果她真的能不介意，任何結果都是可以接受的。

有人可能會說：「這種方法，會不會讓孩子認為放棄也沒關係？」我對這個問題的回應是，這不僅僅是關於騎馬的熱愛，最主要的，是莎凡娜對探索興趣的渴望；即使她決定放棄騎馬，這個目的也仍然成立。探索興趣，一次只嘗試一種，既然沒有什麼事能夠永遠不變，什麼都能不妨一試。無論莎凡娜有多熱愛騎馬，遲早她都可能會被迫放棄，正如我們只是短暫的存在，我們的興趣可能也一樣。

真正重要的，是我們忠於自己，在我們選擇投入的時間享受我們選擇投入的事情。成就感只存在於當下，而不是存在於應該延續多久的念頭裡。如果我們無法珍視學習過程中每一瞬間的投入，就無法體會沒有什麼事是徒勞無功的，也沒有任何事物能永遠不變。

我們永遠無法要孩子保證，他們會對某個興趣堅持下去。孩子可以有自己的感覺和經驗，即使那違背了我們的期望。在成長過程中，孩子的興趣往往會自然而然轉變，這種轉變不該被反對，而是應該給予鼓勵。孩子能堅持一個興趣多久並不重要，重要的是他們身心靈的投入程度。而這種投入是不可量化的，這就是我們感覺不安的緣故。因為我們一直被實質成果所制約，對某些不可測量的收穫選擇視而不見，比如在探索一個新經驗的過程中，每個瞬間的體驗。

我們宣稱自己想讓孩子無所畏懼，這樣他們才能完全投入生活。然而，我們對結果的執著，卻激發了孩子的恐懼和焦慮，妨礙了他們要做到最好的嘗試。孩子感覺到我們不關心他們的努力，只關心他們的成功。這就是為什麼他們無法全心投入，並非他們懶惰，而是因為他們害怕失敗。就像莎凡娜只想要騎蘿西，並不是因為她很「難搞」，而是因為她害怕騎另一匹馬會讓她失敗。

當我們面對自己的人性，並學會接受它，就會發現自己更能夠同理孩子。同理心是以心為本，而不是以腦為基礎。同理心是關於對方的感覺和經驗，而不是關於我們自己。

如何以同理的方式應對現實生活

你可能會想：「假如我的孩子經歷了一種我無法解決的感覺，譬如他們不想去上學，但必須得去，我該怎麼辦？難道我只是讓他們跟這樣的感覺共處？我該同理他們，順著他們的意，讓他們待在家裡嗎？這樣做能解決什麼問題？」

首先，我們必須認清一點，覺知教養並非把孩子養在感覺的溫室裡，將現實世界排除在外。相反的，我們所面臨的挑戰，是幫助孩子了解和克服他們的感覺。不論如何，他們的感覺總是支配著他們。他們沒有意識到這一點，而我們也不明白。當我們教導孩子如何坦誠面對他們的感覺，他們就要學著跟每種感覺一起流動的可能性，而不是被感覺給淹沒。當孩子不想去上學時，我們想要用覺知教養的方式去教導他們，可以從創造容許這種感覺的空間開始做起。這是什麼意思？創造一個用來容納感覺的空間，特別是容納焦慮的空間，意味著我們不會因為感覺的存在而有任何焦慮感。當我們對孩子的焦慮感到焦慮時，孩子也能感覺得到，並且表現出來。與其說服孩子不要焦慮，我們需要擁抱他們真正的感覺，並在這些感覺出現的時候全然接受。

這跟很多父母的回應方式有很大的不同。一般我們可能會說：「別傻了，你一定要去上學」、「不要怕」，或者「如果你不去上學，就會受罰」。這些反應，不僅不能驅散孩子的恐懼，反而教導孩子對自己的感覺引以為恥，甚至害怕。更糟糕的是，我聽到很多父母會說：「好吧，我明白你不想去上學。那就別去了。」這只是教孩子對恐懼投降，逃避現實而已。

現在，容我跟大家分享一個更有覺知的方法——邀請感覺進入房間。請孩子把他們的感覺畫出來，並講一講關於這個感覺的故事。分享你自己的童年故事，以及其中的感受。然後，為了緩解孩子的焦慮，解釋這種感覺是再正常不過了。如此一來，孩子學會了不受恐懼的主宰，也不會逃避，而是會接受它並容忍它。

一旦孩子能夠接受他們的恐懼，就會感覺自己能與恐懼為友，而這種感覺有舒緩的效果。這就是我們表達同理心的方法——不是為了孩子感到難過，或是試圖解救他們，而是幫助他們在安全的環境中面對恐懼。通常在我們採取這種方法之後，恐懼就會消失。雖然效果未必立刻顯現，但恐懼一定會按照它自己的進度慢慢消退。如果我們急著推動整個過程，就違背了讓孩子自己整合恐懼感的目的。學會容忍恐懼，並聽其自然，可以成功地引導孩子看見自己內在的風景。

如果在孩子小時候完成這個過程，他們就能夠整合自己的恐懼，讓用於恐懼的能量可以釋出，轉而用在尋找創造性解決問題的方法上。一個最初拒絕上學的孩子，最終會找到一個不需要盲從又能培養能力的解決方案。正如前面所提到，像角色扮演和角色轉換一類的技巧，有助於找到新方法，讓孩子原本用來恐懼的能量，轉而用來進行一些有創意、有趣的新嘗試。

由於有許多父母都習慣了按表操課的方式，因此我做了一張應對孩子痛苦的行動計畫表，列出我需要他們「做到」的具體事項，這些都有助於讓他們貼近孩子的存在狀態。以下是一些例子：

- 「做到」完全安靜地坐在孩子身邊。
- 「做到」看著孩子的眼睛，並持續看著他們。
- 「做到」以輕柔話語重複孩子的感覺。
- 「做到」用身體語言告訴孩子，你一直陪在他們身邊。
- 「做到」試著理解孩子的遭遇，但不侵擾。

- 「做到」把你的看法、訓誡和說教留給自己。
- 「做到」保證孩以的感覺很重要。
- 「做到」給孩子安靜獨處的空間，去感受自己的感覺，直到感覺能夠整合。
- 「做到」認同孩子的感覺是真的，是理所當然的，因為這就是他們感受到的，不是什麼丟臉的事。
- 「做到」了解自己的焦慮並克服它。

當孩子能夠在一個安全的空間裡表達感受並受到尊重，就能夠處理這些感覺，讓它們過去，而不必用間接的方式發洩它們。這無疑是我們能給孩子的禮物中，最有力量的一個。

同理不等於同夥

有時候，我們將孩子埋在現實生活的恐懼中而不自知。例如，艾麗絲八歲時，開始表現出對搭電梯的恐懼，因此她父母跟她一起出門時，總是壓力非常大。後來情況惡化到她拒絕搭乘任何電梯。因此，他們一家人只要進入大樓，就一定會走樓梯。「我能了解她的感覺，」艾麗絲的母親說：「我小時候也很焦慮，曾經害怕很多事，因此我不會逼著女兒面對她的恐懼。我覺得我應該跟她感同身受，但我不知道我是在幫她，還是讓她變得更緊張。」

與莎凡娜的父母不同，這位母親試圖與女兒的遭遇充分連結。正如我先前說過的，這是一個正面的做法。然而，她並不了解同情和過分認同，這兩者有何區別。由於女兒的焦慮反映了母親童年的經驗，並提醒她自己的脆弱，因此她變得過度保護，讓女兒免於面對恐懼的痛苦。問題不在電梯，而是女兒怕自己太過脆弱，脆弱到無法面對這個挑戰。這種脆弱，是直接從母親的童年經驗中吸收過來的。由此可知，匱乏的狀態會怎樣代代相傳。

艾麗絲的母親應該怎麼做呢？第一步，認清同理心跟同夥不一樣。同理心會說：「我了解電梯是可怕的。我會陪著你，幫你處理這種掙扎。我們一起面對。」相反的，同夥則會說：「我以前搭電梯也很害怕，我們去走樓梯吧。」

你在這個母親選擇走樓梯的解決方法中，看到了恐懼嗎？她用這種方式告訴女兒，她不具有克服正常恐懼的韌性。她認為把女兒的恐懼與她自己的童年做連結，可以讓女兒的恐懼正常化，但事實上，她正在將自己的經歷投射到這個情況上。這種過度保護的方法，並沒有讓女兒的恐懼正常化，反而將它病理化了。這沒有解放她，而是讓她失去了行為能力。

為了幫艾麗絲面對恐懼，她的母親有很多方法可以用。她可以在家裡的安全環境中創造出一個好玩的情境，讓女兒在裡面畫下自己的恐懼，幫恐懼寫故事，然後她們兩個人可以假裝搭電梯。以這種不具威脅性的方式，這位母親可以幫助女兒，不僅以正面的方式面對她的恐懼，並且消除它所帶來的情緒負荷。

用角色扮演來模擬這個情況時，母親可以對女兒說：「不知道你最喜歡的熊寶寶會不會想要來一趟刺激的電梯之旅？讓我帶它往上坐一層，看看它覺得怎麼樣？你可以走樓梯，跟我們在電梯門口碰面。如果他喜歡搭電梯，或許你會想和我們一起坐回來。如果他不喜歡，那麼你可以幫我教他坐電梯有多安全。我們可以教他按按鈕讓電梯啟動，也可以告訴他坐電梯多麼好玩。」

借助冒險的精神，我們可以想像出許多方式，透過角色扮演讓艾麗絲適應電梯。如果她最喜歡某個樂團，母親可以建議她帶著 iPod，在坐電梯時聽她喜歡的歌曲；或者她們可以在電梯裡吃艾麗絲最喜歡的冰淇淋；她們還可以帶她最好的朋友一起坐電梯。能夠讓情況完全改觀的，不是控制、逼迫，也不是因絕望而放棄，而是母親用熱情面對這個挑戰的能力。

透過這種方法，孩子學會不該逃避恐懼，而是要發揮創意去面對；而關鍵是母親不讓女兒向恐懼投降的決心。然而，這種決心必須源於一種必須面對焦慮的信念。在這段時間裡，母親也可能會需要保持彈性。

請記住，重點不能放在女兒是否不再怕搭電梯，就像不能把莎凡娜的問題只放在騎馬上來看。我們可以實際上不喜歡電梯。沒有任何人規定我們不能爬樓梯，事實上，爬樓梯還可能對健康有益。問題在於，當焦慮出現時，我們如何處理。一旦焦慮不再是問題，我們要坐電梯或走樓梯，純粹就是個人的選擇。

修剪你內在的祕密花園

焦慮驅使了我們大多數的行為。身為父母，學習處理我們的恐懼是真正的挑戰，因為這使我們能夠幫助孩子準備好處理他們的恐懼。

克服恐懼的方式，不是試圖消滅它，因為這只會讓它變得更嚴重。真正讓我們進步的途徑，是接受和親近我們的恐懼。正如我先前所說的，那些無所畏懼的人，就是學會容忍焦慮。他們並非不會焦慮，而是他們完全預期焦慮的到來，一旦遭遇焦慮，他們完全能與之共處，而不會被它所淹沒。我通常會用以下的具象化描述來告訴客戶：把恐懼從駕駛座移開，放在旁邊的座位上。

工作時，就讓它坐在我們身邊，因為它的存在，提供了我們一個機會將它整合。

要理解自己的恐懼，我們可以問自己以下幾個問題：

- 我所經歷的恐懼是什麼？
- 這樣的時刻為我帶來什麼訊息？
- 這樣的感覺試圖要告訴我什麼？

一旦我們知道自己恐懼的真正原因，就能想出應對的方法。覺察是關鍵。只要我們無意識地被恐懼驅策，它就會有控制我們的力量。這就是為什麼研究恐懼真正的原因，會那麼重要。

雖然我鼓勵你問自己關於恐懼的一些關鍵問題，但我並非主張你該跟自己對話；即使是正面的鼓勵，也對你完全沒有幫助。覺察，完全不同於跟自己的內在對話。大多數人會沉迷於大量的自我對話，在自己內心裡喋喋不休；但大部分的絮語，都是判斷、擔心、比較和告誡。

就像某些學派所教導的，你可能會認為，你可以引導自己內心的自我對話到達更高層次的善，也許就能克服你的恐懼，但這恰好與正念相反。當我們保持正念時，就只是觀察我們的內在對話，但不參與其中。覺察會使人改變，而自我對話則只會使人衰弱，因為我們永遠無法靠空談來說服自己進入更有效的生活方式。

例如，你在某天早晨醒來時感到焦慮。一個有覺知的做法是：暫時停下來，留意你的焦慮。你所需要的，只是單純觀察你的感覺，而不需要做什麼事。當然，你的腦袋會告訴你其他方法，因為它喜歡思考這樣的事情。單純的正念，就是只留心你的感覺，允許你擁有並尊重自己的焦慮。如果你使用這種方法，就不會試圖把焦慮轉嫁到孩子或另一半的身上來處理它。正念不是用外在行動表現或與人交談的材料，而是一種內含於心的資源。

正如我剛剛所提到的，一場心理對話對焦慮沒有幫助，掩蓋它也不會有用。當我們選擇其中一種方式，焦慮只是轉移到別處而已。反之，正念讓我們保持理解並處於當下，賦予我們能力去處理發生的事。正念就是學習以持續的方式來觀察自己，讓我們知道自己內在發生了什麼事。這就跟我們每天都用牙線清潔牙齒，來防止牙菌斑在牙齒上累積很類似。

在觀察自己時，我們需要問自己一些問題，像是：

- 我是用自己真正希望的方式（根據我是誰，而不是我應該是誰）來生活的嗎？
- 我是否全身心融入生活？
- 我是否設定了生活中所需要的界線，讓我擁有榮譽感，並懂得尊重自己？

由真誠坦率的父母所撫養長大的孩子，會了解到自己的內在狀態沒有什麼好怕的。因為他們以自己真正的樣子昂首挺立，感覺到自己天生良善，無所畏懼，抱持著一顆開放的心勇於參與這個世界，跟其他人的良善互相連結。

～我的新承諾：擺脫批判～

我對他人的評判
是來自於內心的匱乏，以及
我被其他人以相同方式評判的舊藍圖。

雖然評判比內省容易得多，
但我意識到，它使我的心封閉。
只有當我帶著同理心對待他人，
最終才能夠原諒自己。

第二十一章……

從管教到開明的界線

無意識地依賴威脅和懲罰，是傳統育兒系統的遺毒。只要在家庭中繼續維持這種階級教條主義，就等於默許孩子成為獨裁制度的奴隸。想要養出有能力反對無知、壓迫和暴力的下一代，就必須允許他們適時站出來反對我們。

現在的你已經學會了檢視及理解自己和孩子，接下來的教養任務，跟連結幾乎一樣神聖：建立界線的技巧和訓練。請注意，我說的是「建立界線的訓練」，而不是「管教的技巧」。後者著重於透過訓練來改變孩子，而前者則著重於訓練我們自己改變。在我的另一本著作《失控》中，我強調管教的策略只是一種操控的手段。就因為我們缺乏對如何建立適當界線的了解，才導致了我們所謂的「管教問題」；而「管教」二字就像在說：這全是孩子的錯。

這就是本章最重要的課題：**所有孩子發生的管教問題，都是因為父母缺乏訓練**。因此，我們真正需要調整的是父母的訓練，而非孩子！

我認為，設立適當的界線，是教養課題中比較困難的層面。當我們嘗試去做時，往往沒有意識到要如何打造出一個有利於孩子成長的適當環境，因此往往在訂立界線時，不是過於嚴格，就是太鬆散。

孩子需要結構化和可預測的生活。父母必須幫孩子確立一天的基本架構，而這個結構，應該以孩子的特定需要以及整個家庭的目標為考量。然而，在這個架構裡，必須為自發性活動、非結構化遊戲和樂趣保留非常廣闊的空間。當孩子面對不可預測的情況和事件時，很可能會有某種程度的情緒反應。在這些改變和動盪的時刻，父母有責任去承受隨之而來無法避免的情緒風暴。

如果我們能為孩子訂立明確、一致且具有同情心的界線，就不需要任何管教策略。正是由於我們缺乏對於界線的理解，也不知道如何訂立界線，導致了家庭中的混亂和衝突。不管我們喜不喜歡，掌握訂立界線的技巧，是家庭和諧非常重要的關鍵。問題是，雖然許多父母在訂立界線上非常嚴格，但也有一些人對這樣做感到不自在。然而，做好這個部分的工作非常重要。就如同我們與孩子創造的連結能幫他們感到安全一樣，健康的限制和規範也會讓孩子有安全感。

你不能設下一個自己沒有的界線

當你聽到「界線」一詞時，可能會假設我說的是管教孩子。然而，我總是從父母開始。我不太關心孩子對於界線的理解，反而更關心我們自己的內在界線。每當孩子越界，與其說是他們沒分寸，不如說是我們的尺度拿捏有問題。

如果你對界線的實行有所懷疑，就意味著你對自己所設下的規範搖擺不定。我們所認為的適當或不適當，在我們的腦中和心裡並沒有一條明確的界線。我們無法設定出明確的規範，是孩子越界的原因。就如同覺知教養的一貫概念，不一致也是由父母先開始的。

當我告訴父母，孩子不尊重他們訂立的規範或界線，是因為他們的界線自相矛盾，孩子自然會感到不高興。他們自認為表達得很清楚，卻不知道自己傳達給孩子多少混雜的訊息。假如孩子能清楚地表達出我們讓他們感到多混亂，就能窺見孩子跟我們一起生活的困難。特別是談到界線時，如果我們缺乏明確性和一致性，就會導致親子發生衝突，在孩子不服從或違抗我們時，為我們直覺慣用的責備和無意識反應火上加油。由於我們缺乏明確性，因此導致兩敗俱傷的結果：孩子感覺被誤解和不被認可，而我們感覺被忽視和無能為力。這跟教養迷湯的差別在於，教養迷湯給予我們的是不適當的權力，以任何我們認為必要的方式對孩子報復，而不管這團混亂實際上是如何開始的。

我的客戶派翠西亞有兩個孩子，一個七歲，一個五歲。她所面臨的難題，是每天晚上要怎麼讓孩子睡著。她常常得在他們的臥室花上幾個小時，用盡一切辦法把他們哄睡。就寢時間成為全家的噩夢。當我請她描述整個程序時，她說：「當我把茉莉亞和史蒂芬放上床時，答應念《綠野仙蹤》裡的兩個故事和唱裡面的兩首歌給他們聽，因為這是他們最喜歡的電影。但每當我這樣做，他們就挑戰我的界線，要我再唱一首，然後三首、四首……不知不覺中，我就對著他們大叫，然後他們就哭了，整個經驗變成了一場噩夢。」

我問她：「當你同意念兩個故事和唱兩首歌時，是否在心裡對這個協議有明確的界線？」

「當然啦！」她反駁。「但是當孩子們懇求我時，我告訴自己：『為什麼不能通融一下？』他們這麼可愛，或許我能再唱一首。然後，我只要對他們說不，他們就嚇壞了。」

很明顯的，派翠西亞對她的界線並不明確。跟許多父母一樣，她的界線根本不是真正的界線。這完全是彈性的，由她孩子的心情所控制。我們可以選擇有彈性，但等我們這樣做時，就需要接受不能再隨意關閉彈性開關了，因為孩子自然會對這種突發事件做出情緒化反應。以派翠西亞的情況來說，彈性並非來自於有意識的選擇，這就是為什麼當孩子不聽話時，她會生氣。

我向她解釋：「界線是我們需要用身體和能量去感覺的東西。要嘛有界線，要嘛沒有；而且應該是由你（而不是孩子）來決定要用砂或石頭來打造這條線。一旦你清楚自己是用砂或石頭畫界線，一切就會變得一清二楚。」

派翠西亞點點頭：「沒錯，我開始是建立了一條堅定的石頭界線，但很快就變成了鬆散的砂界線。當我對他們說不，我感覺自己是個過分的媽媽。等到後來對他們大吼大叫時，我就真的成了可怕的媽媽了！」

「你的孩子正在做他們該做的事，」我解釋：「他們很享受，自然會要求更多。他們沒有錯。他們不是『不乖』，只是想繼續享受。問題出在你身上，因為你沒有遵守自己的界線。」

孩子會感受到我們的前後不一，特別是我們出自恐懼時，例如害怕自己不被喜歡，或者害怕自己變得自私。當孩子逼迫我們時，我們會生氣的真正原因，是因為孩子強迫我們必須去面對我們不願意為了自己堅持立場，以及更重要的，不願意為了我們認為對孩子成長「有利」的事而堅持立場。我們要清楚什麼是對自己與孩子最正確的選擇。如果九小時的睡眠對孩子的成長最好，那麼我們就有必要盡最大的努力，為他們創造出能夠提供這件事的條件，而不是使這件事成為導火線。這一切，都取決於我們投入多少時間與精力，去思考孩子成長需要的條件，以及提供這些條件的最佳方法。

如果孩子能夠表達自己的想法，他們會說：

嘿，爸、媽，你們能否告訴我這是怎麼回事？昨天你們說好，今天又說不行。真正的界線到底是什麼？不要被我的心情和脾氣左右啊！我只是想測試看看，你們知不知道自己在說什麼。一旦我看出來你們知道自己在說什麼，就可能會讓步；雖然我可能要經過爭執才會妥協，因為我真的很想知道自己不能踰越的邊界在哪裡。我其實很討厭爭執，所以你們越是清楚，我就會越少抗爭，我保證。請不要因此而變得專斷。請在訂立界線時，充滿愛地溫柔對待我。當我學習遵守這些規範時，請耐心等待。最重要的是，當我越線時，請原諒我。

界線的更高目標是什麼？

如果我們對自己夠坦誠，其實有大部分的時間，我們甚至不知道自己為孩子訂立界線的真正原因。絕大多數的界線，都是當下的無意識反應，意思就是這些界線多半都是基於我們有多累或多焦慮來決定的，而不是經過有目的性的深思熟慮。

在我幫助父母弄明白訂立界線的目的時，最喜歡用的方法是問他們以下兩個問題：

- 這個界線是否能同時幫助你和孩子提升自己（而不是只滿足了你的小我）？
- 這個界線有沒有商量的空間？

當我們探索這兩個問題，那些隱而未顯的目的，以及通常存在界線背後未被檢視過的恐懼，就會呼之欲出。

我們為孩子訂立的每條界線，都需要以他們的最佳發展為目的。任何界線都不該只是為了我們自己方便自在，或者因為我們的焦慮而訂立。有些界線是為了提升生活，但有些則是為了滿足我們的小我。提升生活的界線，能幫助孩子應付人生。這些界線加強了他們的韌性，讓他們有安全感，可以幫助孩子發展成為能夠發揮所長、貢獻社會的成熟個體。

什麼是提升生活的界線？雖然每個家庭需要討論出屬於自己的答案，不過基於我多年身兼家庭治療師和母親的經驗，請容許我與你分享幾個項目：

提升生活的界線

- 尊重自己——用注意衛生和睡眠來照顧好自己。
- 尊重自己的居住環境——保持房間和家裡的整潔。
- 尊重自己的心靈——接受正式或非正式的教育過程。
- 尊重家庭和群體——與社會建立連結並貢獻社會。

在這些領域中，我告訴父母：「要訂立明確、平和且具有同情心的界線。了解每個界線更高的目標，並專注於這些願景上。當孩子試探你、反抗你的時候，提醒自己這些更高的目標，並牢記於心。在這個時候，重點不是關於你或孩子一時的突發奇想，而是什麼對他們更好。不用大吼大叫，只要抱持著對他們更好的願景，並溝通這個想法。」

父母問我：「假如我的孩子拒絕上學，該怎麼辦？」

我對他們說：「這個嘛，首先，你必須搞清楚他們為什麼拒絕上學。是因為他們的反抗心態，還是出於真正的心理需求？假如是後者，那麼快速修正的方法並不適當。如果是前者，由於這是屬於提升生活的範疇，你就需要堅守這條界線，因為接受教育是提升生活的一個重要條件。不過，因為孩子是獨立的個體，每個孩子的情形都不一樣；加上不是每所學校都適合每個孩子，就像不是每個職業都適合每個成年人一樣，因此你還是需要保持彈性，隨時變通。這也可能意味著，你需要花點時間來安撫孩子在這個過渡期間的情緒，幫他們為這個重要的人生任務做好準備。或許，你可以在開學前的一個月，跟他們玩學校的角色扮演遊戲。又或者你可以幫他們培養一些技巧，例如怎麼跟老師及同學溝通，以減輕他們過渡期的壓力。總之，一旦你認定為了個人自在而拒絕上學不是一個選項，孩子就會明白並跟隨你的引導。他們可能會感到焦慮害怕，但他們會知道，自己必須喚起力量來遵守規範。有時候，我們因為害怕孩子的恐懼，反而減損了自己維持明確且一致界線的能力。

如果幼兒不喜歡洗澡，到了洗澡時間就出現抗拒行為怎麼辦？假如你清楚自己的界線有提升生活的潛能，就需要堅持這一點。孩子可能需要一段時間來習慣洗澡，但因為你體現了它在你自己生活中的重要性，他們最終會明白，洗澡是一種自我保健的神聖行為。一開始你可能需要用一些創意手段，來幫助孩子發現泡泡有多好玩，或者跟他們一起淋浴，讓他們看見你喜歡這樣做，引導他們最終內化這種清潔和自愛的力量。刷牙也是同樣的道理。或許一開始你需要花三十分鐘幫孩子刷牙，而不是十分鐘。如果你認為刷牙是為了讓孩子更好，你就要準備用盡一切力量來讓孩子買單。

請注意，我沒有把嗜好和課外活動列在清單上。雖然可以肯定這會讓生活變得更好，但並非絕對必要，因此應該基於孩子的興趣，而不是父母一時的興致來潮而決定。捫心自問：「推行這個活動，是來自於我的小我，還是真的是孩子有需要？」以這種方式反思，將會幫助你決定什麼才是真正重要的。我經常告訴父母，如果你迫使孩子接受他們生活中不見得必要的嗜好或活動，就必須準備好彈性處理孩子的反應。例如，你想要孩子學一種樂器，而他們看起來心不甘情不願，那麼你至少要提供一週練習幾次之類的彈性選擇，讓孩子自由去選。只有提供機會讓一個人完全認同自己的生活選擇，他才會真正隨著這些選擇成長。

讓我們來看看，在訂立界線時需要解決的下一個問題。這個界線有沒有商量的空間？這要父母自己決定。如果每天洗澡刷牙是可以商量的，那麼父母就不該假裝這些是沒有商量餘地的。我的客戶中，有對父母震驚地發現，他們的十四歲男孩沒有經常刷牙。當我問他們是否投入了時間和精力，來確保兒子了解這件事情對提升生活的必要性時，他們告訴我，他們不知道要這樣做。無怪乎孩子沒有接收到父母對這種生活方式的堅持，因為他們沒有用有意識的態度去向兒子傳達訊息。

孩子會從我們的行為中得到啟發，因此我們的行為需要跟信念一致。我們不能說一套做一套，否則孩子最終會看穿我們表裡不一，並且拆穿我們的假面具。一旦如此，要重建這個界線就會非常困難。不管是什麼類型的界線，在決定界線沒有商量餘地時，要非常小心。我可以保證，你總有一天會被要求堅持立場。我告訴父母，在他們宣告一個界線沒有商量餘地之前，一定要非常篤定。很少父母能做好堅持到底的準備。

為了幫助父母了解他們需要多堅定，我請他們回想孩子受傷時他們的感受。「如果他傷得很嚴重，你會猶豫要不要立刻帶他去急診嗎？你會因為孩子哭個不停或罵你卑鄙小人，所以就決定不去嗎？」同樣的，一旦你決定某個界線是不能商量的，就需要堅持到底。你不能在情況變得困難，例如孩子一直拖拖拉拉、抗議或變得焦慮時，就對他們通融。

後果和處罰應該從何處介入？

有個父親請我幫他六歲的兒子設定暫時隔離法。我告訴他：「如果你想找人幫你設定隔離法，我不會是你要找的人。」

他回答：「你是說，在任何情況下都不應該使用隔離方式嗎？」

我向他解釋，除了當孩子在餐桌上表現得特別糟糕，因此必須請他們離開餐桌，好讓其他人能夠繼續用餐的偶發事件之外，我堅決反對把孩子隔離到角落、椅子或台階上冷靜。

因為好奇，這位父親繼續問我：「如果不這樣，孩子要怎麼學會對的方法呢？」

我挑戰他的想法：「強迫孩子是對的方法，或是偷懶的方法？」我進一步解釋我的立場：「長久以來，傳統的教養方式一直支持無節制的使用親權。根據《聖經》所說，父母會將良好的教養跟他們對孩子的控制程度劃上等號。然而，覺知教養反對這些對待兒童的古老方式。正如美國是建立在民主原則上的國家，這些原則一直是孕育創新的基礎，家庭本身也算是一個小型的國家，因此也必須擺脫獨裁。處罰、隔離以及使用任何威脅的方式來羞辱孩子，讓孩子閉嘴，並非有效教養的特徵，而是偷懶和刻板教養的表現。」

當父母明白我在對待孩子的方法上多麼不願讓步，很多人都起了情緒反應。畢竟，這提醒了他們是如何被撫養長大的。許多人抗議：「我從小被揍到大，還是活得好好的。你看，我現在這樣也很不錯，所以我想這不是一件壞事，對吧？」

父母希望我證明他們被養大的方式是正確的，原因有幾個。一方面，這使他們能夠賦予自己的父母一種理想化的標準，使他們能夠繼續相信父母的良善。此外，這也允許他們合理化自己在童年時期所受到的痛苦，使他們覺得所受的苦終究是值得的。畢竟，遭受過那麼多難以想像的痛苦，理由卻只是因為父母的無知，實在讓人很難接受。許多父母無法鼓起勇氣承認：「因為小時候被吼叫和羞辱，所以長大後我老是感到恐懼、內疚，也沒有安全感。」或者「我之所以會有濫用藥物和酗酒的問題，就是因為以前我在家裡從來沒有被視為一個獨立自主的個體，也不被允許擁有自己的感覺。」

承認我們童年痛苦的代價通常都太高了。因此，否認我們的真實感受，用幸福的假面取而代之，對我們要容易得多。對很多人而言，要面對自己被家庭排斥，是個難以忍受的想法。跟隨主流，無論這會造成多少功能失調和損害，仍然被認為比孤軍奮戰或特立獨行要好。為了逃避真相，這些人活在不誠實中，與真實的自己分離，並害怕去體會自己真正的感受。

清楚的界線所具有的力量

我反對處罰孩子，但要靠什麼方法來有效教導孩子正確的行為呢？我相信自然後果和邏輯後果的力量[1]，父母不「給」孩子後果。這些後果，是從「孩子的行為表達了什麼樣的需求？」這個問題的答案中直接產生的。一旦我們能確定孩子潛在的需求，就可以將適當的「效果」與原因連結起來。要當心的是：父母常會被誘導去**製造**「效果」。後果要發揮作用，就一定是自發性出現，如此一來，孩子才會學到行為與結果之間的關聯，並為自己的行為負責。

在我們深入探討自然後果或邏輯後果之前，要先把焦點放在孩子行為的「前因」上。這直接關係到我們建立一致的界線和維持明確規範的能力。一旦我們決定建立一個界線並打算堅持下去

（因為我們認為這符合孩子的最佳利益），就要以一種建立在當下現實上的同情態度來訂定這個界線。如果我們訂立一個界線，規定在寫功課前不能使用手機超過三十分鐘，但孩子違反了這一點，此時堅持守住界線固然重要，但同時也要表現出同理心。

我們有各式各樣的方法能夠達到這個目的。我們可以跟孩子溝通出一個將他們的意見列入考慮的協議，因此如果他們違反了這個協議，就會明白直到作業完成前，自己都無法再接觸螢幕。另一個方法，是要求他們在三十分鐘後交出手機，並保證一旦他們把作業寫完就會歸還。如果孩子鬧脾氣，父母必須堅定立場，要求孩子交出手機或關機。

堅守界線和規範，並不代表我們必須用強迫或嚴苛的手段，因為這些做法一不小心就會變成虐待。相反的，我們要幫助孩子以輕鬆愉快的感覺來面對問題。例如，父母可以用陪伴來鼓勵孩子學習刷牙，支持他們愉快地體現好好照顧自己的承諾，甚至允許孩子幫父母刷牙，或者幫洋娃娃刷牙。最重要的是，不要讓小我攪進來，因為小我會迅速創造出與覺知教養背道而馳的權力鬥爭。

「如果孩子拒絕我，該怎麼辦？」有個家長問。我的回答是，有這樣的情況時，父母必須了解的是，他們的孩子還沒有習慣父母堅守規範。這樣的孩子可能需要更長的時間，才會自願遵守規範。父母只需要固守原則，直到孩子關機或交出手機。父母在堅守規範時，重要的是要抵抗內心的衝動，不要將所發生的事變成內心的小劇場，然後開始訓話說教或羞辱孩子。我們只需要在

1 由阿德勒學派所提出的的訓練模式，「自然後果」是指因孩子行為本身所導致的自然結果；而「邏輯後果」是指經過人為安排附加在行為之後的結果，事前要透過討論，在孩子了解及接受後才能實施，用以協助孩子學會自我負責。

當下站穩腳步，冷靜地重複我們的請求，直到孩子意識到我們不會動搖，除非他們聽見我們的請求。一旦孩子看見父母是說真的，而且言出必行，他們守規矩所花的時間會更短，因為他們明白自己有責任去遵守使用手機的時間約定。

關鍵是要及早教導孩子，有一些日常的基本原則需要他們遵守。這些需要應該以實事求是的方式納入日常習慣之中，而不是小題大作。如此一來，才能讓孩子最終學會把它們視為保持健康的重要原則。父母必須堅持到底。有時候，我們只需要簡單地說：「你現在需要刷牙，然後我們就可以一起看書。」關鍵是保持規範的明確度及前後一致性，不被小我左右。

遵循這種「如果……就」的因果原則，孩子在家中就能明白「因為有前因，才會導致後果」的自然法則。一旦你對某個界線有十分清楚的認知，也知道要如何守住，孩子就會明白後果的力量，並隨之改變他們的行為。容我再次強調，後果不是我們「給」孩子的，而是因為孩子的行為而自然產生的。

用這種方法，對外在獎懲的依賴就會被擱置一旁。你與孩子的關係將會變得非常穩固，成為他們生活中最有影響力的催化劑。你會發現，你需要做的越來越少。而這一切，都是從身為父母的你如何處理你心中的界線開始。

維持界線的機制

我們多半不喜歡拒絕別人，因為我們害怕會因此不被愛或起衝突。不僅是當下要認真說「不」很困難，堅持下去更困難。

當我們決定某個界線完全沒有商量餘地時，要確定這樣的決定是來自靈魂的探索，這一點很重要，如此才能確信我們訂立這個界線完全是為了孩子，而跟我們自己的幻想、未滿足的需求或者控制欲都無關。

假設你的孩子對巧克力嚴重過敏，已到了危及生命的程度。即使是一小塊，你會讓他嘗一口嗎？每個家長都會立即回答：「當然不會！」

我接下來會問：「你要如何對孩子想吃巧克力的渴望說不？你會不會猶豫不決？」由於堅持這個界線有更高的目的，所以父母不會害怕被認為是霸道或過分。任何對於他們有可能被認為是壞人的想法，在這種情況下根本不會發生。

孩子或許不喜歡我們拒絕他們。然而，當情況危及生命時，我們不可能讓步。我們會對他們說：「我知道你不懂我所說的理由，你也不必懂。有一天，你將會明白。」之類的話。

沒有彈性的方法，應該只用於某些非常篤定的事情上。如果還有懷疑的空間，那麼任何界線都應該由親子雙方共同協商，雙方都同意後才能拍板定案。我們對行為要求的嚴格程度，取決於行為本身所謂的可協商性（negotiability quotient）。例如，在 iPad 的使用上，父母需要思考的是，對孩子說「不」是為了保護年幼孩子的健康或生命安全嗎？由於 iPad 本身不會造成任何傷害或死亡，所以很明顯，界線不在於 iPad 本身，而在於孩子使用 iPad 的時間。由於這不是個有標準答案的問題，因此需要親子雙方協商後才能施行。當然，一旦協商出結果，父母就可以使用我稱之為 3C 的方法——明確（clarity）、一致（consistency）和同情（compassion），來堅守這個協商內容。

諾亞是十一歲男孩約書亞的父親，他不太能堅持要求兒子遵守個人衛生的規範。「我一而再地重申這個規範，」他告訴我：「但約書亞就是不聽。我受夠老是當壞人了。」

我感受到他的挫折，感同身受地跟他說：「如果你認為老演黑臉，就不可避免地會自怨自艾。但如果你的界線是用某種方式來挽救或改善兒子的生活，你就有必要把自己當好人。」

諾亞認為他確實抱持著更高的目的，所以他說：「我已經理解這個界線有更高的目的，而我覺得這樣做是對的。我自己已經做到身體力行了，但約書亞仍然不聽話。現在我該怎麼辦？」

我向他解釋，孩子會抗拒是很自然的。我經常會問父母：「為什麼孩子不該抗拒？這難道不是聰明、有勇氣和心理健康的表現嗎？為什麼你會想要孩子盲目地聽你的話？難道你不該試著告訴他們理由，讓他們認同你的期望嗎？你不會想養育出不會獨立思考的孩子吧？」

我們如何去回應孩子的抗拒，這才是問題所在。「長期堅持是更困難的部分，」我告訴諾亞：「這是對你的考驗，看看你究竟願意花多大的力氣，用最有覺知和最有愛的方式，在家中勸導這種行為。這不是件容易的事，這意味著直到你所要求的行為完成前，其他的事都不會發生。當孩子看到確實沒有轉圜餘地，就會乖乖遵守規範。這就是為什麼他們在學校會比在家裡守規矩，因為學校的規矩有明文規定，並適用在所有人身上，無一例外。這就是你所需要的認真程度，唯有這樣才能引起約書亞的注意。孩子越大，就越不會認真看待我們的要求，因為他們老是看見我們說一套做一套。因此，你可能需要犧牲他準備考試或棒球練習的時間，直到他了解你絕對是認真的。」

諾亞花了一點時間練習，才了解到堅守界線的真正意義。諾亞向約書亞提出了他的打算：先洗澡，才能睡覺。當他第一次試行時，兒子十分不給他面子，拒絕父親要他洗澡的指令。

這個方法對溫和的諾亞來說有點太極端了，就像在控制兒子一樣。我鼓勵他繼續下去。與其說出「不允許」，諾亞更需要直接說：「你洗完澡後，我們兩人都可以上床睡覺。如果你不洗，我們兩個都不能去睡覺。」約書亞看到父親言出必行的樣子，態度軟化了。於是，諾亞跟兒子真心實意地討論他的衛生保健問題。最後兩人達成協議，互相幫助對方遵守。經過一個星期的調整，洗澡就不再是他們家的問題了。

必須說明的是，堅持界線並不代表可以對孩子施以懲罰，這只是讓他們見證我們訂立了一條堅不可摧的規範。這就是為什麼我們必須在訂立界線之前全盤想清楚，並只對我們完全相信的事物做出承諾。由於時間越久，行為只會變得更難改變，因此我們應該在孩子的人生早期就建立這些沒有商量餘地的習慣。

自然後果和邏輯後果是怎麼運作的？

一旦我們清楚孩子行為的前因，並在家中建立了明確的界線和規範，就可以進入教養方程式的下一個部分：後果。很多父母對於某個特定行為是要採用自然後果或邏輯後果來規範，很難做出選擇。然而，正如我前面提過的，後果總是會在自然上或邏輯上，跟透過行為表達出來的**需求**有關。我們經常會被行為所誘導，忘記要問自己：「為什麼孩子會這樣做？他們感覺到了什麼？他們現在需要學習一項技能嗎？還是需要其他東西呢？」

讓我們以幾個典型的行為做例子，嘗試揭開行為背後的需求，以及其適當的自然後果或邏輯後果。

行為：孩子沒有在規定的時間關電視。

需求：衝動控制、遵守界線，以及時間觀念。

後果：1.問自己：我能夠做些什麼，來幫助孩子滿足他的需求？

2.試著教導孩子時間觀念。你可能會需要給孩子碼錶。你們可以一起討論出一張每天看電視的時間表，或者跟孩子協議出看電視可以看多久。最後的手段，是在電視上設置定時功能，時間一到就會自動關閉。

3.讓孩子明白，如果他們無法確實執行第二步驟，你就只能把電視搬走，直到他們學會遵守時間和負責任。

行為：一直把東西忘在學校。

需求：整理技巧、長期記憶，以及專注力。

後果：1.問自己：我能夠做些什麼，來幫助孩子滿足他的需求？

2.不要理他們，讓他們第二天在學校面對他們忘記東西所造成的後果，來教導他們自然的因果關係，他們才能夠感受到忘記東西要付出的代價。你也可以帶孩子回學校拿忘記的東西，但要求他們付出一些代價，讓他們吸取教訓。或者，鼓勵他們寫一封信給老師，解釋他們所犯的錯，並請求彌補的方法。

3.讓孩子明白，如果他們無法做到第二步驟，你就必須自己來教導他們這個技能。首先，從檢查他們的日程表開始，並且找方法來幫助他們計畫時間和整理書桌，以及集中注意力。也許，我們可以教導他們正念技巧，或者找專業的家教，來幫忙統整他們的課業。

行為：常態性的無法準時上學。

需求：更強烈的上學動機、更充足的休息時間、對他們的焦慮或難過提供協助，還有給予社交方面的支持。

後果：1. 問自己：我能夠做些什麼，來幫助孩子滿足他的需求？

2. 如果孩子需要的是更充足的睡眠，身為父母的你，有責任在前一天晚上堅持孩子遵守規定的上床時間。如果孩子沒有聽從，你必須找到一種方法來消除房間裡會讓他們分心的事物。如果你已經移除了所有讓孩子分心的東西，而他們仍然睡過頭，他們就要學會去忍受上課時間昏昏欲睡的自然後果。

3. 如果這些方法都沒有用，很可能是因為孩子有更嚴重的困擾，例如憂鬱症，這代表了應該請專業人士來評估狀況。當孩子不願意起床迎接新的一天，總是有原因的。

懲罰只會在親子之間製造出更大的裂痕，因此前面的每個例子，都是在找出隱藏在行為背後的根本需求，讓父母知道他們需要做些什麼。探討問題的根源不是個簡單的過程，不僅需要耐心與心力，還需要承認一個事實，那就是孩子應該被視為與我們有連結的獨立個體，不應隨意羞辱或譴責。

孩子沒禮貌是個相當普遍的問題。「如果孩子對我沒禮貌，我該怎麼做？」父母問：「這件事的自然後果是什麼？」有時候，很難知道該如何回應孩子，特別是當你就是他們沒禮貌的對象時。孩子沒禮貌的原因，從來就不是表面上看起來的樣子，關鍵是要了解造成這些行為的根本需求。孩子可能感覺到窒息、困惑、權利被剝奪，或者自己有權這麼做。所有這些原因，都源自於父母誤導的能量。當孩子覺得自己可以任意表現出沒禮貌和不尊重人，問題終歸是出在父母無法與他們建立連結，以及沒有訂立嚴格遵守的界線。因此，要幫助孩子終結沒禮貌的行為，不能只是用簡單的三步驟過程，而是需要多管齊下，當然也是要從父母自身開始。

「如果孩子對我沒禮貌，我該怎麼辦？」我的回答是：「當孩子沒禮貌的時候，你的第一個本能反應就是認為他是針對你個人的。這是我們犯的第一個錯誤。自然而然的，我們也無意識地對他們做出粗暴的反應。於是片刻之間，就造成了不健康的能量循環。相反的，假如父母夠聰明，就會深呼吸後抽身離開一會兒。一旦你冷靜下來，有辦法將情況客觀處理後，你就會問自己：『在孩子無禮的言語和態度後面，他們真正想說的究竟是什麼？』然後以同理心對待他們，並與他們建立連結。」

我向父母解釋，覺知教養的各個解決方案，都在改變你自己。一旦我們意識到，自己就是孩子不尊重我們的原因（可能因為我們的態度前後不一或怠忽輕慢他們），很快就會理解自己的手中握了改變親子動態能量的力量。我們會明白，一旦我們改變，孩子也將隨之改變。

當父母的無意識反應消失後，就能夠進行自省，自問：「我怎麼會讓孩子覺得可以這樣對我？」以及「為什麼我沒能讓孩子對我尊重？」把焦點轉到我們自己身上，會為家裡帶進新模式。或許我們會發現，我們對孩子的要求讓步，或設定了前後不一的界線，以至於養出孩子予取予求的態度，讓孩子擁有了過多的權力。或者，我們家裡的控制太多、過度保護，導致孩子覺得憤怒和窒息。無論造成孩子行為的原因是什麼，都可以進行修正。我們可以改變自己的能量，以創造出我們所渴望的結果。

莫拉是個最好的例子，這個轉變改變了她與十七歲兒子傑克遜的關係。在他們家，門禁時間是親子不斷發生衝突的根源。每次莫拉立下門禁，傑克遜就一定會違反。因為想成為兒子的朋友，莫拉不斷背棄她所立下的規矩，試圖給孩子機會來彌補。除去後面隨之而來的咆哮和尖叫，以及孩子還沒有大到能夠在外面待到凌晨之外，這其實會是一種開明的做法。我告訴莫拉：「建立一個界線，比整天吵架要有效得多。」我指出，兒子不尊重她的門禁只有一個原因——因為她允許他這麼做。

「可是我不想用不讓他出門來處罰他。」她解釋道。

我能理解莫拉的困惑。因為試圖成為有覺知的父母，她覺得自己應該避免採用任何看起來像處罰的方法。我解釋：「當我們從孩子的手中剝奪了某種盲目反應的特權時，是在處罰他們。然而，當我們拿走他們特權，是因為他們不能遵守相應的規範而威脅到健康，這是在教導他們自由也有自然的界線。你的兒子年紀不夠大，也不夠成熟，因此不能在門禁時間後外出。僅僅因為這個原因，他就需要準時回家。如果沒有教會他這些限制，就會產生出自我膨脹和予取予求的態度。當他了解他因為自己的行為而不能在晚上外出時，就學會去尊重你保護他安全的需求。」

當莫拉從這個角度看清楚狀況後，就改變了方法。她不准傑克遜晚上外出，直到他同意她的新規定。當傑克遜看出母親認真了，假如他真的違反門禁，她絕對不會再讓他出門，他就願意遵守規定了。

莫拉對這麼輕易就能讓兒子遵守規定，感到很驚奇。我解釋：「當傑克遜看到你沒有花力氣處罰他，而是專注在確保他的安全，加上你對這件事很認真，他就會因此尊重你。」

當父母了解到他們有能力可以轉變自己的能量，讓孩子用新的方式回應時，就得到了創造改變的力量，不再陷入怨恨、不滿和衝突的循環之中。

你的身教到什麼程度？

孩子不守規矩時，我們期望能藉由口頭指示和訓誡來教導他們生活的原則。但這些沒辦法用教的，因為這違反了我們學習新行為的最佳方式。最好的學習方式是吸收，這是一個慢慢滲透的過程。為了讓孩子吸收我們的方式，我們需要在自己的生活裡體現我們的價值觀，以身作則，慢慢從生活中來影響孩子。

有些人奉行身教，努力在孩子面前表現出完美的言行舉止。但很快就會發現，要時時刻刻保持這樣的狀態是不可能的；即使可能，也很困難。時日一久，可能還會感到厭煩。

我們可能嘴巴嚷著要熱愛生活，但我們實際的生活方式卻傳達出不同的訊息。孩子沒有看到我們享受生活，卻看到了我們在抱怨工作、拖延家務，以及憎恨我們自己的承諾。存留在他們心裡的，並非我們說得冠冕堂皇的話，而是我們這副模樣：無精打采的肩膀，愁眉苦臉的臉，還有聲音裡透露出的壓力。換句話說，由於孩子接收到的，是我們自身生活經驗所導致的非語言信號，而這些信號將會告訴他們，生活究竟是用來享受的，還是用來折磨我們的。

與其根據種種道德規範來經營我們的家庭，更明智的做法是確保全家人體現一種**生活方式**。這種方法，衝突會比較少，因為孩子知道自己會從父母那裡得到什麼，也明白整個家是如何運作的。

身教實踐起來是什麼樣子的呢？讓我們用先前的例子，一起來探索如何體現我們所希望設定的界線。

提升生活的界線：自我照顧——洗澡、刷牙、睡覺

用來評估你身教程度的問題

- 在日常生活中，你有做到自我照顧中的每個項目嗎？
- 你有在生活中表現出這些事有多神聖嗎？
- 你怎麼傳達這些事情的重要性？
- 你每天都有用心教導孩子這些習慣嗎？
- 你會不顧一切堅持這個界線嗎？

為了讓孩子能吸收我們的能量，並接受我們的教導，我們需要更多的身體力行。一旦我們能夠在生活中堅持這一點，孩子就更容易理解家庭運作的方式，也更容易找到自己在其中的位置。但這不代表他們不會偶爾違抗我們。

史考特對他五歲的兒子傑瑞米抗拒洗澡，感到很頭痛。「我根本沒辦法把他放進浴缸裡。起初，我耐心地等他做完自己的事，期待他最後會自己走進浴室。這要花很久的時間，但我試著保持耐心。」

我立刻感覺到史考特的表裡不一：「你說你保持耐心，但你內心裡難道沒有怒火中燒的感覺嗎？這一刻對你而言，是不愉悅的感覺，不是嗎？」

史考特忿忿地說：「但是我真的**非常**有耐心，完全沒有情緒失控！」

我解釋說，即使是像洗澡這樣的小事，父母如何表現他們的價值觀也很重要。「你想讓孩子愛上洗澡，對吧？如果是這樣，你自己是如何表現的？你告訴我，你就坐在那裡等孩子洗澡，看起來煩躁不安、挫折又憤怒。這怎麼能反映出你希望孩子從洗澡中找到樂趣呢？如果你希望他享受洗澡的時光，那就陪著他一起進入浴缸，表現出你有多愛洗澡，還有你洗完澡後的感覺有多好。當然，你不必一直這麼做，只需要花幾天時間，直到孩子明白這個道理。這就跟你教孩子游泳一樣的道理。」

就跟很多父母一樣，史考特需要了解，無論我們散發出什麼能量，孩子都會吸收。如果散發出的是焦慮和憤怒，就會刺激孩子，而不是安撫他。因此，傑瑞米接收到的是「洗澡時間充滿壓力」，這也是他不愛洗澡的原因之一。

身教原則對於讀小學的孩子尤其重要，因為他們特別需要我們的指導，來學習如何參與這個世界。當我們要孩子做某件事，並不代表他們會像機器人一樣，一個指令一個動作。如果我們希望孩子聽話，就必須自己身體力行才行。

身教有改變親子互動的力量，但這種改變並非一夕之間就會出現，因為互動的模式需要花時間才能嵌入心靈。但這種改變將隨之而來，而孩子將會發展出終生能引導他們的心靈指針。

進入零虛偽的空間

我後悔讓女兒學會「虛偽」這個詞的意思，因為她現在每次逮到機會，都會將我一軍。她會說：「媽媽，你叫我不要上 Instagram，但你一直都在上臉書。你這樣不是很虛偽嗎？」或者她會評論：「有一天你把錢包留在家裡，害我們必須一路開車回來拿，現在你卻責備我，只因為我把文件夾忘在學校？」我對她非常了解我的弱點感到啼笑皆非，但我也很感激她提醒我要對她寬容一些。

當我們親自去踐行自己教給孩子的那些事時，就會意識到我們有多虛偽。如果你問孩子，他們覺得你哪些方面很虛偽，看看他們列出清單的速度有多快。當女兒說我虛偽時，讓我意識到我需要改變，我想過表裡一致的生活。為什麼我對我能力有限，會感到尷尬或丟臉？當我接受自己的不完美時，不僅允許自己有機會成長，也教導女兒不要從成長中退縮，雖然有時這會帶來痛苦。

如果我們允許孩子以坦誠互惠的方式跟我們相處，他們更有可能會說出類似這樣的話：

- 你告訴我們要整理好房間，但看看你自己的房間有多亂。
- 你告訴我們，我們應該多運動，但你從來不做任何體能活動。
- 你告訴我們，在螢幕前待一整天很糟糕，但你自己總是在用手機或筆電。
- 你告訴我們不要在背後說別人的壞話，但你自己總是和朋友一起八卦。
- 你告訴我們不要喝酒，但你自己每天都喝。
- 你告訴我們不要一面傳簡訊一面開車，但我們看到你這樣做。
- 你告訴我們不要大吼大叫，但你總是對我們大吼大叫。
- 你告訴我們不要說髒話，但我們聽到你咒罵，特別是當你以為我們不在附近時。
- 你告訴我們不要丟三落四，但是當你弄丟東西時，你也不在乎。

我的客戶克拉莉絲說：「我要送菲爾去看兒童精神科醫生，評估他是否有注意力缺失過動症。他為了找個東西，經常把房間弄得一片狼藉，還丟三落四的。我受夠了總是要幫他。你應該看看他的房間，真是一場災難。」

我在聽到關於孩子分心的抱怨時，都會先調查父母的整理能力，所以我問她：「請你告訴我，以我一個客人的身份，在你家需要花多久的時間才能找到鉛筆和橡皮擦？」

克拉莉絲被我的問題嚇了一跳，結結巴巴地說：「你知道我是職業婦女，家裡又有兩個男孩，很難保持整潔。我家是有點亂，我一直想好好大掃除一番，只是都沒有機會。我們可能會需要花點時間找到鉛筆，至於橡皮擦……」

我沒有多跟克拉莉絲解釋，我在這段對話中想要表達的意思。但她立刻就明白了。就像許多父母一樣，不知為何她存有一種幻想，只因為她想要，孩子就必須學會某種技能——即使是硬塞給他的。然而，孩子收到的實際訊息，跟她口頭上溝通的卻背道而馳。他所學到的是，家裡亂七八糟是沒有關係的。

你知道有多少父母不停嘮叨，要他們的孩子趕緊去練鋼琴、大提琴或小提琴？樂器和課程的花費越高，老師越常來訪，父母就越嘮叨。

當我把鋼琴介紹給女兒認識時，我意識到這是因為我小時候彈鋼琴，所以希望她能像我一樣喜愛它。唯一的問題是，我現在已經不彈了。我知道，如果我想要言行一致，用實際行動表現出「演奏樂器對心靈有好處」的這個信念，就需要重新開始彈鋼琴。

我花了兩個月的時間上鋼琴課。在這段短短的時間裡，我得到了幾個啟發，其中最重要的，就是我親身體驗到每天練習有多困難。如果是每週練習二十分鐘，我會表現得很好。我們需要處在對的心境下才能彈奏樂器。這就是我當初承諾永遠不會強迫孩子去做任何練習的原因。現在我依然不會強迫女兒練鋼琴，而是告訴她，她可以根據她自己的想法與鋼琴互動。當她感覺有想彈的欲望時再彈，千萬不要因為外在的壓力而彈。

在這種方法下，麥亞持續彈鋼琴彈了五年，也學會演奏大提琴。當然，她幾乎很少練習，卻維持了她每週練習的習慣，而且堅持了下來。她明白她會演奏這些樂器，是因為她喜歡，而不是為了完美的需求，或者為了實現某個未來目標。

我覺得大多數孩子會放棄某個樂器或嗜好，不是因為他們不喜歡了，而是因為大人的介入。不管是嘮叨練習的重要性，或者一再強調成果，大人的介入都搞砸了一切。孩子接收到的訊息是，他們的嗜好不再是屬於他們個人的事，因為有個外界標準等著評判他們發揮得好不好。這就是孩子會失去興趣的原因。如果我們讓孩子自己去弄清楚他們與嗜好之間的關係，如果答案是出自喜歡，他們很可能就會繼續下去，不必父母用哄騙或強迫的手段。

身教是從感覺層面上開始的，如果我們的感受跟我們希望孩子去感受的出現了落差，孩子就會察覺出我們的矛盾心理。如果我們表現出任何程度的恐懼或抗拒，孩子也會立刻察覺。另一方面，當父母身體力行他們希望孩子做到的事，然後觸及到內心的抗拒時，也會對孩子生出同理心，正如我發現自己一週只能練鋼琴二十分鐘時得到的體會。

身教是通往同理心的途徑。一旦我們知道自己的學習情況，就能跟孩子建立深厚的友誼，在人生的旅途跟他們攜手前進，就像同行的旅伴一樣。我們並肩而行，而不是從後面慫恿著他們前進。

～我的新承諾：擺脫傳統管教～

我不再受到威脅、吼叫、恐嚇和條件的約束，
而是從控制你的需求中釋放自己。
我不尋求成為你的傀儡或老闆，
而是選擇用不同的方式與你互動。

從用權力支配你，
到賦予你力量發現自己，
從領導你到喚醒你的領導能力，
從管束你到鼓勵你。

當我記得你是獨立自主的，
就釋放了自己控制和主導的需求。
藉此，我不僅喚醒了自己的人性，
也給予你空間成長茁壯——因為這是你應得的。

第二十二章……

從戰場到談判桌，掌握妥協的藝術

當我們學會理解孩子天生的欲望後，就會開始分辨出哪些是來自於小我狀態的欲望，哪些是孩子真實自我更深層的表達。無論這種欲望是想要一雙新鞋子或是想養狗，只要我們進入深度聆聽的狀態，就不會變得溺愛。

我們的恐懼、情緒制約以及擺脫教養催眠的困難，會讓我們害怕去平等對待孩子。當然，我不是說經驗上的平等，雖然他們可能比我們更成熟。我指的是孩子跟我們一樣，都想要被視為獨立個體，有自己清楚的意見，並且在有需要時充滿力量。當我們剝奪他們獨立自主的權利，就會造成許多親子之間的戰爭。只有在我們放棄自己高高在上的欲望後，才能跟孩子達成平等互惠的協議，並充分意識到當孩子感覺到被傾聽、被理解和被認可時，才會盡情發揮。當我們了解自己有哪些選擇後，就會從心不甘情不願的參與者，轉變成充滿活力的夥伴。隨著覺察力的提升，我們開始將孩子想要被視為獨立個體的欲望，當成他們健康和適當發展的表現，而非反抗或不當行為的跡象。

當我們學會尊重自己內在的自主權時，就不可避免地會希望用同樣的方式對待孩子。我們日益增強的意識，讓我們自然而然地放手，允許孩子的聲音清楚明確地被聽見。我們不會以抗拒的精神急著說不，而是會在全然接納的氛圍中與孩子互動。

用心傾聽孩子未曾說出口的願望

很少事情會比孩子予取予求，以及做出無法無天的舉動還讓父母困擾。正如本書所討論的，原因要回溯到我們自己的成長過程，因為當時的我們感覺到被控制和被管得太多。我不是說孩子不會提出要求，來傳達他們有權這樣做的想法。但我相信，我們需要用不同的方式來滿足他們的需求。以下我所建議的方式，可以凸顯出孩子隱藏在某種渴望後面的積極面，同時也能引導孩子不往予取予求和貪婪成性的方向靠近。

無論在什麼年齡，孩子都有對他們來說很重要的欲望，就像我們大人一樣。當然，他們的欲望在很小的時候，往往都只在幻想層面，但仍然算是欲望。無論他們是想要飛上月球，或是變成獅子，都是人類與生俱來天馬行空的想像，而大多數的成人都已經失去了這種表達能力。

很多父母害怕讓孩子盡情表達他們的欲望，因為他們害怕這會變成溺愛。他們也害怕如果孩子有了不切實際的期望，最終可能會因為受挫而沮喪。

我們往往認為，孩子不該擁有像我們一樣表達自己和自身願望的權利。很多人會害怕，如果給予孩子太多力量，他們就會自以為是。我能明白這種保留的態度。然而，真正的價值在於，這揭露了我們之所以會害怕，其實是欠缺穩固自己本質的堅實基礎。如果我們俱足，就不會覺得受到威脅。反之，我們會感到充滿力量，這種自我培力充能的感覺，就是讓我們能支持孩子表達自己和自身願望的力量，藉此，我們幫孩子打造了一條通往實現夢想的門廊。

這可能需要很多年的努力，但我們通常可以找到一種方式來落實一些或大部分的願望。我們的孩子也會有夢想，並有能力來落實這些有意義的願望。然而，如果我們沒有激發出孩子信心，讓他們相信自己有創造人生的力量，就不可避免地會慢慢消磨掉他們掌控自己命運的自信。

為了讓父母激發出孩子的渴望，可以採用以下問題來跟孩子對話：

- 你覺得你的明天會是怎樣的一天？
- 我要怎樣支持你，讓你明天的計畫能實現？
- 你的計畫裡，有哪些部分我可以幫上忙？
- 你覺得你滿足了今天的幾個願望？
- 是什麼妨礙了你，讓你覺得無法成為自己人生的主人？
- 你想要改變生活的哪些部分，為什麼？
- 我要怎樣幫助你，讓你更能主導自己的人生？

跟孩子談論他們的渴望，並不代表我們需要以任何方式來溺愛孩子。這只是代表了我們認可他們有權利去渴望，這樣一個事實而已。放到現實生活中，看起來就像下面的例子：

孩子：我真的很想要一雙新鞋。

母親：我知道，那些鞋子真的超酷。讓我們訂立一個計畫，幫你得到它們。我不能幫你買，但如果你這麼想要，我支持你自己買。

孩子：我愛死藍色的頭髮了。我現在就很想要把頭髮弄成藍色。

母親：藍髮超炫的！我希望我有膽量把自己的頭髮染成藍色，但我想幾天後我可能就會後悔了。不如你列出所有你喜歡的髮色，如果你堅持要染髮，我們可以討論一下，明年讓你染成那種顏色。

孩子：我希望我能有一間更大的房間，和一隻更新的手機。我所有的朋友都有。

父母：我完全了解。你喜歡這些東西，為什麼？請你告訴我，這樣我才能從你的觀點來看待這件事。我很想馬上就給你這些，可是我沒辦法。不過，你知道你可以自己存點錢來買手機，對吧？你需要我幫你擬定一個計畫嗎？

孩子：我討厭你，因為你不讓我養狗。我超級想要一隻狗！

父母：你真的很愛狗，對吧？天哪，你對牠們的愛讓我感到印象深刻。我真希望我擁有你的愛！但我們現在不能養狗，因為我沒辦法像牠需要的那樣愛牠。不過，相信我，當你可以自己獨立生活的那一刻，我就會送你一隻狗當禮物，因為每個愛狗的人都應該擁有一隻狗。你只需要等個幾年。在那之前，我們可以拜訪一些狗狗的主人，或許我們可以把這變成每星期或每個月固定做的事？

運用這類的方法，我們就可以跟孩子的渴望一起流動，而不會感到必須妥協於他們要求的壓力。藉此，我們教導他們，只要他們願意投入時間、精神和努力，就能夠實現他們的願望。重點是，不要一開始就告訴孩子為什麼某個渴望不是好主意，更不要提到「自私」這樣的話語。相反的，我們要支持孩子有渴望，因為這是天性。這一點相當關鍵。

當我們深入去探究，很可能就會發現，在更深的層次上，孩子的渴望實際上有很多都是對於所有權、幸福、快樂和連結的需求。支持孩子的渴望，而不是說服他們放棄，這樣的做法會讓孩子感到能夠安全地表達自己，也感覺自己的幻想及渴望被尊重。我們不必溺愛孩子，只需要提供能夠讓這種探索自由翱翔的空間。

尊重孩子的渴望，是解決衝突和創造解決方案的關鍵。如果我們讓自己在孩子提到想要某件東西的那一刻就被激怒，誤解成他們貪心或對我們予取予求，就很可能一頭栽進爭執中，而導致親子關係中斷連結。

孩子會變本加厲，都是慣出來的

當我們學會理解孩子天生的渴望後，就會開始分辨出哪些是來自於小我狀態的渴望，而哪些是來自孩子真實自我更深層的表達。無論這種渴望是完全從小我出發而想要特定的一雙鞋，或者來自於心靈深處與生物連結的需求，所以想要養狗。我們只是進入一種深度傾聽的狀態，不代表我們就要溺愛他們。

如同覺知生活的其他面向，首先我們要做的是允許渴望進入意識，然後讓它停留在意識覺察的聚光燈下，靜靜觀察它。我們傾聽，我們辨認，我們認可，然後我們允許孩子決定他們希望如何實現他們的渴望，特別是當他們想要的東西是來自於小我狀態的時候。舉例來說，我們不會急於幫孩子買一雙新鞋，而是允許他們學習檢視自己是否真的需要這雙鞋，以及為什麼，然後幫他們研擬出一種賺取鞋子的方式。

當我們看出孩子的渴望代表了真正自我的需求時，就可以更積極幫助他們實現。然而，即使是這樣，假如實現渴望的預算超出了我們的財力，我們也不需要榨乾自己來立刻滿足孩子。有時，我們需要做的，就只是覺察它的存在。

例如，當我女兒想要在夏天租一匹屬於自己的馬，並表達她對馬兒有濃濃的愛時，我不覺得有必要插手幫她實現。我們只是跟她的渴望共處，然後觀察它，擁抱它。我告訴女兒：「現在要實現這麼大的承諾還為時過早，就讓我們在覺察中擁抱著這個美好的渴望，看看生活會帶著我們靠近它或是遠離它。如果在幾個月或一年後，你仍然有這種渴望，那麼我們可以一起想辦法來實現。」

我女兒同意了，而現在幾乎已經過了一年，我們仍然在願景中擁抱著這個渴望。有時候，她會對我說：「我不知道我能不能全心全意照顧一匹馬。」有時候，她會說：「哦，請你今天就給我一匹馬吧！」我看出她還沒有處理好自己對擁有一匹馬的渴望，因此為了她，我在我的覺察裡持續擁抱著這個渴望。我用以下的說法，來表達我認可她的渴望：「我完全理解你的感受，會來回掙扎是很自然的。讓我們一起等待，直到你的渴望安定下來。一旦到達這種境地，我們就可以來討論實際的行動。只有當我看見你明白自己在這個承諾中所扮演的角色後，我才會答應你的請求。」

當我們教導孩子不必衝動地立刻滿足他們的每個渴望時，他們所學會的，是自己不需要這些額外的配備，就可以在內心的圓滿中安住。他們還會明白，渴望不一定等於承諾。許多父母爭前恐後掉入陷阱，幫孩子報名芭蕾舞或網球課程，或幫他們購買昂貴的寵物或樂器，但後來卻發現他們太早行動了，以至於錯把孩子一時的興致當成更深層次的需求。立刻插手和滿足孩子每個渴望，其危險之處，在於我們剝奪了孩子與自身渴望共處的機會，以及讓這些渴望慢慢滲透的美妙過程。不立即插手去滿足孩子的每個請求，會讓孩子理解自己的渴望，並發展出對它的承諾。這會讓他們明白，努力獲得某一樣東西，並擬訂計畫來實現自己的目標是怎麼一回事。這遠比馬上給孩子想要的東西，來得更有價值。

孩子原本的樣子就是完整且圓滿的，當我們從生活的豐饒面出發，並相信孩子完全有能力在適當的時刻表現出他們的渴望，我們傳遞給孩子的訊息是：他們的渴望是美好生活的添加劑，但無關於他們真正自我的核心本質。當我們的意識覺醒，覺察到外在事物永遠無法滿足內心層次時，孩子就慢慢學會運用自己與生俱來的豐富性。物質永遠不能讓我們對自己的感覺更好，只有深刻的自我意識和自我價值才能做到這一點。

親子總有矛盾的時候，你需要一套雙贏策略

我們開始看見，重新詮釋的力量是如何改變親子互動，特別是當衝突發生的時候。正如我們在前面提過的，衝突是大多數人的敏感問題。我們之中，很少人知道如何以健康的方式處理衝突。當孩子對我們提出要求時，我們往往帶著恐懼來回應他們的攻擊性行為。因為感覺到壓力，我們選擇了去控制孩子。因此，孩子不是變得更加挑釁，就是變得封閉。

我們沒有意識到的是，只要我們一心求勝，最終將失去與孩子的連結。只有當我們擺脫優越

感，完全接受雙贏的承諾，才能讓孩子從我們的存在中獲得力量，並因此敞開心胸和意念，接受我們的影響。

奇怪的是，我們把孩子的行為視為對我們的挑釁，實際上可能是對我們自己的一種自我保護與防禦性反應。因此，當我們重新詮釋孩子的攻擊性，就能從正念的角度去理解他們。如果想把衝突的能量轉變成合作夥伴的關係，請容我分享一些我們需要融入日常生活的想法：

- 攻擊實際上是一種防衛的形式。
- 孩子透過反擊來抵抗我們的攻擊能量。
- 當兩個強勢的個體同時存在時，衝突是不可避免的。
- 當相愛的人住在一起時，有衝突是很自然的。
- 衝突可以是健康的，取決於我們如何處理：

✓衝突可以打開對話的機會。

✓衝突可以讓雙方都表達自己的感覺。

✓衝突有助於重新建立關係。

重要的是，不要把孩子的衝突、要求和挑釁視為針對我們個人，而讓自己備感威脅。反之，我們要將這些行為視為他們願意表達信任、坦誠、真實和勇氣的指標。當我們以這種方式看待衝突時，就能夠更妥善地利用這份能量，來促進親子之間的連結。

如果我們將常見的衝突，分別用傳統和重新定義的互動方式進行比較，就能看出其中的差異：

衝突：青少年想要在外面待到很晚，但父母不同意。

傳統的互動方式：父母訂下門禁時間，然後青少年就開始發怒和嘔氣。父母或者祭出禁足，或者妥協。隨之而來的感覺，是怨恨、痛苦、挫折、生氣和中斷連結。

重新定義的互動方式：父母把握這個機會，跟青少年進行真心誠意的討論。父母說：「或許我們不會達成共識，但我們都需要用尊重的態度彼此聆聽。然後，我們需要協商出雙方都同意的規範。我們雙方都需要弄清楚，哪些事對我們真正重要，哪些不那麼重要。最終，我們都會得到好處，因為我們將創造出一個彼此都同意的雙贏局面。」來回溝通後，親子雙方都說出自己的情況，即使不同意，也都知道了對方的觀點。最後，經過多次角力，孩子同意提早一個小時回家，同時在他們離家前會完成他們負責的家務。父母則同意將門禁時間延後一小時。

衝突：孩子想要看下一個電視節目，但父母不同意。

傳統的互動方式：父母說該關電視了。孩子沒反應，父母就拿起遙控器把電視關了。孩子拳打腳踢，父母也拳腳相向。最後，其中一方贏了這場戰爭。

重新定義的互動方式：父母旋即認為這是個教導孩子協商技巧的好機會，對孩子說：「你想要A，但我想要B。讓我們一起創造出讓雙方都滿意的C計畫吧。說說看，你有什麼想法？我們都需要努力，才能創造出一個彼此都同意的雙贏局面。這需要花時間和精力，但我願意跟你一起這樣做。我認為，我應該同意再多給你十分鐘，而你應該同意這個建議。或者我應該同意讓你看完整個節目，然後你應該同意今晚不看電視。又或者我應該同意讓你看完整個節目，然後你應該同意看三十分鐘的書。你覺得呢？」孩子會理解自己參與了決策，思考並選擇其中一個選項，或者提出另一個解決方案。無論如何，雙方都對結果感到滿意。

當意見不合的情況發生時，我們需要鼓勵孩子以合作方式跟我們一起協商，而不是進行權力鬥爭。請注意，我說的是「合作」，而不是「妥協」。當我們妥協時，我們傾向於妥協**自己**的想法，在不同程度上出賣自己。雖然幾乎每個人都認為人都應該學會妥協，但這樣做其實跟雙贏的解決方案大相逕庭。當我們不再採用好鬥或控制的方式，而是單純合作，雙贏就可以實現。

妥協要求我們犧牲，放棄對我們可能很重要的東西。相比之下，以合作的方式進行協商，則是尋求一種對每個人都好的雙贏解決方案。兩者的區別，在於我們透過合作，找尋對每個人最好的協定，而不是想方設法試圖擊敗對手。在其中，沒有人需要投降，因為重點是盡可能滿足每個人的希望。

妥協來自於匱乏感，而合作協商則要求我們擁抱生活為我們提供無限可能性的真知灼見。當我們合作時，就不會有匱乏感。相反的，我們的假設是，宇宙中有足夠的物事能令所有人都滿足，我們只需要找出方法來體現這一點。當我們從無限可能的感覺開始，很快就會意識到存在著各式各樣的選項，提供我們很多的選擇。

合作協商的目的，並不是要「維持和平」，這通常是人們妥協的原因。合作協商並不能消弭衝突，而當我們越早學會容忍彼此的不同觀點，就越容易腦力激盪出一個讓所有人都滿意的方法。正如我在《失控》一書所說的：「如果我們不能容忍衝突，與之共處，直到獲得令人滿意的解決方案，就會放棄對我們重要的事情，最終，也將放棄我們自己的某個部分。」

需要對抗衝突是個錯誤的想法。就基本層面而言，這只是代表了兩個人意見不同。這怎麼會是件壞事？這難道不是世界上最自然的事嗎？為什麼人們會覺得，衝突就意味著切斷連結？事實上，假如我們能夠重新思考我們處理衝突的方式，意義可能恰恰相反。一旦我們對衝突感到自在，就能夠用尊重每個人的意見，並確保每種聲音都被聆聽的方式來處理衝突。這種處理方式，反而增加了雙方的自主權，讓彼此都感到充滿力量。

在心理諮詢的執業生涯中，我注意到，鬥爭和妥協往往都是那些無法在重要的人面前堅持立場的人會選擇的途徑。妥協要求我們忍受一個不滿意的解決方案，因此是弱者走的道路。而爭吵和鬥爭則是不滿足感的體現，是由於我們對自己內在擁有的豐富資源缺乏意識所造成。

協商合作涉及了必須從穩固的立足點出發，使我們能夠保持冷靜，而非爭強好勝，來逐漸達成共同的決定。如果想要解決衝突，就必須為自己發聲，而不是出賣自己，不論是大人或小孩都一樣。當我們一起合作尋找解決辦法時，前進的方向是挖掘自己內在中心的富饒，而不是把需索帶上談判桌。正是與這種富饒聯繫，使我們能夠在一個真正公平的環境下進行談判，不會像小我的方法一樣擺起父母的架子。

當我們以自己的本質為出發點，就不會再願意犧牲我們的人格。因此，我們會建設性地處理困難。注意，我說處理「困難」，但一般人的傾向卻是處理對方！當我們專注於問題而非個人上，就會開始有所進展。我們沒有必要堅守某個固定的地位，來強化我們的自我感受。拋開所有的需索，我們既不出賣自己，也不對孩子提出不合理的要求，而是真正尋求一條每個人都能接受的出路，不受威脅自由地腦力激盪，直到創造性的解決方案出現。當我們採取這種方法，令人驚奇的是，解決方案將會從看似山窮水盡的地方油然而生。

那麼，沒有折衷方法時，又該怎麼辦？正如我針對界線所說的，當一個界線無可商量時，就沒有討論餘地。在這種情況下，父母身體力行和堅持界線的能力是關鍵。

當父母接受這種創造雙贏的方法後，就會教導孩子以下的寶貴課題，其中最重要的，是雙方都有追求幸福快樂的平等權利：

- 生活並不總是公平的。
- 我們需要忍受魚與熊掌不可兼得的不適感。
- 人際關係應該是互相幫助，而非專斷獨行。
- 人際關係需要不斷的公平交換。
- 人際關係是個能表達不同意見的安全容器。
- 意見不合並不一定會導致連結中斷；結果很可能恰好相反。
- 每個人的意見，包括孩子的，不論內容為何，都很重要，也都該被聆聽。

教導孩子協商的技巧，是我們可以傳遞給他們的最重要課程之一。當孩子學會不受衝突威脅後，就能夠自在地表達同意或不同意，不會被恐懼擊倒。他們將學會不將個人意義建立在差異上，而是接受每個人都擁有不同生活方式的事實。

結束手足戰爭，不是各打五十大板

為人父母的人都知道，手足之間爭吵打架是很平常的事。然而，卻很少有事情，會比目睹孩子們肆無忌憚地彼此洩憤和控制對方，還要讓我們生氣。不可避免的，我們經常無意識地將其中一個孩子標記為「好」孩子，把另一個標記為「壞」孩子，從而挑起了手足戰爭。這類的標記從未真正阻止過負面行為，反而只會讓它延續下去。

結束手足戰爭的第一步，需要由父母做起。我們必須擺脫將責任歸咎於其中一個孩子的傾向，來避免任何競爭意識。我們對手足爭吵的回應，將是決定孩子們是越來越親密或越來越疏離的關鍵因素。最重要的，我們要記住，孩子將會用他們眼中我們跟另一半或朋友的關係來當範本，建立起他們的人際關係。

當孩子看到父母沒有大驚小怪，也不偏袒任何一方，衝突的氣氛自然就會消失。為了做到這一點，父母勢必要克制自己對於控制局勢的欲望。如果其中一個孩子繼續表現出野蠻和衝動的行為，父母就必須自己出面來應付他，將他與另一個孩子分開。覺知父母會小心地不靠邊站，並以每個孩子的美好為榮，這將會養育出團結、彼此保護和互相關心的兄弟姊妹。

但許多父母通常對我不要介入孩子爭吵的建議不以為然，會用類似以下的話來反駁我：「可是，如果其中一個孩子總是打敗另一個孩子怎麼辦？我該做些什麼？」他們用黑與白來描繪這種情況，其中一個孩子被刻畫成加害者，另一個孩子則是受害者。我向父母解釋，這種情況不會瞬間出現，而是透過每個參與者的默許，其中最關鍵的角色就是父母。我向父母保證：「如果你能夠退一步，以中立的方式來觀照你的角色，就會看見你是如何成為手足紛爭問題的一部分。在不知不覺中，你已經有所偏袒了，允許其中一個孩子扮演起受害者的角色。這個孩子可能是你最有好感的孩子，因為他更像你，比較不會觸怒你。」

我明白這對於父母而言，是不容易面對的現實。沒有人會願意認為自己促使了孩子們互相鬥爭。隨後我解釋：「一旦父母願意做出改變，就必須向自己和孩子們宣布，不會再插手他們的爭吵。無論在什麼情況下，你都會把吵架的雙方視為負有同等責任。」

一旦孩子們開始了解到，沒辦法成功引起父母的注意，負面行為就很可能會自行消失。如果其中一個孩子的確比另一個孩子更會欺負人，你就需要另一種介入方式來解決攻擊性行為，包括教導新的溝通技巧，甚至可能需要尋求專業的家庭治療。無論如何，擺脫負面互動是解決手足戰爭的關鍵。

當父母擔心年幼弟妹在大孩子身邊的安全問題時，我總是對他們說：「照顧弟妹不是大孩子的責任。如果你把這樣的責任交給大孩子，期望他們負起責任，他們就會反抗。如果你覺得孩子還沒有成熟到能夠安全待在弟弟妹妹身邊，你就有責任建立安全區隔。你不該期望哥哥姊姊會控制不成熟的衝動，因為他們可能太小，根本做不到。」

父母很自然地會用比弟妹高的標準來要求大孩子。但這個做法會在手足之間挑起恨意，然後導致相互競爭。同樣的，父母也常常會強迫孩子們相親相愛，這也會在手足之間產生抗拒，特別是當他們還沒有準備好要這樣做的時候。我們迫切地希望孩子們能和平相處，卻往往迫使他們更加疏離。我們不需要強迫孩子親近彼此，而是讓他們自然而然地接近對方。

克服離婚風暴，離婚不只是夫妻兩人的事

有時夫妻發現他們處於婚姻關係的十字路口，感到別無選擇，只能各走各的。雖然我一向主張夫妻應該盡最大努力來解決問題，這並不總是最好或最可行的途徑。有時候，夫妻離異反而對整個家庭更健康。重要的是，我們必須意識到，我們與所愛的人的「合約」可能是有期限的。當他們對我們的人生不再有意義，只成了痛苦時，就意味著你們的關係已經過期了。在這種時刻，能夠做到拋開過去、迎向未來，而且不帶有怨恨或遺憾的人，才是真正的智者。

碰到這種不得不分開的情況，用覺醒意識結束關係的第一步，是雙方都接受他們在已發生的事件中所肩負的角色和責任。雖然很想要互相指責，但這樣的衝動只會讓家庭更分裂。相反的，如果雙方都接受此路不通，就會調整自己去面對婚姻關係就此結束、但不代表兩人關係毫無意義或失敗的事實。

當我們把「失敗」這個形容詞加諸在婚姻上時，就會一直無法禮讚它曾經的成功。與其將離異視為負面，不如把它看成是痛苦但正常的過渡期。正如自然是無常的，我們的友情和愛情也如此。與其堅守行不通的方式，更有智慧的做法是當關係結束時全然接受，並學習放手，用從容與寬恕的態度面對，並對曾經有過的一切心存感激。

分居或離婚的覺醒父母，能夠把兩人之間的差異性擺在一旁，共同為孩子的更大利益著想。如果想要孩子能夠健康調適，跟孩子談談他們的感覺，並讓他們表達自己對父母離異的反應是很重要的。理想情況下，整個家庭可以接受治療，讓孩子們知道，雖然人與人之間存在著差異，但並不意味著保持連結和維持完整性的渴望會隨之消失。

離婚最常見的其中一種副作用，就是父母的罪惡感，以及孩子因困惑所產生的怨恨。父母雙方常常會無意識地以此為基礎來進行攻防，不知不覺就導致了更多不必要的家庭功能失調和混亂。這個惡性循環經常從孩子開始，他們對新的居住狀況感到困惑，因此用沮喪甚至絕望的方式表現出來。他們可能會說：「我討厭這樣，我想去奶奶家住。」或者，他們可能會採取更具攻擊性的方式，例如逃課、不遵守門禁，甚至考不及格。所有這些情緒，都是離婚創傷的後果。除非跟孩子一起完整地處理好，否則情況只會變得更嚴重。

當孩子做出類似的行為時，往往會觸動已經深感內疚的父母。他們感覺是自己造成了孩子的創傷，因此可能會以某種方式過度補償。通常表現出來的方式是溺愛孩子，或者否認孩子的任何不當行為。

父母必須認真對待這種家庭變化，為孩子提供適當的支持。相信孩子可以自己處理好，那是太過天真的想法。無論家庭是否最終會從離婚的傷痕中痊癒，對孩子而言，父母離異都是一種巨大的創傷，並在未來歲月持續影響他們對世界的看法。如果父母從一開始就認識到這一點，就能跟專業人士合作，引導家庭度過這段動蕩時期。

當父母意識到孩子的需求，並以孩子的需求為優先，就會騰出時間和空間，建立幫孩子度過過渡期各個階段所需要的應對機制。覺知父母不會陷入冷戰，而是使孩子在所有階段中自在安心，同時在彼此的互動中保持文明。透過建立非情緒化反應的模式，父母向孩子展示，雖然不是所有的婚姻都能白頭偕老，但他們的家庭絕對能夠撐過這種轉變，穩固地維持一體性，不會隨著時間而改變。

危險警告：此路不通，換條新的路走

雖然覺知教養的每個時刻，都要不斷修正方向，規律地調整我們的方法來滿足孩子的需求，但有時候我們所需要的，不僅僅是修正方向而已。

有時候，儘管我們有最好的意圖，孩子卻陷入破壞性的模式中，這時我們就需要對自己的方法進行大幅度修改。跟孩子有關的事可能會在一夕之間變得很極端，讓我們一面手忙腳亂地應對，一面思考為什麼會發生這種事情。有時候，學校裡的某個改變或一群新朋友，都有可能會以極端方式讓孩子偏離正軌。在這種時候，我們的生存本能開始作用，會做出我們認為最好的舉動，也就是以高度情緒性能量來反應；然而，這與我們在這種情況下應該做的事恰好相反。要抗拒我們習以為常的反應，需要一些勇氣。

在這些時刻，我們感覺會跟我們的孩子一樣，被所面臨的新挑戰壓得喘不過氣來。也許孩子被抓到抽大麻、未成年就有性行為，或者因為學校或朋友的新狀況而恐慌發作。所有這些，都有可能使父母陷入困惑和恐懼的狀態。

正是在這些時刻，我鼓勵父母退一步，了解這些事情不一定是憑空而來，極可能是一路上許多累積起來的偏差所致。這就是為什麼我們必須停下來，改變家裡的能量。有時候，會有必要把孩子轉出學校，或者讓整個家庭接受諮詢治療。無論觸發點是什麼，家中的每個成員都需要了解，大幅度改變已勢在必行。他們必須鼓起勇氣迎接挑戰，而不是感到失敗、內疚、丟臉或後悔。

我鼓勵父母跟孩子保持密切連結，意料之外的情況就比較不容易出現。留心孩子交了哪些朋友，注意孩子的心情、飲食和衛生習慣。我告誡父母不要處於被動，也不要自以為是，必須時時警惕和關心自己的孩子。如果孩子連著兩天都沒有吃晚飯，也沒有做功課，或者自己單獨關在房裡太久，這些都是要注意的警訊。注意孩子的行為模式，並在他們脫離這些模式時提高警覺。理解孩子的父母不太會疏於防備，很可能在事情變得嚴重之前就已先行介入。當然，這需要父母保持專注，持續追蹤，並且不害怕在情況需要時建立堅定的界線。

換一條路走，有時是人生必然；而尋找新道路，則是生活創造性過程的一部分。因為原來的路變得太壅塞，或無法帶我們到達目的地，因而感到怨恨，是情緒不成熟的表現。人生真正的贏家，能夠看見已經接近路的盡頭，還願意改變方向，並且明白，雖然通往下一條路的橋看似艱險，但最終一定會帶我們到更高層次的道路。在那裡，我們的心既清楚又富足。

成為和平戰士的勇氣

我們一次又一次地看到，只有當我們能夠進入當下，並充分地融入我們存在的完整性，意識到我們有能力共同創造我們所希望的現實，才能體驗到人生真正的喜悅和美妙。尤其是跟孩子在一起的時候，不論何時，我們都有能力創造出愉快和自由的關係，擺脫教養迷湯所灌輸的陳舊迷思，擁抱每個人都有自主和尊嚴的民主原則。

成為覺知父母需要勇氣，意識清明的父母明白自己對孩子未來的影響力，會勇敢並謙卑地承擔起這個責任。一個覺醒的家庭，則可以藉由日常生活的經驗，在他們的小世界裡引發一場革命。這一切所需要的，只是在孩子心裡培養出幸福感。這發生在最普通不過的日常一景——在餐桌上分享的一則笑話、一個充滿愛的擁抱，或者睡前珍貴的親子時光。

擁有處於當下能力的父母，孩子就會信賴宇宙有豐饒的資源。當他們見證到我們以培力充能的方式擁抱挑戰、痛苦及目標時，就學會相信自己的韌性。我們越能夠理解自己獨特的自我表達，孩子就越會跟著這樣做。我們活在自己心靈空間的程度越高，他們也越能用心生活。

覺知，以及它帶給我們的智慧，是通往世界和平的道路。而它始於家庭，就在父母和孩子被喚醒的心靈中。

～我的新承諾：擺脫衝突～

以前，我所看到的，是無禮和反抗，
現在，我將會看見勇氣和真誠。
以前，我想要控制和優越感，
現在，我想要合作及平等的關係。

以前，我的恐懼誘惑我追求強勢，
不惜一切代價贏得勝利；
只為了證明自己是對的，不惜造成傷害；
給你帶來痛苦，只為了隱藏我自己的痛。

現在，我明白我做錯了，
我的恐懼是如何誤導我，

我的憤怒是如何讓我偏執，
我的控制是如何愚蠢瘋狂。

我已經準備好，轉換成一種新的方式，
在那裡，
你的幸福是不可侵犯的，
你的自主是受到尊敬的，
你的真實是無比珍貴的，

我知道，當我釋放你成為你自己的同時，
也讓自己自由。

【後記】

褪去表象，照亮真我⋯⋯

當傷口上的繃帶脫落，我也褪去表皮，
覺察的工作似乎變得越來越困難。
隨著每個分心與否認的詭計一層又一層地暴露出來，
我的傷口比以往任何時候都更皮開肉綻，既疼痛又脆弱。

幾乎無處可逃，無處可躲，
我的恐懼跟我面對面，讓我喘不過氣來，
想像著我將被這股力量碾碎。
鏡子裡反射出一張陌生的臉。

既不是舊的，也還不是新的，
我徘徊在一種游離狀態。
看著舊模式因廢棄而長滿了鏽，
我赤裸裸地等待下一個偽裝。

意識玩著捉迷藏，
像個鐘擺一樣來回擺盪。
有一天，我站在晴空朗朗的山頂上，
但隔天就掉進黏答答的水溝裡。

我好想放棄，宣告自己的無能，
然而，事情開始轉變。
一開始很安靜，但隨後一聲怒吼，
我一直等待的靜止終於到來。

突然，我被移植到一條新的路上，
生鏽老舊的部分都已化入塵土。
我不再向前看，而是向內看，
或許是頭一次，我看見了真正的自己。

致謝

感謝珍妮佛・沃爾什（Jennifer Walsh），我在WME的傑出代理人，從來沒有忽視這本書的力量。對我而言，你不僅是個代理人，也是我交心的姊妹。

感謝維京出版社（Viking）的總裁兼發行人布萊恩・塔特（Brian Tart）對於這本書的清晰思維、信任和願景。您英明的領導讓這本書得以出版，能夠改造父母並療癒世界各地無數的家庭。我永遠心懷感激。

感謝我的父母，容許我探索、勇於嘗試和夢想。我的勇氣、創造力和使命感，都歸功於你們的教養。我對你們抱著無限的感激。

感謝我最大的喚醒者，外子奧茲和女兒麥亞，正是通過你們在我生活中勇敢無畏的存在，我才能夠展現、修正與改變自己。

【附錄】

覺知修煉的三十天備忘錄

每項覺知教養的技能，就像鍛鍊肌肉一樣，會隨著一天天的訓練而變得更強壯。以下是有助於培養這些教養技巧的三十天備忘錄。在一個月的時間裡，每天做一項，好讓它們深深潛入你的意識之中。

吟誦歡迎禱詞

我歡迎所有涉及教養狂熱的事物，
我覺察到我邀請了這個旅程來改造我。
我歡迎
它的野蠻與浪費，
它的混亂與困惑，
它的骯髒與紛亂，
它的慍怒與衝突，
它的無助與破壞，
它的焦慮與憤怒，

它的乏味與緊張，
以及它的未知與不可預測性。
我歡迎所有涉及教養狂熱的事物，
知道我真正擁抱它，就在當下，
我敬畏它的深沉壯闊與燦爛美麗。

尊重本質

專注於孩子今天是誰，而不是他們做了什麼。

放下對孩子的表現、考試成績、成就或家務的重視。

引導孩子和你自己去接納他們的本質，並說出這樣的話：

「你今天和你自己有保持聯繫嗎？」
「你今天有感覺到自己的心嗎？」
「你今天有感受到自己真正的感覺嗎？」
「你今天有聆聽自己內在的引導嗎？」
「你內在的聲音今天對你說了些什麼？」

敞開心胸

回想孩子沉睡時的臉，允許**這**個畫面進入你的心中。感覺你的心慢慢地打開。進入這種溫暖的源頭。從這個地方出發，跟孩子分享你自己。

記得孩子生病、送急診或住院的那些時刻嗎？或者，你還記得你所認識的其他孩子生病或受苦的時刻？你平時認為重要的一切，是否突然都變得不重要了？這所有想法，讓你意識到此時此刻的你何其有幸。從這個觀點出發，去到你的孩子身邊，讓他們知道，他們對你有什麼意義。

欣賞孩子的情緒、脾氣和憤怒。他們是孩子的時間如此短暫。擁抱他們的眼淚、恐懼、吼叫和跌倒。孩子不會永遠都是孩子。

創造連結

撫摸孩子的臉，告訴他們今天他們對你的意義。

倚靠在孩子身上，停留片刻，讓親密的連結籠罩著你們。抱抱他們，孩子大了也沒關係，抱他們就對了。

凝視孩子的臉，注意所有你看到和聽到的一切。耳中只有他們的歡言笑語，擁抱他們所有的能量。

進入當下

擺脫今天想問孩子問題的衝動。純粹去觀察，跟隨他們的腳步。

允許孩子進入你的懷抱，不用說一句話，不帶批判，只是心與心的連結。

創造一個讓孩子今天能單純「做自己」的空間。在他們展現出真正的自己時，注意觀察。留心他們的肢體語言。試著連結到他們的言外之意。用同樣的方式對待自己。

進入不批評區

承諾今天不論發生什麼事，都不做任何批評。

保持好奇心。不要因為不耐煩的判斷而發言。

暫停，並且退一步。在你以批判做出反應之前，先問問自己：「長遠來看，這真的有那麼重要嗎？」

安心地表達感覺

開啟對話：用觀察開啟對話，而非問題；讓孩子感覺舒適，而非控制。

邀請孩子跟你聊天——讓他們知道，他們甚至可以完全不用說話。

認同他們在任何時刻都感受到自己確切的感覺。

接受不完美

建立謙遜：提醒孩子，凡是人都會有極限。

鼓勵孩子擁抱他們的不完美，而不是改變它。

教導孩子接受自己每天的樣子，讓他們知道要看的是進展，而不是完美。

容許痛苦

安慰孩子，讓他們的眼淚洗淨靈魂。

鼓勵孩子，讓他們的痛苦不會成為弱點，而是相互連結的心。

常態化他們的經驗，提醒他們，正是他們的恐懼，讓他們生出對別人的同情心和同理心。

尋求原諒

要求孩子寫下五件過去一週你曾讓他們感到傷心的事。然後一條條承擔它、接受它，並跟孩子道歉。

邀請孩子告訴你，用什麼方式才能成為他們更好的父母。

擺脫造成衝突的原因，建立療癒與和解的途徑。

創造回憶

把握機會，創造出讓孩子終生難忘的回憶。今天，你可以做什麼簡單的事情，讓孩子深深烙印在意識中？

找出一個親子能一起參與的特別活動。請孩子提出想法，並設計出一個任務，讓這些想法都得以實現。

保證今天會花五分鐘分享、相聚、微笑和連結。每天晚上，找個時間一起進行一項儀式。

啟動內在指引

抗拒所有的意見、建議和說教。

創造空間，讓孩子理解並親近他們內在的知識。

聽從孩子的領導，並幫助他們探索自己的路。

運用解套的能量

擁抱解套的力量。如果孩子吵鬧，你要輕柔；如果孩子焦慮，你要沉穩；如果孩子生氣，你要冷靜。

了解、接近並發掘孩子的感受所散發出來的能量，不要抵抗或攻擊。

相信通過能量的轉變，孩子將會改變。

練習有意識的請求與接受

釋放孩子的力量，讓他們能夠說出自己真正想要的一切。

容許感激的片刻沉入心裡，並對所受的恩典心懷感恩。

滿足靈魂建立連結的需求，抗拒小我切斷連結的渴望。

進行翻轉

翻轉所有一切為正面積極的能量，就在今天：

假如今天孩子不專心，請對他們說：「哇塞，你真的是精力充沛！」

假如今天孩子脾氣很壞，請對他們說：「你今天一定過得很辛苦，好好享受屬於你自己的空間吧。」

假如今天孩子沒禮貌，請對他們說：「老天，你一定經歷了什麼事情。讓我們花點時間喘口氣吧。」

強調孩子的正面言行，不論你對它們有何想法。

感恩富足豐饒的這一天，在你的身體、廚房、花園、房間或其他家人身上，找到值得感謝的東西。

改掉嘮叨的習慣

終結覆述！不要一而再地重複說同樣的話，運用當下的力量，認真凝視孩子的眼睛，要求他們合作。

建立協議並認同今天你所做的一切。在你無法做到之前，不要繼續。

優先考慮建立連結，放下進行矯正的欲望。

讓孩子帶領我們

賦予孩子力量，讓他們自己安排今天的行程，你只是從旁協助。

善用孩子的內在指引——根據孩子的成熟度，允許他們參與家裡的決定。

交棒給孩子，讓他們今天自行安排及管理時間。

成為鏡子，透過鏡子檢視自己

反映孩子的意見，而不是你認為自己所聽到或你想聽到的意見。

注意孩子反映回來給你的訊息。如果孩子不肯開口，你就要自問：「像這樣的反應，是否說明我出了哪些問題？」

提升自己的素養、覺察力和處於當下的能力。把焦點放在你如何去回應孩子的本質。

教導覺察力

追蹤孩子一整天的感受。教導他們覺察自己的感受，把它當成跟學業一樣重要。

處理孩子的感受，擦亮孩子內心世界的鏡子，察覺孩子的感受並加以處理。

溝通時關注你的感受，讓孩子也有模有樣地跟你學。

終結抱怨

停止抱怨，化為行動。問問自己能做什麼來改變親子之間的互動方式。

改變責罵孩子的習慣，承擔起為人父母的角色，讓動態的能量持續流動。

相信自己及自己的力量可以創造改變。把消極被動的抱怨轉化為強大與自信的行動。

修正信念

覺知到自己的選擇，究竟是來自於匱乏或富足。

理解哪些想法幫助你充滿勇氣和力量，哪些導致你感到恐懼和沮喪。別忘了也要教導孩子這件事。

賦予孩子力量去選擇他們所相信的，並教導他們質疑信念體系，而不是盲目跟隨。

主動跟孩子一起玩

停下手邊的工作，加入孩子的活動，不論他們在做什麼——玩平板、用電腦，或者寫作業。就只是坐在他們身邊，進入他們的世界一會兒。

邀請孩子選個遊戲，或者選擇並主導一項遠離螢幕的活動，比如烤蛋糕、做餅乾、撕畫、散步、拋接球等。活動時間只要十五到三十分鐘，全程陪伴並處於當下。

專心在這一刻跟孩子一起笑鬧，無論是一個玩笑、一段回憶，或是一個謎語。打造一個充滿歡笑的美好時光，明白這些將是一輩子的回憶。

訂立我的時間、我們的時間、遊戲時間與工作時間

幫助孩子安排時間，讓他們學會珍惜獨處時間、家庭時間、遊戲時間和工作時間，並將每個時間都視為神聖的時刻。

引導孩子擁抱工作的難度，就像擁抱遊戲的難度一樣；引導孩子享受「我們的時間」，就像享受「我的時間」一樣。反之亦然。

身教讓孩子明白這種神聖平衡的價值所在，不要忽略你親身的經驗。

練習每天自我照顧

優先照顧好你自己的生活，留意良好的自我照護給你什麼感覺。

滋養你的身體，只吃好的食物，以及每天運動。

淨化自我批評，善待自己，對每天有身體可照顧、有牙可刷表達感謝。在今天，感謝你自己的身體。

對自己的選擇負責

鼓勵孩子，讓他們知道，只要他們願意，總能選擇自己的方式來解決問題。
培養孩子的能力，在生活中盡可能給孩子多樣的選擇。
容許孩子從自己選擇的錯誤中學習，你要明白失敗比成功更有教育效果。

建立神聖的界線

清楚設立每個界線的理由，一旦你弄明白了，就能有自信地為孩子設下不可踰越的界線。
認同這些界線。謹慎建立界線後，全家人都要共同遵守。
重新框架這些界線，從不同角度來考量，以更生活化、更有耐心地讓這些界線滲透進你的家庭。

在衝突中找到禪意

允許爭辯發生及各自表述，要明白說實話往往看起來像衝突。
重新把權力鬥爭轉變為權力共享。
引導衝突背後的能量，去找出培力充能的解決方案，增加孩子的權能。

用「如是 (as is)」來和解

接受孩子和你自己在這一刻的真實樣子。
放下期望，你自己和孩子不必然要符合你心目中所想的樣子。

和解孩子的長處和局限，讓它們和平共處，就像你也有必要跟自己和解一樣。

擁抱今天

不要滯留在昨天犯下的錯誤或過去你應該做得更好的事。相反的，就在此時此刻，下定決心立刻改變。

體現一種新的意識，承諾按部就班進行你需要的改變。

放下本來「可以」如何與本來「應該」如何，如其本然。

進入存在狀態

拋開你的憂慮、恐懼，以及對控制的需求。

隨著孩子的節奏一起流動，盡可能不要介入。

懂得取捨，留下必要的，放下所有非必要的事物。

覺醒家庭

讓孩子成為父母的喚醒者，以覺知走出傳統教養困境

***The Awakened Family:** A Revolution in Parenting*

作　　者　喜法莉・薩貝瑞博士（Shefali Tsabary, Ph.D.）
譯　　者　謝宜暉
封面設計　阿母河工作室
特約編輯　莊雪珠
行銷企劃　林瑀、陳慧敏
行銷統籌　駱漢琦
營運顧問　郭其彬
業務發行　邱紹溢
責任編輯　何韋毅
總 編 輯　周本驥

國家圖書館出版品預行編目 (CIP) 資料

覺醒家庭：讓孩子成為父母的喚醒者，以覺知走出傳統教養困境／喜法莉・薩貝瑞（Shefali Tsabary）著；謝宜暉譯 . -- 初版 . -- 臺北市：地平線文化，漫遊者文化出版：大雁文化發行， 2017.12
384 面；17*22 公分
譯自 : The awakened family: a revolution in parenting
ISBN 978-986-94846-8-8(平裝)
1. 親職教育 2. 子女教育
528.2　　106021324

出　　版　地平線文化／漫遊者文化事業股份有限公司
地　　址　台北市松山區復興北路三三一號四樓
電　　話　(02) 2715-2022
傳　　真　(02) 2715-2021
讀者服務信箱　service@azothbooks.com
漫遊者臉書　www.facebook.com/azothbooks.read
劃撥帳號　50022001
戶　　名　漫遊者文化事業股份有限公司

發　　行　大雁文化事業股份有限公司
地　　址　台北市松山區復興北路三三三號十一樓之四

初版一刷　2017 年 12 月
初版七刷第一次　2022 年 8 月
定　　價　台幣 450 元
I S B N　978-986-94846-8-8